Peter Stender

Webprojekte realisieren nach neuesten OOP-Kriterien

Peter Stender

Webprojekte realisieren nach neuesten OOP-Kriterien

Ein Workshop über die Kooperation
von PHP/XSL/JavaScript

Mit 45 Abbildungen

PRAXIS

VIEWEG+
TEUBNER

Bibliografische Information der Deutschen Nationalbibliothek
Die Deutsche Nationalbibliothek verzeichnet diese Publikation in der
Deutschen Nationalbibliografie; detaillierte bibliografische Daten sind im Internet über
<http://dnb.d-nb.de> abrufbar.

Vorwort

Dieses Buch ist entstanden, um dem Umstand gerecht zu werden, dass es zwar viele gute Bücher über die Grundlagen der PHP Programmierung gibt, aber keins welches die Erstellung eines kompletten Projektes von Anfang bis Ende beschreibt.

Leider ist dieses Buch nicht für blutige Anfänger in der Webprogrammierung gedacht, da ich um den Rahmen des Buches nicht zu sprengen, darauf verzichte die Sprachkonstrukte und Referenzen der einzelnen zum Einsatz kommenden Scriptsprachen zu erklären. Hierfür gibt es genügend andere Fachliteratur die sich speziell an Anfänger richten. Sollten Sie also diesen Workshop durcharbeiten wollen und noch relativ frisch in der Programmierung dynamischer Websites sein, ist es unumgänglich sich auch mit solchen Fachbüchern zu bewaffnen um erstmal die wichtigsten Grundlagen der einzelnen Sprachen zu erlernen. Am Ende des Buches finden Sie eine Reihe von Buchvorschlägen, sowie Webadressen für die einzelnen hier behandelten Sprachen, die sich speziell an Anfänger richten.

Da ein solches komplexes Projekt nicht allein mit PHP zu realisieren ist, kommen hier auch andere Sprachen wie CSS, JavaScript, XSL, SQL (MySQL) und die JS Framework JQuery und Prototyp zum Einsatz. XSL daher, weil wir hier mit einer Art virtuellem XML Datentransfer arbeiten werden, welcher XSL/XSLT als Layoutgrundlage benötigt. Dazu aber später mehr.

Weiterhin wird sehr viel Wert auf die objektorientierte Programmierung gelegt, also gekapselte Klassen definiert die im gesamten Projekt wiederholt Anwendung finden. Gekapselt deshalb um einen Zugriff von Außen zu unterbinden. Ich werde auf den Begriff der Kapselung im Kapitel *Kurze Einführung in die OO-Programmierung* noch näher eingehen. Der Grundgedanke oder ein gewisses Verständnis für die OOP Programmierung sollte daher schon vorhanden sein.

Die einzelnen Klassen werden wir selbst erstellen, also nicht auf vorgegebene Dateien aus z.B. dem Internet zugreifen. Diese Klassen entsprechen den neuesten Standards der OOP Programmierung mit PHP und können jederzeit in andere Projekte integriert und verwendet werden. Des Weiteren behandelt dieser Workshop die strikte Trennung von Datenverarbeitung und Layout, wie es in bekannten CMS Systemen Gang und Gebe ist. Die einzelnen Abschnitte gliedern sich daher auch in Planung, Konzeption und Programmierung, wobei der Planungsbaum von Oben herab abgearbeitet wird.

Ein Vorteil dieser Vorgehensweise wird sein, dass Sie sich innerhalb des Projektes frei bewegen und schnell auf bereits fertige Teilabschnitte zugreifen können, ohne den Live Ablauf des Projektes im Internet nachhaltig zu stören.

Im ersten Teil werden wir ein CM-System erstellen, welches es uns erlaubt, die Textinhalte der späteren Websitedateien dynamisch zu bearbeiten ohne in den fertigen Quellcode eingreifen zu müssen. Auch wird aus diesem CMS heraus eine Möglichkeit eingebunden, die eigentlichen Websitedateien (XSL, PHP) mit ihrem hauptsächlichen Seitenaufbau ohne großen Aufwand zu erstellen und in den jeweiligen Ordnern zu speichern, was uns im späteren Verlauf des Projektes eine Menge an Programmierarbeit erspart.

Natürlich werden wir auch auf SEO (Suchmaschinenoptimierung) Rücksicht nehmen, sprich Möglichkeiten schaffen, die z.B. eine SE-Optimierte Linkmaskierung beinhaltet oder auch Änderungen der gesamten Textstruktur, die für das Indexieren auf gängigen Suchmaschinen wichtig sind (Alt-Tags, Descriptions, Title usw.).

Am Ende dieses Workshops werden Sie in der Lage sein, ein vollständiges Internetprojekt, das den Ansprüchen jeder Internetagentur gerecht wird, selbst zu erstellen. Ihre hierbei erarbeiteten Grundscripte können ohne Änderungen so auch für andere Projekte übernommen werden. Allerdings gebe ich zu bedenken, auch wenn Sie das gesamte Buch durchgearbeitet haben und mit den Bausteinen hieraus immer neue Projekte anlegen können, Sie sich nicht hier drauf auszuruhen, sondern sich weiterhin mit allen Neuerungen bezüglich der Webprogrammierung befassen sollten, um nicht irgendwann den Anschluss zu verlieren. Auch sollten Sie darauf achten, die einzelnen Abschnitte dieses Workshops zu verstehen, um später eventuelle Änderungen an Ihren Grundgerüsten ohne Schwierigkeiten vornehmen zu können. Gehen Sie immer davon aus, dass Sie nicht jeden Tag ein neues Projekt anlegen und es Monate dauern kann, bis Ihre Arbeit zur Zufriedenheit aller fertig gestellt ist. Hierbei werden Sie höchstwahrscheinlich im Livebetrieb permanent in Ihre eigene Programmierung eingreifen müssen, wenn Neuerungen oder Änderungen von Nöten sind. Des Weiteren kann es sein, dass Sie nicht alleine an einem Projekt tätig sein werden. Ihre Mitarbeiter/Kollegen werden dann von Ihnen wissen wollen, wie Ihre Programmierung funktioniert oder was beim Ablauf genau passiert. Aber keine Angst, der Abschnitt ‚Pflichtenheft' wird Sie hierbei unterstützen.

Selbstverständlich können Sie alle im Buch vorgestellten Scripte auf der zum Buch gehörenden Website herunterladen, z.B. wenn Sie keine Lust haben die gesamten Codes eigenhändig zu schreiben.

Doch bedenken Sie, dass nur selbst geschriebene Programme richtig verstanden werden. Der Lerneffekt ist immer ein wesentlich besserer, wenn man etwas mitschreibt, als es nur zu lesen.

Nun wünsche ich Ihnen viel Spaß bei der Reise von der Idee bis zum fertigen Produkt eines gepflegten Internetauftritts.

Kurz etwas über mich....

Meine Programmiererlaufbahn begann im Jahre 1979. Als die ersten Heimcomputer aufkamen war es ein Atari 600 XL, der meine ganze Aufmerksamkeit auf sich zog. Da ich von Anfang an ein reges Interesse daran hatte zu erfahren, wie solch ein Wunderwerk arbeitet und dazu natürlich auch die Programmierung gehörte, war es selbstverständlich mit dem damaligen Atari Basic alles aus einem Homecomputer herauszuholen, was dieser hergab. Da es zu dieser Zeit so gut wie keinerlei Fachliteratur für die Programmierung solcher Maschinen gab, brachte ich mir diese Sprache unter Mithilfe eines damals angebotenen Zeitschriftenkurses selbst bei.

Im Laufe der Zeit und mit der Hilfe anderer ‚Programmierer' gelang es mir schon damals, recht komplexe Programme z.B. für die Lagerhaltung zu schreiben.

Nach und nach wurden die Systeme größer und leistungsstärker und verfügten über immer neue Programmiersprachen für die unterschiedlichsten Bereiche.

Nach einiger Zeit war allerdings mein Wissensdurst gestillt, und ich sah keine neuen Herausforderungen in der Programmierung auf diesen doch recht einfachen Plattformen. Selbst das damals genutzte Windows 3.1 brachte keine neuen Anreize. Erst das Aufkommen des Internets weckte meine alte Leidenschaft und führte mich stückweise in die Programmierung von Webanwendungen.

1999 legte ich an der Volkshochschule Pinneberg ein Zertifikat für Internetprofis ab, welches ich im Anschluss als Einstieg sah, mein Hobby zum Beruf zu machen.

Somit begann ich im Jahre 2000 eine Ausbildung zum Fachinformatiker für Anwendungsentwicklung, welche ich 2002 mit Erfolg abschloss.

In einer Hamburger Werbeagentur machte ich erste Erfahrungen mit VBA für Access, PHP, Perl und der komplexen Programmierung dynamischer Webseiten mit Datenbankanschluss. Mein Wissen über PHP 4/5 sowie CSS, den Datenbanken MSSQL; MySQL und Postgres sowie JavaScript als clientseitige Scriptsprache vertiefte ich dann in einem Aachener Unternehmen, welches sich auf die Online Ticketbuchung, Messe und Kongressplanung sowie Erstellung von komplexen Internetprojekten für diverse Kunden spezialisiert hatte.

Hier war ich auch für die Netzwerkbetreuung auf Basis von Windows Server 2003 und Linux, (nicht gerade mein Steckenpferd) sowie für die einwandfreie Funktionalität der einzelnen Arbeitsplätze (26 an der Zahl) zuständig. Diverse eigene Internetprojekte, die teilweise auch heute noch recht zahlreich besucht werden, rundeten meine Arbeiten mit den genannten Sprachen ab. Dabei wurde das Coden mit PHP immer mehr vom OOP-Gedanken geprägt und vereinfachte meine Arbeiten ungemein. Auch heute noch lasse ich es mir nicht nehmen, verschiedenste Lösungen zu den unterschiedlichsten Problemen für das Web oder den heimischen PC zu programmieren.

Meine Java-Zertifikate mit anhängigem Studium von Java 5/6 für Applikationen und Applets legte ich als bisherigen Abschluss meiner Karriere im Jahre 2010 in Hamburg ab.

Zurzeit arbeite ich in einer Hamburger Internetagentur als Programmierer für diverse Onlineprojekte, zum Teil auf Basic von Templatesystemen, die überwiegend mit PHP, XML/XSL/XSL, JavaScript sowie das JavaScript Framework Prototyp erstellt werden.

To be continued.........

Inhaltverzeichnis

1 Verwendete Sprachen

1.1 Wir programmieren mit...

Dass komplexe Intenetprojekte mit sogenannten Scriptsprachen realisiert werden, ist nicht erst seit gestern bekannt. Da HTML alleine nicht über die Funktionalität verfügt, z.B. Formulareingaben zu verarbeiten oder dynamisch Inhalte aus Datenbanken nachzuladen und anzuzeigen, gibt es Sprachen die das in Koorperation mit HTML bewerkstelligen können. Allen voran Perl, der Vorläufer von PHP und eben PHP, welches sich einer immer größer werdenden Beliebtheit erfreut, sind hier federführend.

PHP wird auf Grund der großen Beliebtheit ständig weiterentwickelt (derzeit Version 5) und knüpft mittlerweile an rein objektorientierte Sprachen wie JAVA an.

XHTML als Vermischung von HTML und XML ermöglicht es, eigene Elemente in die Programmierung von Webseiten einzubinden und erweitert somit die Anwendungspalette von HTML.

XSL (Extensible Stylesheet Language) ist eine in XML notierte Familie von Transformationssprachen zur Definition von Layouts für XML-Dokumente.

Die XSL-Subsprache XSLT wird außerdem zur Übersetzung/Transformation eines XML-Formats in ein anderes XML- oder Textformat genutzt.

Nicht zu vergessen ist auch JavaScript, als reine Clientsprache, die mittlerweile auch auf externe Quellen zugreifen kann.

AJAX (*Asynchronous JavaScript and XML*) ist hierbei ein Konzept der asynchronen Datenüberragung zwischen Browser und Server. Dieses ermöglicht es, HTTP-Anfragen durchzuführen, während eine HTML-Seite angezeigt wird, und die Seite zu verändern, ohne sie komplett neu zu laden. Des Weiteren lassen sich mit JavaScript komfortabel z.B. Formulare testen, ebenfalls ohne die Webseite ständig neu zu laden.

All diese neuen Techniken geben dem Entwickler Instrumentarien an die Hand, die es ihm ermöglichen, mit wenig Aufwand anspruchsvolle Webauftritte zu generieren. Wir werden uns diese Sprachen und Techniken ebenfalls zu nutze machen, um ein an Funktionalität und Dynamik anspruchsvolles Projekt zu erstellen.

Neben PHP werden wir hauptsächlich auf XSL/XSLT zurückgreifen und JavaScript respektive AJAX nutzen. Im Anschluss möchte ich kurz die einzelnen Sprachen, die wir verwenden, vorstellen.

1.1.1   (X)HTML

Die Sprache bedarf eigentlich keiner genaueren Erklärung, da sie Grundlagen aller Websites darstellt, ohne sie also nichts im Internet laufen würde. Ich möchte daher hier auch nur auf die spezielle Codierung als Standard für unser Projekt eingehen.

Der eigentliche Kopfbereich unserer HTML-Seiten, wenn ich sie mal so nennen darf, besteht im Wesentlichen aus der Einbindung der HTML Doctypes in ein XSL Stylesheet. Die reine HTML-Codierung wird später über die Klasse Template implementiert.

```
<xsl:stylesheet version="1.0"
        xmlns:xsl="http://www.w3.org/1999/XSL/Transform"
        xmlns="http://www.w3.org/1999/xhtml"
        xmlns:fn="http://www.w3.org/2005/xpath-functions"
        xmlns:php="http://php.net/xsl">
<xsl:output
        method="xml"
        encoding="utf-8"
        indent="yes"
        doctype-system="http://www.w3.org/TR/xhtml1/DTD/xhtml1-
        transitional.dtd"
        doctype-public="-//W3C//DTD XHIML 1.0 Transitional//EN"
        omit-xml-declaration="yes"/>
<!-- Templatebereich -->
</xsl:stylesheet>
```

Innerhalb des XSL-Stylesheets können natürlich alle HTML-Tags eingesetzt werden, allerdings mit der Einschränkung, dass sie zwingend (falls geöffnet) auch wieder geschlossen werden müssen.

1.1.2   CSS

Mit Hilfe vom Cascading Style Sheet (CSS) lassen sich HTML-Elemente exakt positionieren und Webseiten grafisch aufbessern, was durch reines HTML selbst nicht möglich ist. CSS ist hierbei eine Ergänzung zu HTML und basiert auf dem Klassenprinzip.

Ein Vorteil des CSS liegt in der Tatsache begründet, dass HTML-Elemente zentral bestimmten Layoutregeln vorgegeben werden können, die im gesamten Projekt Anwendung finden, ohne direkt dem Element zugeordnet werden zu müssen.

Beispiel:

```
TD {
    border:1px solid #000;
}
```

Dem HTML-Element TD, welches Bestandteil einer Tabelle ist, wird die Eigenschaft
Border zugeordnet. Ergebnis ist, dass alle mit TD notierten Tags innerhalb Ihres Projektes nun über einen Rahmen verfügen, der 1 Pixel stark ist und die Farbe Schwarz
hat. Weiterhin können Styleklassen und Styles generiert werden die über class=""
oder id="" direkt in den HTML-Tags notiert aufgerufen werden.
Beispiel:

```
#TD {
    border:1px solid #000;
}
```

Notiert den Tag TD für den Aufruf mit id.

Beispiel:

```
.TD {
    border:1px solid #000;
}
```

Notiert den Tag TD für den Aufruf als `class`.

1.1.3 PHP

Serverseitige Scriptsprache, die Daten verarbeitet und geparst als HTML an den
Browser zurückgibt. Sie wird überwiegend für dynamische Webseiten und Webanwendungen eingesetzt. PHP wird, wie die Bezeichnung schon sagt, auf dem Server
geparst, sprich übersetzt, wobei als Ergebnis reiner HTML-Code zurückgegeben
wird. Seit Sommer 2004 wurde die Version 5 als erweiterte Entwicklungsstufe veröf-
fentlicht und ständig verbessert. Sie zeichnet sich mittlerweile durch ein verbessertes
Objektmodell aus und führt somit objektorientierte Anwendungen effizienter aus.
Sprachkonstrukte wie Überladung werden genauso ermöglicht wie Exceptions, Ref-
lections, die Integration der SQLite-Datenbank sowie Erweiterungen bei XML- und
DOM-Handhabung.

1.1.4 XSL

XSL dient einer XML-Datei als Layoutgrundlage. Sie ist in der XML-Familie eine
notierte Transformationssprache zur Definition von Layouts für übergebene XML-
Dokumente. Da XML-Daten zwar angezeigt werden, aber ihre Inhalte nicht grafisch
dargestellt werden können, benötigt man hier eine Art Layoutcontainer, der die

XML-Daten in ein grafisches Gerüst verpackt. Dieses bewerkstelligt XSL, welches als Ausführungssprache diverse Befehle mitbringt, die eine gezielte Abfrage der XML-Daten ermöglicht.

Beispiel, Auflösung eines Arrays aus einem XML-Wurzelknoten:

```
<xsl:for-each test="bla">
    <xsl:value-of select="bla1" />
</xsl:for-each>
```

1.1.5 JavaScript

Programmiersprache. die clientseitig direkt im Browser ausgeführt wird. Mit ihrer Hilfe lassen sich diverse Ansichtsoptionen kreieren und Daten im Hintergrund vorladen, um diese später recht komfortabel in den von Server übergebenen HTML-Code einzubinden, ohne die Seiten ständig neu laden zu müssen. Auch unterstützt JavaScript als Bestandteil die AJAX-Technologie.

1.1.6 jQuery

jQuery ist ein JavaScript Framework welches komfortable Funktionen zur DOM-Manipulation und -Navigation zur Verfügung stellt. *JQuery* ist die meistverwendete JavaScript-Bibliothek. Andere Bibliotheken sind z.B. *Prototyp*, die wir auch bedingt einsetzen werden.

1.1.7 XML (wird nicht direkt programmiert)

Die Extensible Markup Language (XML) ist eine Auszeichnungssprache zur Darstellung hierarchisch strukturierter Daten in Form von Textdaten. Die Strukturelemente von XML lassen sich frei definieren und werden als Knotenelemente angegeben. Die einzelnen Knotenelemente beinhalten die eigentlichen Daten, die in Knoten oder Unterknoten dargestellt werden können.

Die allgemeinen XML-Regeln sehen wie folgt aus:

1. Das Dokument besitzt genau ein Wurzelelement. Als Wurzelelement wird dabei das jeweils äußerste Element bezeichnet, z.B. <html> in XHTML.

2. Alle Elemente mit Inhalt besitzen eine Beginn- und eine End-Kennung z. B. <data>Data</data>. Elemente ohne Inhalt können auch in sich geschlossen sein, sofern sie über keinen Inhalt verfügen <data />.

3. Alle Elemente die geöffnet sind, müssen auch wieder geschlossen werden.

4. Ein Element darf nicht mehrere Attribute mit demselben Namen besitzen.

Da wir XML-Daten nicht direkt erstellen, sind diese Informationen nur von geringer Bedeutung für uns. Die Generierung der einzelnen Knotenelemente wird nachher recht komfortabel durch unsere Templateklasse erledigt.

2 Kurze Einführung in die OO-Programmierung

Die objektorientierte Programmierung (OOP) ist ein Programmierstil auf Basis des Konzeptes der Objektorientierung Die Idee dabei ist, alle Bestandteile eines Objektes in eine logische Struktur zu bringen und zusammenzufassen. Des Weiteren werden Daten und Funktionen gekapselt (Datenkapselung), was heißt, dass versehentliche Manipulationen von außen weitestgehend unterbunden werden. Unter Kapselung oder Datenkapselung versteht man somit das Verbergen von Daten nach außen, um sie vor direktem Zugriff zu schützen.

Stellen wir uns vor, wir haben eine Klasse *Mensch*. Die Klasse ist dabei das Objekt. Eine Methode dieses Objektes könnte sein, die Augenfarbe zu bestimmen. Eine andere bestimmt die Haarfarbe, die Hautfarbe usw. Weiterhin haben wir eine Datenbank, die diverse Informationen zu bestimmten Völkergruppen beinhaltet. Möchte ich nun alle dunkelhäutigen Menschen aus der Datenbank herausfiltern, gebe ich der Methode Hautfarbe des Objektes Mensch die Farbe Braun mit und bekomme als Ergebnis alle dunkelhäutigen Menschen aus der Datenbank geliefert.

Ein weiterer Vorteil neben der Kapselung ist hierbei, dass ich den für das Ergebnis verwendeten Programmabschnitt (Methode) nur einmal komplett ausprogrammieren und dann in jeder weiteren Datei nur noch die zum Suchen benötigten Parameter an das Objekt übergeben muss. Die gesamte Programmierung wird dadurch verkleinert und übersichtlicher in ihrem Aufbau. Durch weitere *Kapselung* und *Vererbung* ist es sogar möglich, einzelne Methoden eines Objektes weiter zu verfeinern. Ein solches Beispiel wäre eine Klasse *Säugetiere* (zu denen zweifelsohne auch der Mensch gehört). Die Klasse *Mensch* würde nun durch Vererbung von der Klasse *Säugetiere* alle Eigenschaften dieses Objektes und seiner Methoden übernehmen (erben). Suchen wir also alle dunkelhäutigen Menschen aus unserer Datenbank, würde das Objekt *Säugetiere* seine Methode zum Finden der Gruppe Mensch aus seiner Tabelle *Säugetiere* an die Klasse Mensch weitergeben, wobei das Objekt *Säugetiere* nicht direkt angesprochen werden muss. Klingt recht verwirrend, wird aber, wenn Sie weiter lesen deutlicher.

Die Planung solcher Datenmodelle ist extrem wichtig und vergleichbar mit der Normalisierung von Datenbanken. Für unseren Fall heißt das, dass wir z.B. eine Klasse *User* und eine Klasse *Userlogin* erstellen werden, die beide unterschiedliche Aufgaben haben, aber teilweise dieselben Methoden benötigen. Die Klasse *User* fragt die Parameter Name, Username, Passwort usw. ab, während die Klasse *Userlogin* den Usernamen und das Passwort zum Abfragen der Logineingaben des Users benötigt. Da wir die Methoden Username und Passwort in der Klasse *User* angelegt haben, wäre es unsauber und unnötig, diese auch noch in die Klasse *Userlogin* zu schreiben, weil durch Vererbung die Klasse *Userlogin* auf die Methoden Username und Passwort der Klasse User zugreifen und diese in vollem Umfang nutzen kann. Nun habe ich den Begriff der *Vererbung* bereits mehrfach aufgezeigt. Die Funktionsweise der Vererbung beinhaltet nichts anderes, als dass bestimmte Methoden an andere Objekte abgegeben werden, damit diese darauf zugreifen und damit arbeiten können. Weitere Begriffe in der Objektorientierten Programmierung sind folgende:

Abstraktion

Als Abstraktion bezeichnet man in der Programmierung alle Objekte, die Aufgaben erledigen, Zustände weitergeben oder mit anderen Objekten kommunizieren. Hierbei müssen nicht zwingend die Implementierungen der einzelnen Fähigkeiten offen gelegt werden. Solche Abstraktionen sind z.B. Klassen.

Datenkapselung

Als Datenkapselung bezeichnet man in der Programmierung das Verbergen von Daten für einen direkten Zugriff von außen. Der direkte Zugriff auf Datenstrukturen wird unterbunden und durch definierte Schnittstellen geregelt.

Polymorphie

Ist ein Konzept in der Programmierung, das die Fähigkeit eines Bezeichners beschreibt, abhängig von seiner Verwendung, unterschiedliche Datentypen anzunehmen.

Vererbung

Haben wir bereits ausführlich erläutert.

Persistenz

Solange Objekte vorhanden sind, existieren auch deren Objektvariablen. Sie verfallen nicht nach Abarbeitung der Methoden.

Klassen

Zur besseren Verwaltung gleicher Objekte nutzen Programmiersprachen, die Objektorientierung unterstützen, so genannte Klasse. Klassen sind Vorlagen, aus denen Instanzen zur Laufzeit erzeugt werden. In der Softwareprogrammierung werden dann keine einzelne Objekte, sondern eine Klasse gleicher Objekte definiert. Die Klasse entspricht dabei einem komplexen Datentyp. Sie legt die Datentypen fest, aus denen mit Hilfe der Klassen erzeugte Objekte bestehen. Gleichzeitig definiert sie die

Algorithmen, die auf diesen Daten operieren. Zur Laufzeit interagieren einzelne Objekte miteinander, so dass, das Grundmuster dieser Interaktion durch die Definition der einzelnen Klassen festgelegt wird.

Programmiersprachen, die dieses Konzept am besten umsetzen, sind z.B. Java und C#. PHP steckt hier noch in den Kinderschuhen, was deutlich wird, wenn man sich die in Java komplett ausgereizten Fehlerfälle (exceptions) betrachtet. Definieren Sie in Java einen Try-Catch-Block und wollen damit bestimmte Fehlerfälle abfangen, so hat Java für jeden nur erdenklichen Fehlerfall die richtige Antwort parat. PHP hingegen verfügt nicht über solche speziellen Fehlerausgaben, die in einer Funktion oder Methode verwendet werden können. Fehlermeldungen, die der Parser an den Browser zurückgibt, sind meist recht umständlich zu lesen und nur schwer zu verstehen wenn man nicht genau weiß, wo der Fehler tatsächlich aufgetreten ist. Hier muss man zwingend eigene Exceptions von Hand in eine Klasse schreiben, um sie innerhalb einer Try-Catch-Anweisung zu nutzen. Das bedeutet im Umkehrschluss, dass die vom Parser zurückgegebenen Fehlermeldungen analysiert und für eigene Zwecke angepasst werden müssen. Dies aber nur am Rande.

Sie sehen, dass die OO-Programmierung recht umfangreich ist, wenn man aber deren Sinn verstanden hat, diverse Vorteile liefert. Im weiteren Verlauf unseres Projektes werden Sie verstehen, was diese Vorteile sind. Sollten Sie sich tiefer mit dieser Materie auseinandersetzen wollen, empfehle ich hier einschlägige Literatur im Internet. Für unsere Zwecke reicht das bis hier aufgezeigte erst einmal vollkommen aus.

Kurz anmerken möchte ich noch, wie eine Klasse in PHP aufgebaut ist. Diese kurze Einführung soll Ihnen einen Einblick in die Quelltexte der Klassen vermitteln, die Grundlage dieses Projektes sind. Sie werden im gesamten Verlauf des Buches immer wieder auf das Aufgezeigte treffen und selbst damit arbeiten.

Eine Klasse in PHP besitzt Methoden zur Datenmanipulation und wird mit Schlüsselwort class definiert. Jede Klasse hat einen Konstruktor, der wie eine Funktion deklariert ist und den gleichen Namen wie die Klasse selbst haben muss. Um eine neue Instanz einer Klasse anzulegen, wird das Schlüsselwort new verwendet, das den Konstruktor der jeweiligen Klasse aufruft. Das Schlüsselwort this ist ein Zeiger auf sich selbst und wird innerhalb von Objekten eingesetzt. Methoden sind interne Funktionen eines Objektes und dienen zum Zugriff und zur Manipulation von Feldern. Membervariablen so genannte Eigenschaften und Felder, die außerhalb des Konstruktor definiert werden, können keine Ausdrücke innehaben, dies geht nur innerhalb eines Konstruktor, allerdings muss hier der Zeiger this mit eingebracht werden. Die einzelnen Methoden und auch die Membervariablen können bei der

Erstellen entweder als öffentlich, privat oder abstrakt deklariert werden. Auch lassen sich statische Methoden instantiieren, die von außen durch einen doppelten Doppelpunkt hinter dem Klassennamen aufgerufen werden.

3 Das fertige Projekt

Ich habe begleitend zum Buch eine Subdomain (ging auch gar nicht anders) eingerichtet und freigegeben, über der Sie das gesamte Projekt in Vollendung betrachten
und bearbeiten können. Mit der URL *http://wiki.mmdf.de* kommen Sie in den Eingangsbereich.

Abb. 1:   Eingangsbereich der Subdomain

Die Links im Headbereich erleichtern Ihnen hierbei die Navigation innerhalb des
Projektes. Home geht als direkte Verlinkung immer wieder auf die Startseite zurück,
so wie alle anderen Links zu den ihnen angestammten Unterseiten verlinkt sind.
Lediglich der Ameldebereich zeigt zwei verschiedene Ansichten, nämlich dann,
wenn Sie mit Ihrer IP bereits angemeldet sind. Hier erscheint dann ein freudlicher
Hinweis darauf.

3 Das fertige Projekt

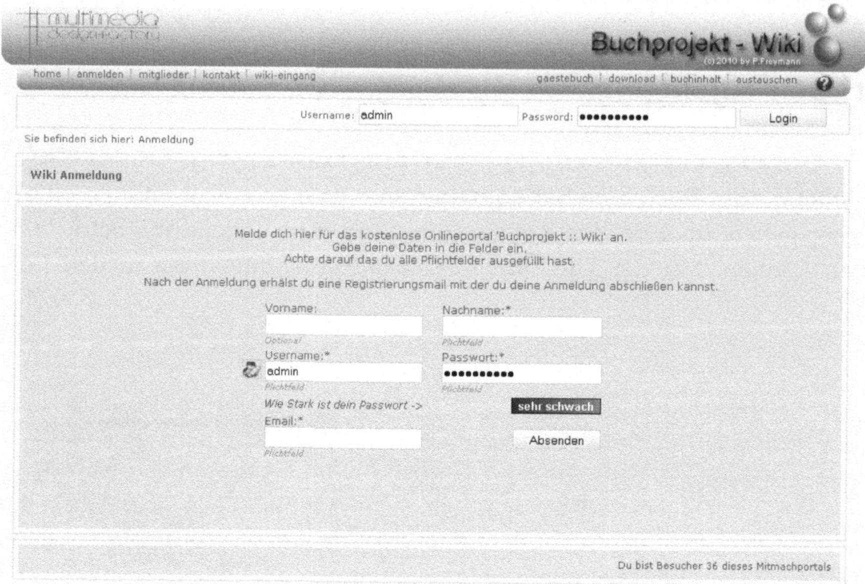

Abb. 2: Anmeldung

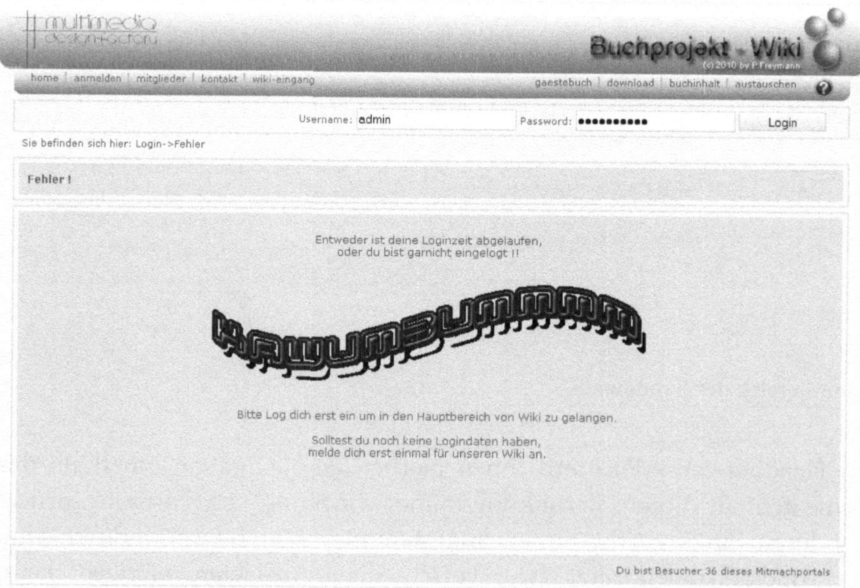

Abb. 3: Fehlerbehandlung

Wenn der Besucher die Anmeldung erfolgreich abgeschlossen hat und sich mit seinen Logindaten einlogt, kommt er in den eigentlichen Hauptbereich des Projektes, also den Bereich, der die Eingabe von Kategorien, Fragen, Antworten und eigener Notizen regelt. Dieser Bereich ist das Herzstück des Projektes und stellt den größten Teil der Programmierung dar.

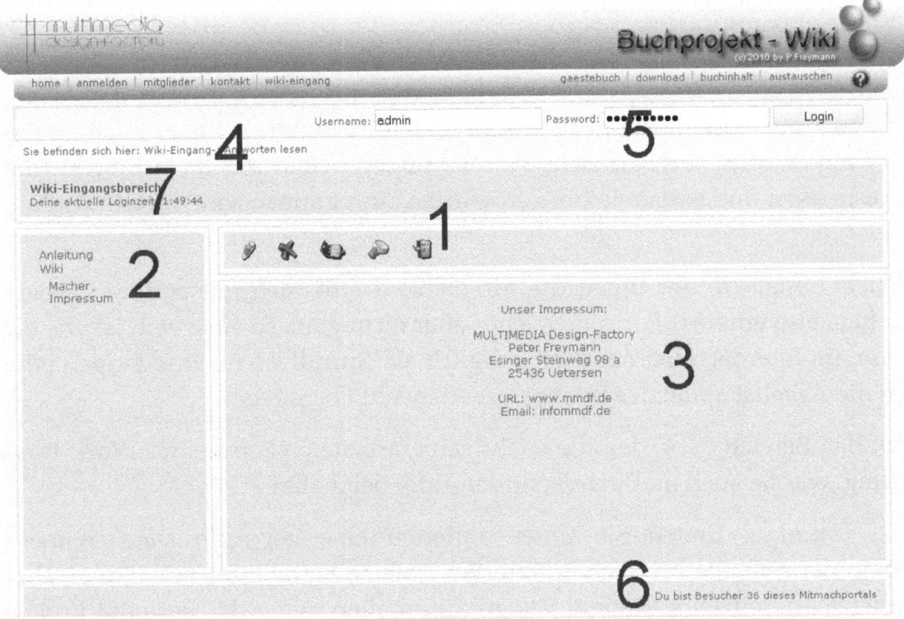

Abb. 4   Hauptseite Wiki

Der Hauptbereich ist in mehrere Detailbereiche aufgeteilt, die wie folgt arbeiten:
1. Bilderlinks zur Navigation innerhalb der Hauptseite
2. Navigation, allgemein für Kategorien, Fragen und Antworten
3. Haupt-, Anzeigebereich mit Notizen, Volltextsuche, Eingabe-, Ausgabe fragen / Antworten und Löschen
4. Breadcrumb-Navigation
5. User Loginbereich
6. Counter
7. Anzeige der aktuellen Loginzeit

Die einzelnen Bereiche nutzen teilweise eigene Klassen, die zum Teil schon beim Kapitel 'Basisklassen' angesprochen wurden. Die anderen Klassen werde ich im Kapitel für den Hauptbereich noch detailliert aufzeigen. Allerdings, und das wird hier im Buch nicht besprochen, habe ich noch die eine oder andere Unterseite hinzugefügt. Dieses sind Seiten, die für das Buchprojekt nicht benötigt werden, es mir als Autor aber erlauben, Ihnen einen gewissen Service, quasi als Dank, dass Sie mein Buch erworben haben, anzubieten. Selbstverständlich bin ich gerne bereit die Programmierung für diese Serviceseiten mit Ihnen zu teilen, das geht aber nur auf direkte Anfrage über *Kontakt* im Menü.

Die Extra-Bereiche kurz erklärt:
Es gibt einen Bereich *Gästebuch*, der es ermöglicht, Kritik oder Lob über den Workshop oder den Autor loszulassen. Erwünscht ist natürlich, wie sollte es auch anders sein, nur Positives, aber auch kritische Anmerkungen helfen mir mein Projekt (das Buch) zu verbessern und evenuell, bei vermehrten Anregungen, eine zweite Auflage zu planen.

Einen Bereich *Austausch*, der Ihnen die Möglichkeit gibt, sich mit anderen Lesern auszutauschen, also eine Art Forum, welches aber nicht ganz so ausgefeilt ist wie ein echtes Forum im Internet. Hier habe ich lediglich als Grundlage für Ihre Fragen oder Antworten die Arbeitskapitel des Buches zur Auswahl vorgegeben.

Und es gibt den Bereich *Buch*, der alle wichtigen erarbeiteten Scripte des Workshops mit Erklärung, wie sie auch im Buch zu finden sind, beinhaltet.

Im Bereich *Download* finden Sie unter anderem eine gepackte Datei namens Projekt.rar, in der sich alle im Buch erläuterten Dateien befinden. Um es Ihnen aber auch zu erleichtern, einzelne Kapiteldateien zu erhalten, ohne das gesamte Projekt zu downloaden, gibt es auch noch gepackte Dateien die nur die besagten einzelnen Kapiteldateien enthalten. Sie können alle diese Dateien nach dem Download bequem entpacken, auf Ihren Server hochladen und nach Erstellen der Datenbank (das kann ich Ihnen leider nicht abnehmen) den Wicki in vollem Umfang nutzen, ohne selbst programmieren zu müssen. Aber ich rate Ihnen an, die Dateien lediglich als Vergleichsgrundlage zur eigenen Programmierung zu nutzen und jede Datei aus dem Workshop selbst von Hand zu schreiben. Der Lerneffekt ist hierbei deutlich höher als wenn Sie nur lesen und die eigentliche Arbeit, die auch benötigt wird, um besser zu verstehen, was da eigentlich passiert, anderen überlassen.

Nun wünsche ich Ihnen viel Spaß beim Lesen und Programmieren dieses Workshops und beim Mitmachen auf der Projekt-Website, die ich für Sie bereitgestellt habe. Sollten Sie projekt oder programmierspezifische Fragen haben, können Sie diese über den Link *Kontakt* gerne an mich richten.

4 Erste Schritte

4.1 Wie gehen wir vor

Bevor es nun richtig losgeht, noch eine kurze Anmerkung zur Planung von Projekten für das Internet. Das Internet ist ein unermesslicher Pool an Wissen und Informationen für alle nur denkbaren Bereiche. Viele von engagierten Usern und Programmierern bereitgestellte Webseiten helfen bei den unterschiedlichsten Problemen und geben jedem Suchenden die (fast immer) richtigen Hilfsmittel zur Lösung seines Problems an die Hand. Neue Projekte zu entwickeln, die neue Eigenschaften mitbringen, ist daher eigentlich so gut wie unmöglich und bedarf neuer Problemstellungen, die leider nicht wie Sand am Meer herumliegen. Denken Sie daher bei Ihren Ideen zu einem Projekt immer daran, dass es dies bereits geben könnte und Sie nach vollendeter Arbeit keinen oder nur mäßigen Zuspruch der Community erhalten, weil sich das Thema vielleicht schon tot gelaufen hat.

Bevor Sie also daran gehen, eine Idee umzusetzen ist eine ausgefeilte Recherche von Nöten. Sie hält Sie davon ab, eine Enttäuschung zu erleben, wenn Ihr Projekt nicht den Zuspruch erhält, den Sie sich erhofft haben. Unser Projekt z.B. ist solch ein Fall.

Im Normalfall würde ich keine Zeit investieren dieses Projekt zu entwickeln, da es bereits relativ ausgefeilt und mehrfach im Internet zu finden gibt (und das vollkommen kostenlos). Allerdings wollen wir ja hier nicht den Preis für Kreativität und Ideenreichtum gewinnen, sondern mit der Erarbeitung dieses Projektes den Grundstein legen, Ihre zukünftigen Ideen mit dem richtigen Rahmen zu versehen und Ihnen das Fertigen Ihrer Projekte so einfach wie möglich zu machen. Selbstverständlich können Sie auch mit einem eigenen Projekt hier teilnehmen, der Ablauf ist kompatibel zu anderen Projekten, allerdings müssen Sie dann darauf achten, alle Planungs- und Fertigungsschritte auf Ihre Arbeit abzustimmen.

4.1.1 Die Idee

Meist ist eine Idee für etwas was man schaffen möchte, das schwierigste an der gesamten Arbeit. Der Grundgedanke ist da, man weiß in etwa, was man erreichen möchte, und fängt an, im Kopf oder auf Papier seine Idee Gestalt annehmen zu lassen.

Vieles was einem bei dieser Findungsphase durch den Kopf marschiert, ist noch ungeordnet und fügt sich nicht nahtlos in eine logische Struktur ein. Die Gedanken sind noch wirr und planlos, beinhalten aber schon das Wichtigste, nämlich was am Ende herauskommen soll. Machen Sie sich daher bitte zu eigen, immer erst die Idee an sich und das Ergebnis in der Folge, genauestens zu erdenken, bevor Sie sich der eigentlichen Planung widmen. Die Planung sollte dann auch möglichst schon logische Strukturen aufweisen. wobei es im Laufe der Arbeit immer mal wieder vorkommen kann, dass hier und da Dinge einfließen an die Sie vorher nicht gedacht haben. Fangen Sie möglichst auch nicht gleich an drauf los zu programmieren, Sie werden zwangsläufig feststellen, dass dies nicht gerade förderlich ist und irgendwann den Spaß an Ihrem Projekt verlieren, spätestens dann, wenn Sie den Überblick (bei großen Projekten zwangsläufig) verlieren. Am Ende des Buches werden Sie (hoffentlich) wissen was ich meine.

In unserem (Buch-)Projekt wollen wir, einen kleinen aber feinen Wiki erstellen, den wir nach Fertigstellung z.B. in eigene Homepages einbinden können, um einen regen Austausch von Informationen durch die Besucher unserer Site zu schaffen. Gleichzeitig können wir selbst diesen Wiki nutzen um für andere Projekte, die bereits laufen, einen Hilfepool anzubieten, indem wir dort wichtige FAQ's für diese Projekte bereitstellen. Auf Basis dieses Wissens stellen sich nun folgende Fragen für die erste grobe Planung:

Was soll unser Projekt am Ende können?

1. Eingabe von Fragen
2. Eingabe der Antworten
3. Ausgabe der Fragen als Menü
4. Ausgabe der Antworten nach Klick auf eine Frage
5. Möglichkeiten, die vorhandenen Antworten zu bearbeiten
6. Eingabe oder Auswahl von Kategorien für die Fragen
7. Eine benutzerfreundliche Menüführung
8. Einen Anmeldebereich für alle
9. Einen Loginbereich für angemeldete User
10. Passwort-Vergessen-Funktion
11. Einen Hilfe-Bereich (nur Text)

Was benötigen wir noch?

1. Ein CMS, was es uns als Betreiber erlaubt die Fremdinhalte zu kontrollieren und nötigenfalls zu bearbeiten/löschen

2.   Eine Userverwaltung
3.   Ggf. Möglichkeiten, einzelne Portalseiten grafisch und textlich anzupassen.
4.   Eingabe von statischen Texten für die einzelnen Portalseiten (Hinweistexte, Hilfstexte)
5.   Eine Datenbank

Das war's dann auch schon. Unsere Idee hat ihre ersten Formen angenommen. Alles Weitere, sozusagen die Feinheiten, werden wir in der eigentlichen Projektplanung konkret erarbeiten.

4.1.2 Richtige Projektplanung

Nun werden wir uns an die Feinarbeit machen, was heist, die oben aufgeführten Punkte im einzelnen auszufeilen

Eingabe von Fragen:

Dieser Bereich soll dem User die Möglichkeit geben, seine Fragen einzugeben und bestimmte Vorgaben für die Ausgabe der Antworten festzulegen. Hier können wir mehrgleisig fahren, indem es einmal möglich ist, die Antwort komplett zu sperren, so dass keine weitere Bearbeitung von außen vorgenommen werden kann

Der zweite Punkt wäre, die erste Antwort zu sperren und das Eingeben weiterer Texte, als Anhang zur ersten Antwort, durch andere freizugeben. Der dritte Punkt beinhaltet dann im Umkehrschluß, dass andere eigene Anworten als Anhang eingeben und ebenso an der ersten Antwort fleißig herumdoktern können.

Völlig losgelöst hiervon werden die Fragen, außer für den Fragesteller, immer nach außen gesperrt sein. Gleichzeitig soll es möglich sein, für die Fragen entweder bereits vorhandene Kategorien zu wählen oder aber eine neue Kategorie anzulegen. Die Kategorien sind hierbei die Basis für auftauchende Fragen, die zu bestimmten Kategorien gehören könnten. Eine typische Kategorie wäre *Wiki Anleitung* die z.B. die Frage *Wie gebe ich neue Fragen ein* beinhalten könnte. Die Kategorien benötigen wir nachher für unsere Menüführung, die wir uns als Punkt drei auf der ersten Liste notiert haben.

Hierbei müssen wir beachten, dass der User Kategorien nur nach vorgegebenen Mustern anlegen kann, um zu verhindern, das dort überlange Strings auftauchen, die nachher unser Manülayout zerschießen. Dies werden wir im Punkt sechs weiter behandeln.

Wir haben nun unseren ersten Programmablaufplan, der wie folgt ausschaut:

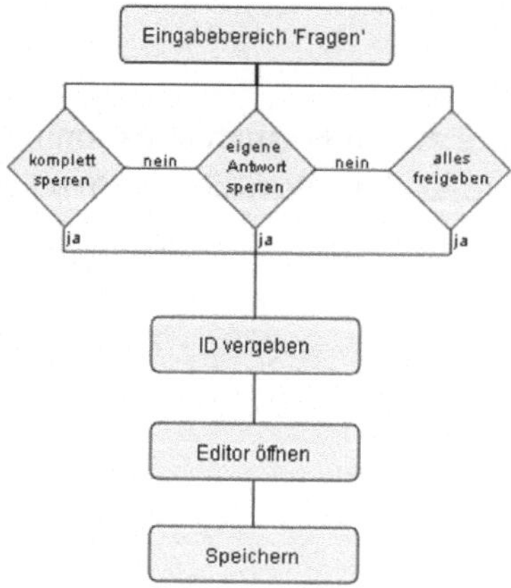

Abb. 5: Eingabebereich Fragen

Eingabe der Antworten

Dieser Bereich ist für die Antworten des Fragestellers und/oder dritter gedacht und lässt die Eingabe von Mehrzeilentext zu. Die Eingabe erfolgt mit Hilfe eines Editors, der frei im Netz verfügbar und relativ leicht einzubinden ist. Warum dies ? Da wir die Eingabe komfortabel halten möchten, der User wird es Ihnen danken, greifen wir im Vorfeld in unseren Überlegungen den Gedanken auf, einen fertigen Editor zu verwenden und keinen eigenen zu programmieren, da dieses den Arbeitsaufwand deutlich multiplizieren würde. Selbstverständlich könnten wir uns auch einen eigenen Editor dafür schreiben, allerdings gebe ich hier zu bedenken, dass wir uns als Programmierer unsere tägliche Arbeit so einfach wie möglich machen sollten und nicht ständig versuchen müssen das Rad neu zu erfinden. Nutzen Sie von daher ruhig bereits fertige Produkte, sofern Sie diese in Ihren Projekten benötigen.

Der nächste Punkt wäre, es dem User zu ermöglichen, nach der Eingabe und Speicherung seiner Antwort diese editieren zu können. Hierbei müssen wir auf zwei Dinge achten. Erstens dürfen nur freigegebene Antworten bearbeitet werden. Tweitens darf jeder Fragesteller seine eigene Antwort auch bei Sperrung bearbeiten. Die

Arbeitsweise dieser Maßnahme wird im nachfolgenden grafischen Programmablaufplan deutlich.

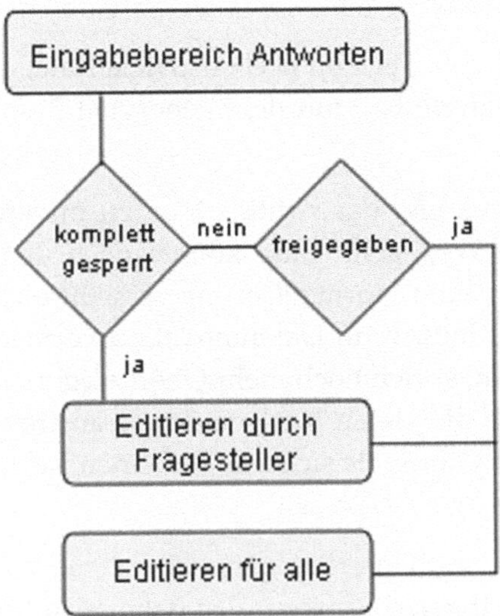

Abb. 6: Eingabebereich Antworten

Ausgabe der Fragen als Menü
Nachdem die Eingabe von Fragen und Antworten einigermaßen detailliert ausgearbeitet ist, kommen wir zum wohl zweitwichtigsten, der Ausgabe der Daten. Die erste Überlegung ist hier, wie wir dem Besucher unseres Wiki-Portals die einzelnen Fragen zur Auswahl anbieten wollen. Hier werden wir nicht umhin kommen, eine dynamische Menüstruktur zu programmieren. Warum ?
Stellen Sie sich vor, Ihr Portal besteht bereits ca. 2 Jahre und hat im Laufe dieser Zeit so an die 10.000 Fragen aufgenommen. Ihr Portal verfügt über eine rechte Menüleiste, inerhalb dieser alle Fragen chronologisch oder alphabetisch sortiert untereinander aufgelistet sind. Bei einer Anzahl von 10.000 wäre die Liste so lang, dass ein Besucher ganz weit scrollen müsste, um alle Fragen zu sehen. Gleichzeitig würde er wahrscheinlich beim Suchen einer bestimmten Frage komplett verzweifeln, da diese Suche sehr viel Zeit in Anspruch nimmt. Das Ende vom Lied wäre, der Besucher verlässt unser Portal völlig genervt und kommt nie wieder. Da wir das nicht wollen (Mitmachportale leben nun mal von den Besuchern), steuern wir die Frageausgabe über ein dynamisches Menü, welches als erste Ansicht die vorab eingeplanten Kategorien beinhaltet. Damit geben wir auch der Überlegung mit den Kategorien ihren

Sinn. Nach einem Klick auf eine Kategorie werden darunter alle Fragen auftauchen, die dieser Kategorie zugeordnet sind. Die Antwort taucht erst nach Klick auf eine Frage auf..

Sicherlich werden Sie jetzt einwenden, dass im Laufe der Zeit ja ebensoviele Kategorien eingegeben werden können, das der geschilderte Fall mit dem genervten Besucher eintritt.

Da haben Sie natürlich recht, und es ist schwierig, hier das richtige Maß zu finden, wie man diesem Umstand dauerhaft aus dem Weg geht. Man könnte nach dem Prinzip der Normalisierung von Datenmodellen (unter Normalisierung versteht man das schrittweise Zerlegen von Daten, um Redundanzen im Datenmodel zu vermeiden) das Menü weiterhin nach oben verschachteln, sprich noch mehr Oberkategorien schaffen, wobei dann allerdings die Suche durch die vielen Klicks genauso anstrengend werden würde. Es bleibt also nichts anderes übrig als sich hier auf einen Kompromiss zu einigen.

Wie weit oder besser gesagt wie viele Kategorien und Unterkategorien Sie letztendlich in Ihrer Menüführung zulassen wollen, bleibt Ihnen überlassen. Ich habe mich für unser Projekt auf eine Ebene festgelegt.

Um nun aber dem Umstand vorzugreifen, dass alle Fragen gleichzeitig angezeigt werden, wenn jede Kategorie einmal durchgeklickt ist, bauen wir noch die Möglichkeit ein, die Fragen nach erneutem Klick auf eine Kategorie wieder verschwinden zu lassen. Der Progammablaufplan hierfür:

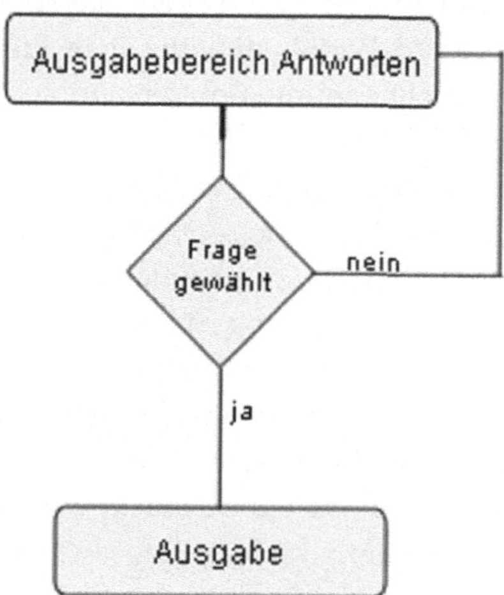

Abb. 7: Augabebereich Antworten

4.2 Lastenheft

Für unser kleines Projekt benötigen wir eigentlich kein Lastenheft. Sie werden aber in größeren Projekten damit konfrontiert werden. Deshalb widme ich dem Lastenheft einen kurzen Abschnitt

Ein Lastenheft wird in erster Linie durch den Auftraggeber erstellt und für die Abgabe von Angeboten ausführender Unternehmen, denen daraufhin ein Pflichtenheft zugrunde liegt, gefertigt. Innerhalb eines Unternehmens, das selbst über alle Arbeitsgruppen verfügt, dient es als Planungsgrundlage für die Projektleitung. Ein Lastenheft ist also in erster Linie ein Leitfaden für alle an einem Projekt beteiligten Gruppen und natürlich den Chefs eine Kontrolle der Fortschritte bis zur Dead-Line (Projektstart).

Das Lastenheft ist für jeden Bereich speziell gegliedert und lässt die einzelnen Projektgruppen ihre Aufgaben klar strukturiert erkennen. In einigen Branchen haben sich spezielle Vorgaben eingebürgert, die zum Teil Lasten- und Pflichtenheft vereinen. Dies stellt zum Teil ein großes Problem dar, weil die Begrifflichkeiten hier nicht klar voneinander getrennt sind und durch diese unscharfe Verwendung der Begriffe, sowie die fehlende Trennung von Anforderungs- und Abwicklungshinweisen, es leicht zu Missverständnissen kommen kann. In der Softwareentwicklung z.B. arbeiten viele Unternehmen nach dem IEEE-Standard (Institute of Electrical and Electronic Engineers) ‚Software Requirements Specification' kurz SRS, welches als Vorgabe, das Lasten- und Pflichtenheft zusammenfasst.

Zu Lesen im: *IEEE Guide to Software Requirements Specification*, ANSI/IEEE Std 830-1984, IEEE Press, Piscataway, New Jersey, 1984

Hierbei ist SRS in zwei Hauptbereiche gegliedert:

C-Requirement (Customer-Requirement), dieser Bereich ist dem Lastenheft ähnlich. D-Requirement (Development-Requirement), dieser Bereich ist dem Pflichtenheft ähnlich Des Weiteren beinhaltet die SRS mindestens drei Hauptkapitel, die zwar eingehalten werden sollten, in der Praxis allerdings in den Kernpunkten häufig modifiziert werden.

Ein möglicher Aufbau könnte demnach wie folgt ausschauen:

1. Name der Software
2. Name des Herstellers
3. Versionsdatum des Dokuments und/oder der Software
4. Einleitung

- o Zweck der Software
- o Umfang der Software
- o Verweise auf sonstige Quellen oder Arbeitsmittel
- o Erläuterungen zu Begriffen und/oder Abkürzungen
- o Übersicht (Vergleichbar einem Inhaltsverzeichnis)

5. Allgemeine Beschreibung der Software

- o Perspektive zu anderen Softwareprodukten gleicher Art
- o Eine Zusammenfassung und Übersicht der Funktionen
- o Informationen über die zu erwartenden Nutzer
- o Einschränkungen bei der Entwicklung
- o Abhängigkeiten von Eigenschaften, die nicht realisierbar sind oder auf spätere Versionen verschoben werden

6. Spezielle Anforderungen der Software

- o Anforderungen an die Funktionen
- o Anforderungen, die nicht funktional sind
- o externe Schnittstellen
- o Design Constraints (modellbasierte Entwicklung von Softwaresystemen)
- o Anforderungen an die Performance der Software
- o Qualitätsanforderungen
- o Sonstige Anforderungen

Möchten Sie sich näher mit dem Thema Lastenheft und IEEE auseinandersetzen, empfehle ich die im Abschnitt ‚Fachliteratur' vorgeschlagenen Bücher. Auf dieser Basis lassen sich im nächsten Schritt alle Aufgaben der einzelnen Arbeitsgruppen detailliert darstellen, so dass am Ende jede beteiligte Person über seine Aufgaben an der Entwicklung genauestens im Bilde ist und sich strikt daran halten kann. Aber auch hier ist zu beachten, dass während der Planungsphase nicht alle Punkte beachtet werden, spätestens dann, wenn ein Auftraggeber nicht über die nötigen Fachkenntnisse der einzelnen Bereiche verfügt oder Wirksamkeiten der fertigen Software und dem Nutzerverhalten unterschätzt. Als Entwickler fällt Ihnen dann die Aufgabe zu, hier unterstützend mitzuwirken, um z.B. den speziellen technischen Anforderungen bei der Entwicklung Rechnung zu tragen und dem Werk in seiner Gesamtheit eine noch klarere Struktur zu geben.

Da wir, wie eingangs erwähnt, kein Lastenheft benötigen, reichen uns die im vorherigen und den weiteren Kapiteln aufgeführten Schritte und Arbeitshinweise vollkommen für die spätere Entwicklungsphase aus.

5 Arbeitsgrundlage vorbereiten

5.1 Server oder Client

Der erste Schritt unserer Planung ist der nach der Suche eines geeigneten Platzes zum Ablegen und Bearbeiten unserer im Anschluss gefertigten Dateien. Gemeint ist hiermit, das wir uns darüber im Klaren sein müssen, wo und wie wir unser Projekt bearbeiten bzw. ablegen, um es eventuell einer breiten Masse anzubieten. Es gibt zwei Möglichkeiten, eine Entwicklungsumgebung herzustellen, wobei eine davon einen direkten Zugriff über das Internet erlaubt.

1. Arbeiten auf einem externen Server

2. Arbeiten am Client mit Hilfe eines virtuellen Servers

Bei der ersten Möglichkeit haben Sie den Vorteil, die Dateien von jedem x-beliebigen Rechner mit Internetanschluss zum Entwickeln aufzurufen. Des Weiteren besteht die Möglichkeit, die fertigen Ergebnisse Live im Browser überall auf der Welt auszugeben, um z.B. Freunde als Tester bei der Entwicklung mit einzubeziehen. Aufrufen können Sie das ganze dann entweder über den Domainnamen Ihres Servers mit Anhang des Ordners, wo die Dateien liegen (oder ohne Ordner, wenn Sie im Wurzelverzeichnis der Domain arbeiten), oder mit Hilfe einer Subdomain, die Sie auf Ihrem Server speziell einrichten müssen. Wie Sie genau eine Subdomain anlegen, erfahren Sie im Confixx Ihres Providers. Wichtig allerdings ist es, dass Sie beim Erzeugen einer Subdomain diese auf den Unterordner, wo Ihre Dateien liegen, weiterleiten, da die Subdomain sonst nicht weiß von wo genau sie Ihre Daten beziehen soll. Bei beiden Möglichkeiten sollte die Startdatei möglichst immer als Index angelegt werden. Dies ist zwar nicht zwingend notwendig, erleichtert den Seitenaufruf aber ungemein, da eine Index-Datei immer standardmäßig geladen und angezeigt wird. Sie muss daher nicht zwingend in der URL mit angegeben werden. Ein kleines Beispiel verdeutlicht die verschiedenen Arten der Seitenaufrufe:

Beispiel:

1. Domain (Wurzelverzeichnis mit Startdatei) : www.IhreDomain.de
2. Domain (Wurzelverzeichnis ohne Startatei): www.Ihre Domain.de/start.php
3. Domain (Ordner /wicki/ ohne Startdatei): www.Ihre.Domani/wicki/start.php
4. Domain (Ordner /wicki/ mit Startdatei): www.IhreDomain.de/wicki/

5. Subdomain (Ordner /wicki/ ohne Startda-
    tei):http://wicki.IhreDomain.de/start.php
6. Subdoamin (Ordner /wicki/ mit Startdatei: http://wicki.IhreDomain.de

Wie Sie sehen, gibt es mehrere Möglichkeiten, die Anzeige Ihres Projektes mit Hilfe einer bereits vorliegenden Domain im Internet zu handeln. Alle diese Möglichkeiten setzen allerdings voraus, dass Sie eine Internetdomain bei einem Provider registriert und einen FTP-Zugang erhalten haben, womit Sie die Daten auf den Server uploaden können Wie genau das funktioniert, wird Ihnen Ihr Provider gerne auf Anfrage mitteilen. Geeignete FTP-Tools hierfür gibt es reichlich und kostenlos zum Downloaden im Netz.

Die andere Variante, eines virtuellen Servers (wobei dieser Ausdruck eigentlich verkehrt ist, da Tools die so etwas ermöglichen, mithilfe ihrer Software einen Server nur simulieren) ist geeignet, wenn Sie beispielsweise nicht über einen externen Server verfügen oder aber Ihr Projekt eh nicht veröffentlichen wollen. Sie haben hierbei die Möglichkeit, PHP und MySQL für Ihren PC voll nutzbar zu machen, was heißt, dass Ihre Dateien ausgeführt werden, ohne einen direkten Draht zum Internet haben zu müssen, da z.B. PHP eigentlich eine serverseitige Scriptsprache ist und nur auf einem Server (z.B. Apache) geparst wird..

Ich habe mich für unser Projekt dazu entschieden, mit einer Subdomain zu arbeiten, die unter *http://wicki.mmdf.de* zu erreichen ist. Das fertige Projekt ist dort als Anschauungsbeispiel zu sehen und kann nach Herzenslust von Ihnen genutzt werden. Einige weitere Futures ergänzen die Site, die aber nicht Bestandteil dieses Workshops sind. Lassen Sie sich überraschen.

Damit Sie sich aber völlig losgelöst davon für die eine oder andere Art entscheiden können, werden wir uns in den nächsten Kapiteln diesem Thema näher widmen, also einmal einen Ordner auf einem externen Server mit Subdomain anlegen und alternativ dazu einen virtuellen mit Hilfe der Software XAMPP. Sollten Sie bereits Erfahrung damit haben, können Sie diese Kapitel getrost überspringen und gleich voll einsteigen.

5.2 Richtigen Domainnamen finden

Das absolut schwierigste an erdachten Projekten ist nicht deren Umsetzung, sondern das Finden des richtigen Domainnamens bzw. der richtigen URL für das Projekt. Durch die in den letzten Jahrzehnten permanent gewachsene Portalvielfalt im Internet und der Tatsache dass manche Ideen bereits mehrfach abgearbeitet worden sind, gestaltet es sich nicht gerade einfach Ihre Idee in den richtigen Rahmen (die URL) zu packen. Besonders schwierig denn, sollten Sie Ihr Projekt tatsächlich einer breiten Öffentlichkeit anbieten wollen, so müssen Sie in erster Linie darauf achten in gängigen Suchmaschinen innerhalb der oberen Plätze zu stehen um überhaupt gefunden zu werden. Da viele gleichartige Projekte die gleichen Keywords (eingegebene Suchbegriffe der User bei Suchmaschinen) nutzen und vermutlich über ein wesentlich besseres Ranking verfügen als Ihr neu hinzugekommenes Projekt, kann es passieren dass Sie mit Ihrer Site irgendwo auf Platz 1 Mio. gelistet sind. Kein User, der so viele Suchergebnisse erhält, schaut sich auch tatsächlich alle an.

Ein wichtiger Aspekt bei den Suchmaschinen Crawlern (das sind Programme die automatisch Webseiten analysieren) ist es unter anderem, dass der Domainname zum Projekt passen muss. Sollte dies nicht der Fall sein, so verschwindet Ihre Site irgendwann im Nirvana, weil sie von den Crawlern nicht gefunden wird. Machen Sie sich daher im Vorwege Gedanken, wie Sie Ihre Website bzw. Ihr Projekt nennen, um diesem Umstand gerecht zu werden.

Eine andere Möglichkeit, einen relativ hohen Bekanntheitsgrad trotz massiver Konkurrenz zu erlangen, ist eine richtige SEO-Planung, auf die ich in einem späteren Kapitel noch näher eingehen werde. Für unsere Zwecke, da wir ja nicht so bekannt werden wollen, reicht es vollkommen aus, unsere Website mit einer Subdomain zu benennen. Sollten Sie allerdings der Meinung sein, einen richtig guten Namen gefunden zu haben und möchten diesen registrieren, dann lesen Sie den nächsten Abschnitt, wo ich kurz auf die Domainregistrierung speziell eingehen werde.

5.3 Domain registrieren

Das Registrieren einer freien Domain ist im Vergleich zu dem vohergegangenen Fall der Namensfindung relativ einfach zu bewerkstelligen. Nach der Findung des Domainnamens und dem Prüfen, ob diese URL noch nicht vergeben ist, suchen Sie sich einen Provider Ihrer Wahl und Beantragen die besagte Domain. Dieser wird Ihnen einen Serverplatz zur Verfügung stellen und einen KK-Antrag anfordern, den Sie ausgefüllt an den Provider zurücksenden müssen. Diesen KK-Antrag benötigt der Provider um bei der Zentralen Regierungsbehörde für Internetdomains, in Deutschland ist das die DENIC eG (Deutsches Network Information Center), die Domain für Sie zu beantragen und die URL auf ihren Servern für Sie einzurichten. Damit ist gewährleistet, dass der Aufruf Ihrer URL an Ihren Provider weitergeleitet wird und dieser im Gegenzug per DHCP/DNS auf Ihren Serverplatz verweisen kann, um Ihre Website an den anfragenden Browser zurückzugeben.

Freigeschaltet wird das Ganze dann auch logischerweise erst wenn a) die DENIC ihr OK gibt und der Provider, die b) Bereitstellungsgebühr und eventuelle Jahresgrundgebühren von Ihnen verbucht hat. Sollte all dies reibungslos geklappt haben, verfügen Sie meist schon nach wenigen Tagen über Ihre eigene Internetdomain und können nun nach Herzenslust Ihre eigene Website programmieren und für andere bereitstellen.

Im Zuge der Beantragung einer Domain bei einem Internetprovider wird dieser Ihnen auch die FTP-Zugangsdaten zusenden, die wie im nächsten Abschnitt besprochen, benötigt werden, um Daten auf den Serverplatz zu überspielen. Andere Futures wie PhpMyAdmin oder Confixx etwa, sind hingegen providerabhängig und können recht unterschiedlicher Natur sein. In der Regel aber werden Sie auf den Hauptseiten des Providers immer auch einen FAQ-Bereich finden der Ihnen die Handhabung der mitgelieferten Software genauestens erklärt.

Für welchen Provider oder aber welche von ihm angebotene Pakete Sie sich entscheiden, bleibt Ihnen überlassen. Sie sollten nur darauf achten, dass die Pakete die gängigen Standards für das Internet bereitsstellen. Für unser Projekt ganz wichtig sind hierbei PHP ab Version 5 und frei verfügbare MySQL-Datenbanken (hier reicht uns erstmal eine).

5.4 FTP-Zugang einrichten

FTP ist ein Übertragungsprotokoll (wie HTTP auch) für alle Arten von Dateien, zu denen unter anderem alle Bilddateien oder auch PDF-Dateien zählen. Sie können das FTP-Protokoll direkt im Browser ausführen oder spezielle Softwareprogramme nutzen, die Ihnen eine Menge Arbeit, wie das wiederholte Eintippen der URL oder der Zugangsdaten im Voraus abnehmen, indem sie diese einmal bei der Installation oder der Neukonfigurierung weiterer Zugänge vergeben und von der Software für jede weitere Verwendung gespeichert werden.

Bei der Domainregistrierung haben Sie von Ihrem Provider auch FTP-Daten erhalten, die Sie benötigen, um Ihre erarbeiteten Daten auf den vom Provider zur Verfügung gestellten entfernten Serverplatz hochzuspielen. Sie können dies mit Hilfe einer speziellen Software, den sogenannten FTP-Programmen erledigen oder aber durch spezielle Editoren, die beides, Bearbeitung der Daten und Upload auf den Server vereinen. Hier ist es auch möglich, Live zu arbeiten, was heißt, dass Sie Ihre Dateien direkt von Server in die Software einlesen, bearbeiten und gleich wieder hochspielen. Der Vorteil dieser Maßnahme ist, dass Sie direkt Ihre Ergebnisse im Browser anschauen können. Der Nachteil ist, dass Fehler, die Sie programmieren, direkte Auswirkung auf die Website haben, was besonders dann schlecht ist, wenn bereits eine breite Öffentlichkeit damit arbeitet.Für welche Variante Sie sich letztendlich entscheiden, bleibt auch hier selbstverständlich Ihnen überlassen.

Ich werde hier beide Methoden kurz vorstellen, weil wir nachher bei der Programmierung eine der beiden Methoden benötigen.

Installation und Einrichten eines FTP-Programms (hier WS FTP95 LE)

Laden Sie sich das Tool kostenfrei aus dem Internet, z.B unter http://download.freenet.de/archiv/archiv/download---18.xhtml. Nach dem kompletten Herunterladen der Datei führen Sie diese durch einen Doppelklick aus und Installieren Sie nach Anleitung. Geben Sie als Anwender 'Studend" an um sich als Privatmann zu kennzeichnen. Im folgenden sehen Sie grafisch dargestellt wie die Installation für WS FTP95 LE von statten geht.

Als erstes erscheint der Hinweisbildschirm, der Sie auffordert, die Installation zu beginnen oder eine vorhandene Installation wieder zu entfernen. Hacken Sie Install an und klicken auf Continue.

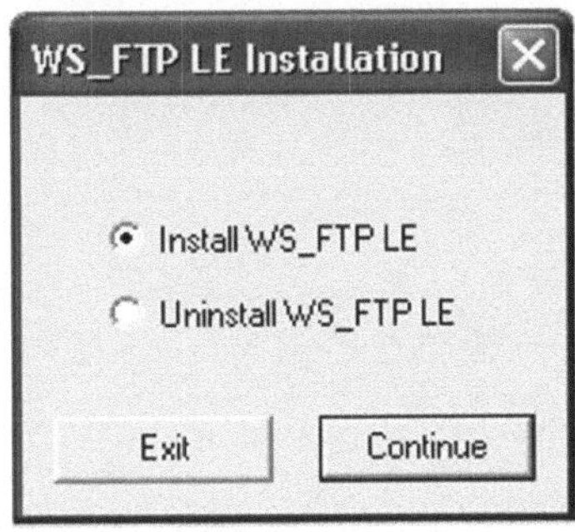

Abb. 8: Auswahl

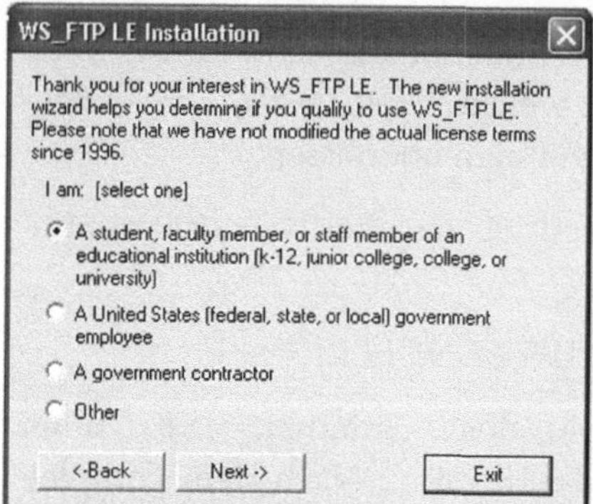

Abb.9: Installationsparameter Schritt 1

Im nächsten Abschnitt geben wir uns noch einmal als Privatperson zu erkennen.

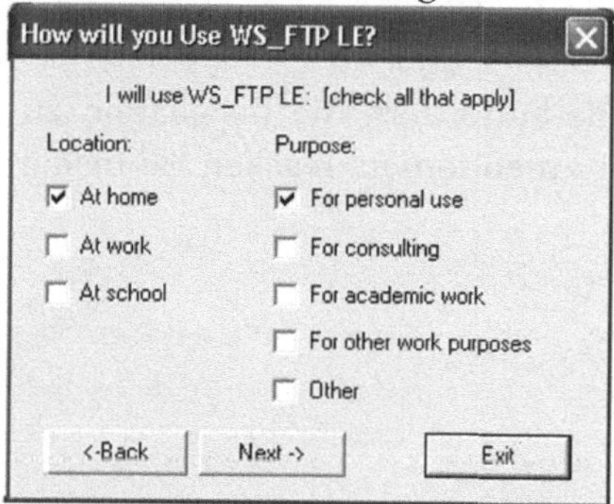

Abb. 10: Installationsparameter Schritt 2

Akzeptieren Sie im nächsten Fenster die Lizenzbedingungen.

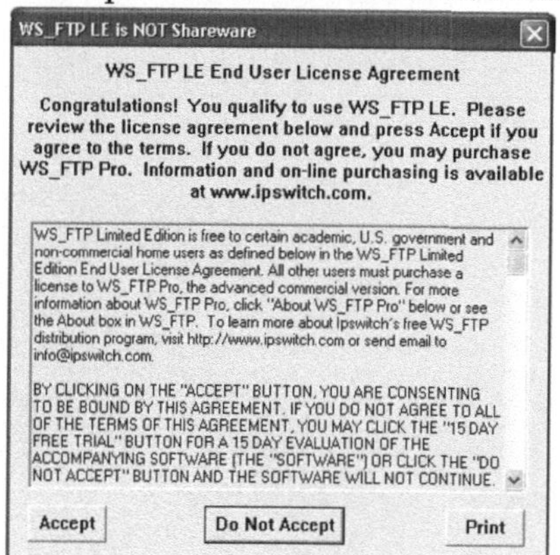

Abb. 11: Lizenzbedingungen

In den nächsten beiden Fenstern geben Sie die Pfade an, wo Sie die Datei installiert haben möchten und der Folder die lokalen Tempdateien ablegen soll.

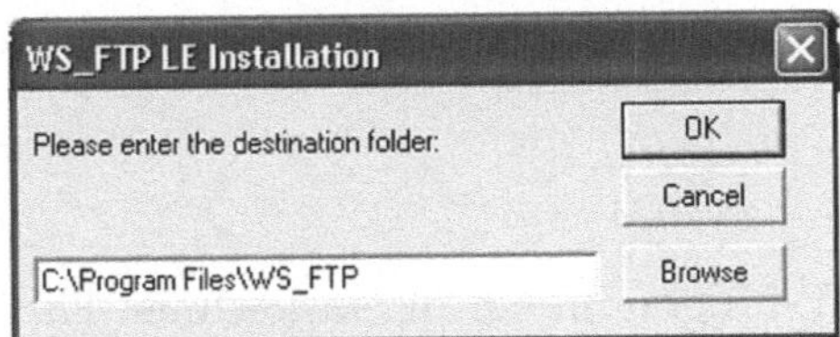

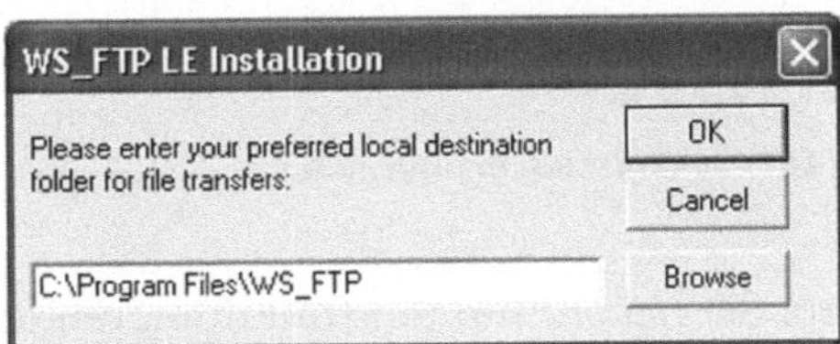

Abb. 12: Lokaler Dateiordner   **Abb. 13: Temporärer Ordner**

Nun wird Ihnen mitgeteilt, dass die Dateien auf den Platz kopiert werden, den Sie angegeben haben.

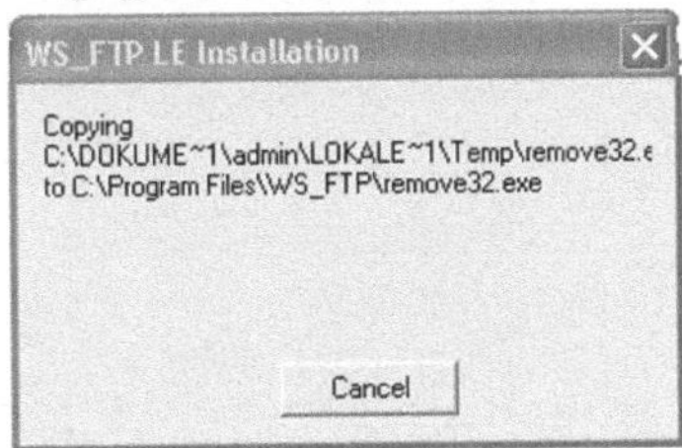

Abb. 14: Kopieren

Nun können Sie noch einen Ordnernamen bestimmen, unter dem die ausführbaren Dateien in Ihrem Programmordner, zu sehen unter *Start / Programme* (Windows), abgelegt werden

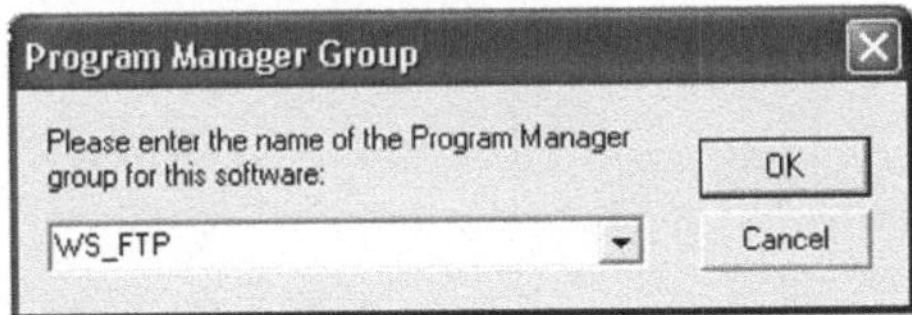

Abb. 15: Angabe des Ordners im Programmverzeichnis des Betriebssystems

Sollte die Installation erfolgreich durchgeführt worden sein, erscheint das nächste Fenster.

Abb. 16:   Installation erfolgreich

Hurra, Sie haben nun ein funktionierendes FTP-Programm auf Ihrem Rechner. Finden können Sie die Dateien nun unter dem von Ihnen angegebenen Ordner.

Abb. 17:   Programmordner

Kommen wir zum ersten Start des Tools und dem Anlegen eines Profiles zum Uploaden von Dateien auf unseren Server. Starten Sie das Programm.

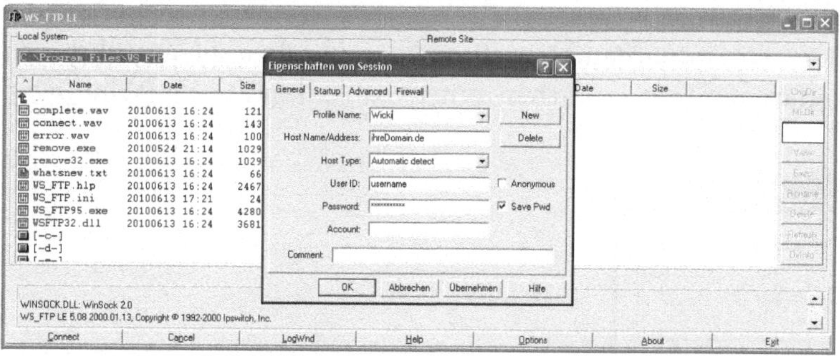

Abb. 18:   Erster Programmstart

Geben Sie in die Felder, die von Ihrem Provider an Sie übermittelten Daten ein. Wichtig sind hier der Host, der User und das Passwort, welche Bestandteile der Zugangsdaten Ihres Providers sind. Der Profilname kann frei vergeben werden. Hacken Sie noch 'Save Password' an und klicken auf OK.

Weitere Einstellungen sind in der Regel nicht nötig. Klicken Sie nun auf Connect und das Programm wählt sich auf Ihren Server ein und zeigt die Ordner, die von Ihrem Provider für Sie angelegt worden sind.

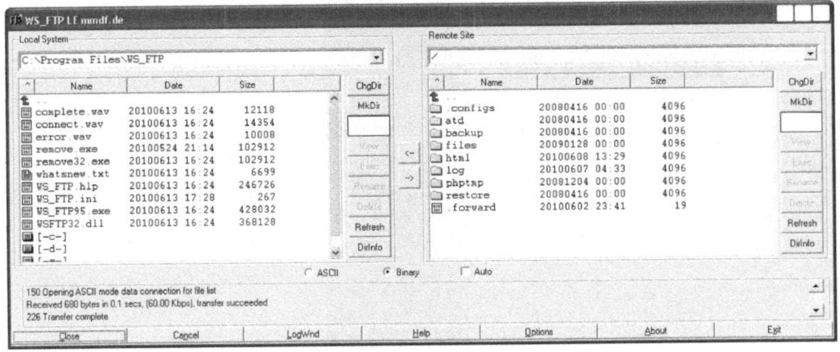

Abb. 19: Erfolgreiche Einwahl auf einen Server

Das wars dann auch schon.

Sie können nun im nächsten Schritt die in unserem Workshop erarbeiteten Dateien auf Ihren Server uploaden und sich die Ergebnisse im Browser anschauen. Kurz anmerken möchte ich noch, das es außer WS FTP95 LE, noch andere sehr gute kostenlose Möglichkeiten zum FTP-Transfer gibt. Genannt seien hier FileZilla oder FireFTP für den Mozilla Firefox Browser.

Einrichten eines FTP-Zugangs für Editoren (hier als Vorlage Dreamweaver)

Parallel zum ersten FTP-Zugang mittels einer speziellen Software, können auch diverse Programmiereditoren mit dem FTP-Protokoll arbeiten. Hierbei wählen sich die Editoren direkt beim Start auf den Server ein, oder nach Auswahl eines bestimmten Profiles. Wir werden im weiteren Verlauf dieses Workshops mit dem Macromedia Tool 'Dreamweaver 8' arbeiten und von daher die Einrichtung eines FTP-Zuganges mit dieser Software aufzeigen. Sollten Sie mit anderen Programmen besser arbeiten können, so erfragen Sie beim Hersteller der Software, wie Sie dort einen FTP-Zugang einrichten.

Sollten Sie nicht über eine registrierte Version von Dreamweaver verfügen und Ihnen die Kosten zum Anschaffen der selben zu hoch sein, so können Sie im Internet frei verfügbare Editoren finden, die den hier gestellten Anforderungen durchaus genügen. In diesen Fällen können Sie den folgenden Abschnitt getrost auslassen. Starten Sie nun Dreamweaver.

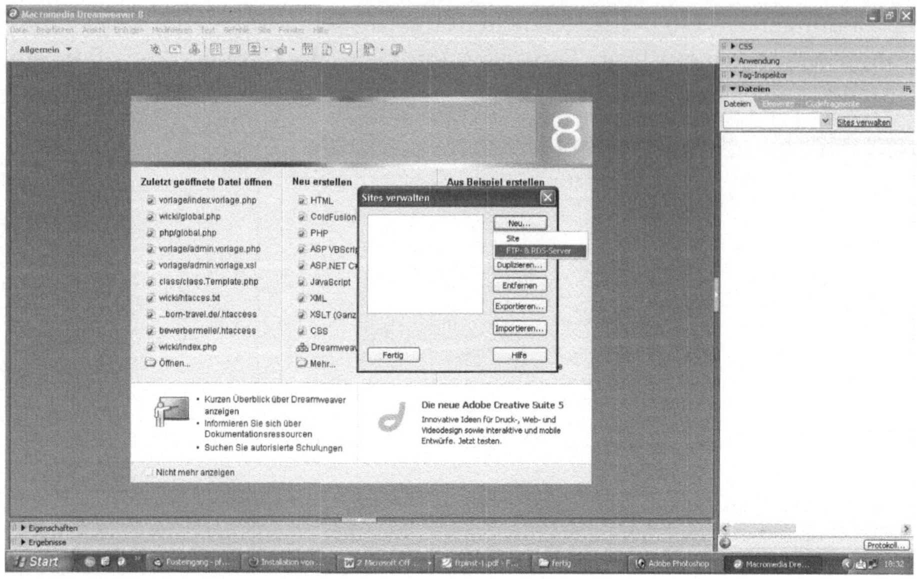

Abb. 20: Dreamweaver Startfenster

Klicken Sie im rechten oberen Abschnitt auf 'Site verwalten'.

Achtung diese Konfiguration habe ich speziell für meine Arbeit angepasst.

Bei einer Neuinstallation von Dreamweaver ist die Menüleiste standardmäßig links angeordnet. Es taucht nun ein Fenster auf, das Sie unter 'Neu' auffordert anzugeben, ob Sie die Dateien lokal oder per FTP beziehen bzw bearbeiten wollen. Wählen Sie hier 'FTP - & RS Server'. Im nächsten Schritt können Sie, wie bereits im vorherigen Abschnitt beschrieben, Ihre FTP Zugangsdaten eintragen.

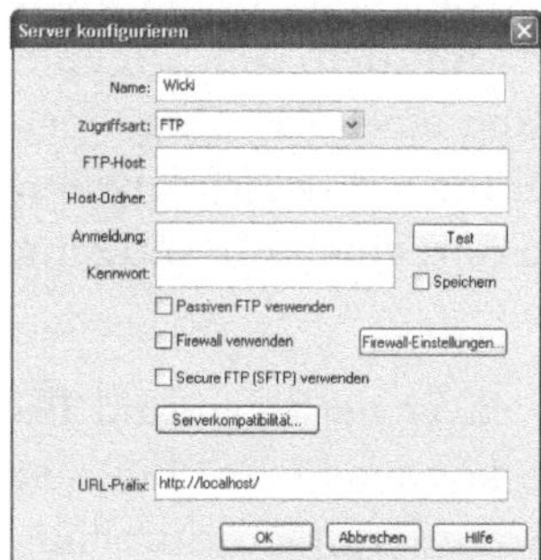

Abb. 21: Dreamweaver Serverwahl

Nach dem Eintragen der Daten können Sie mit dem Button 'Test' eine Einwahl zum Server erzwingen, um die eingegebenen Daten zu testen. Nach erfolgreicher Einwahl von Dreamweaver erscheint nachfolgendes Fenster.

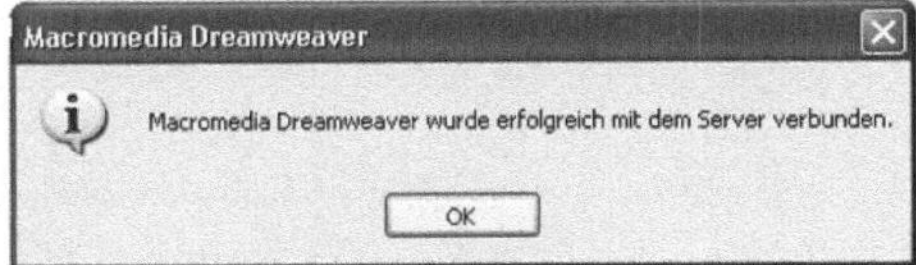

Abb. 22: Verbindungstest

Klicken Sie auf Ok und Dreamweaver verbindet sich automatisch mit dem Server.

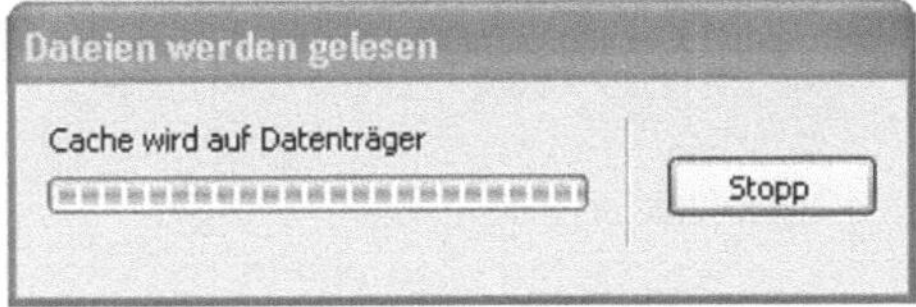

Abb. 23: Schreiben des Caches der Serverdateien auf Festplatte

Mit einem Klick auf Fertig beenden Sie die Siteverwaltung und speichern dieses Profil dauerhaft zur weiteren Verwendung im Dreamweaver. Sollten Sie später weitere Server hinzufügen, genügt ein Klick auf ein Profil und Dreamweaver wählt sich dort auf dem hinterlegten Server automatisch ein.

5.5 Alternativ mit XAMPP arbeiten

Als Alternative zum Arbeiten unter Livebedingungen habe ich im Vorwort erwähnt dass es auch möglich ist, ohne Internetanbindung, also Lokal, arbeiten zu können. Auch hier haben Sie die Möglichkeit, sich Ihre Arbeit direkt im Browser anzuschauen. Allerdings sind, um dies zu ermöglichen, einige Vorbereitungen zu treffen. Wir müssen uns für diesen Fall einen sogenannten virtuellen Server schaffen, der uns z.B. einen PHP-Parser zur Verfügung stellt um die PHP-Dateien zu übersetzen und als reines HTML an den Browser zurückzugeben..

Eine Software die uns einen virtuellen Server zur Verfügung stellt, ist XAMPP. Wie Sie XAMPP installieren, einrichten und damit arbeiten, werde ich nun aufzeigen. Starten Sie die Installation von XAMPP durch Klick auf das Dateisymbol, welches sich in Ihrem Downloadordner nach dem Download der Self Extractiondatei angelegt hat. Im nachfolgenden Fenster geben Sie den Installationspfad an, wo Sie XAMPP auf Ihrem rechner Installieren wollen.

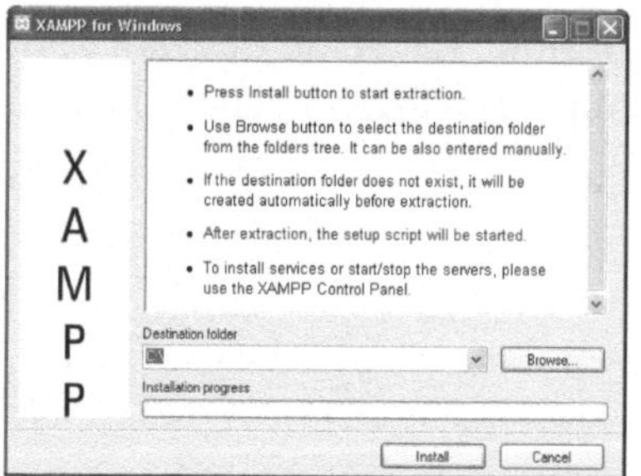

Abb. 24: XAMPP Installation Schritt 1

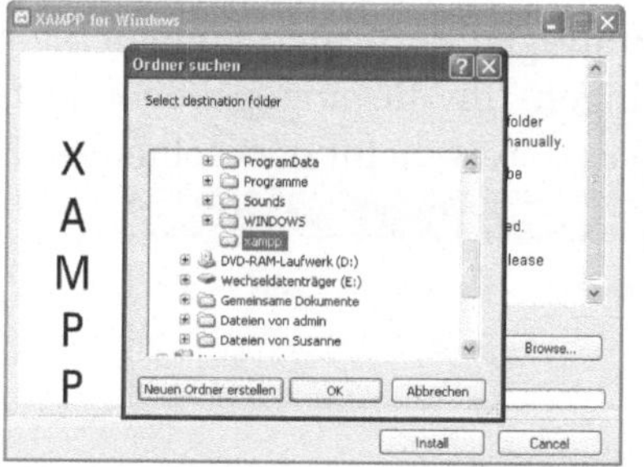

Abb. 25: Wahl des Arbeitsverzeichnisses

XAMPP überträgt nun die Installationsdateien auf Ihren Rechner.

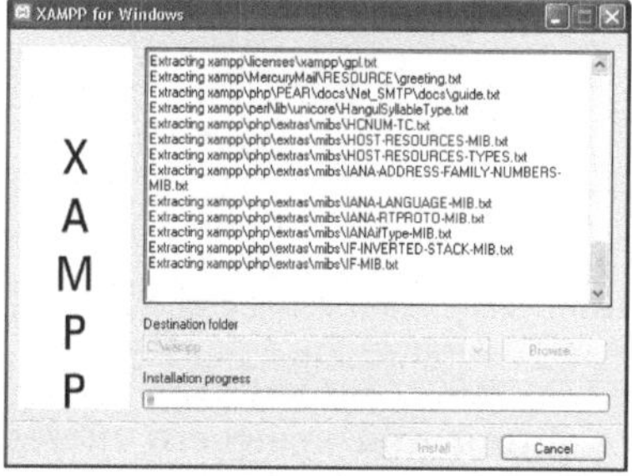

Abb. 26: Installation

Die nächsten beiden Fenster fordern Sie nun auf, einmal einen Icon zu erstellen und zum anderen das Verzeichnis, was noch nicht übereinstimmt, anzupassen. Bestätigen Sie beide mit 'y'.

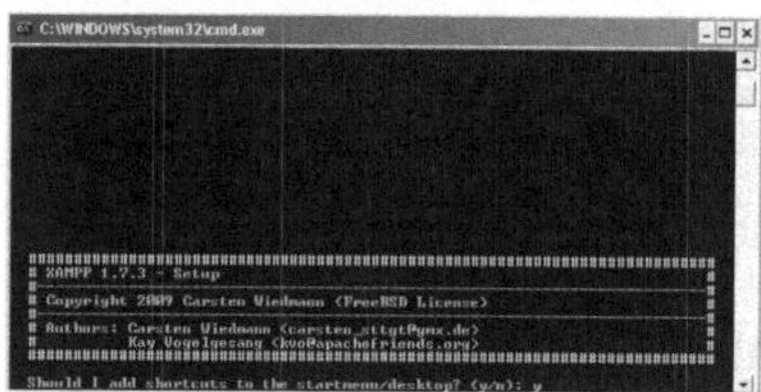

Abb. 27: Konfiguration Schritt 1

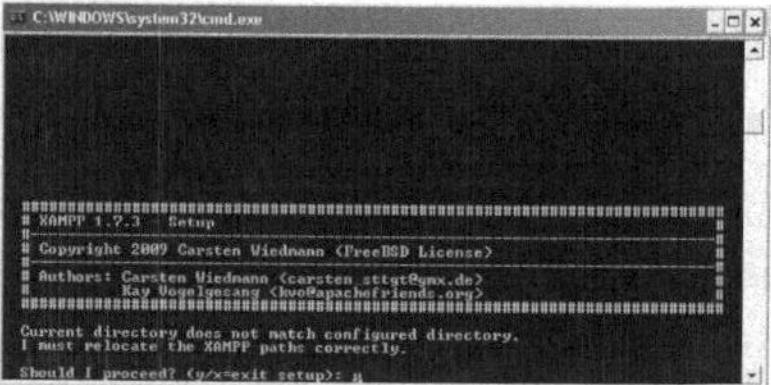

Abb. 28: Konfiguration Schritt 2

Bei der nächsten Frage antworten Sie mit 'n', weil hier gefragt wird, ob Sie eine portable Version installieren möchten.

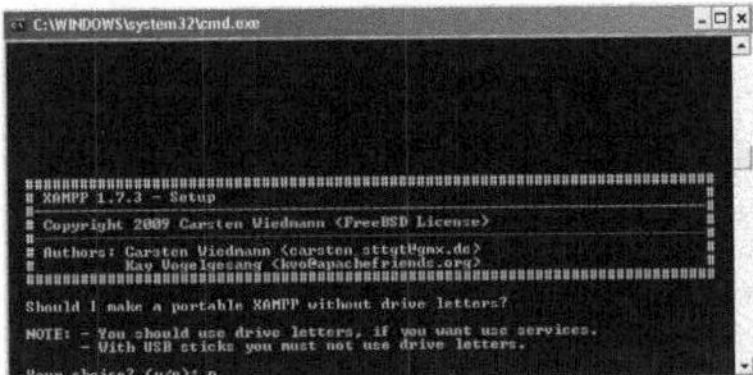

Abb. 28: Konfiguration Schritt 3

Es erfolgt der Abschluss der Installation

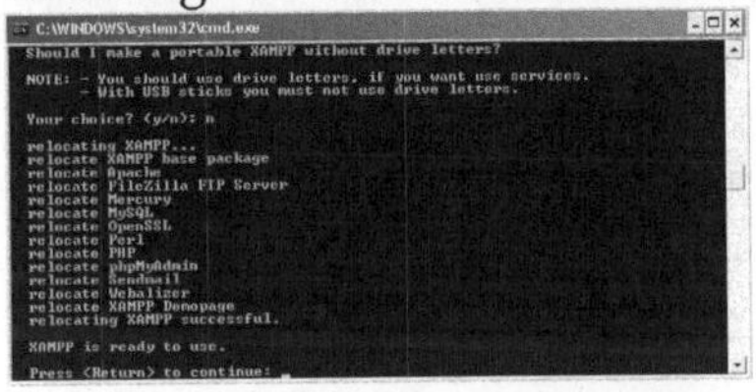

Abb. 29: Konfiguration Abschluss

Klicken Sie auf irgendeine Taste oder schließen das Fenster. Auf Ihrem Desktop sollte nun das XAMPP-Symbol für das Controllcenter erscheinen. Nach dem Start erscheint das Controllfenster, in dem Sie den Apache und den MySQL Server starten
können.

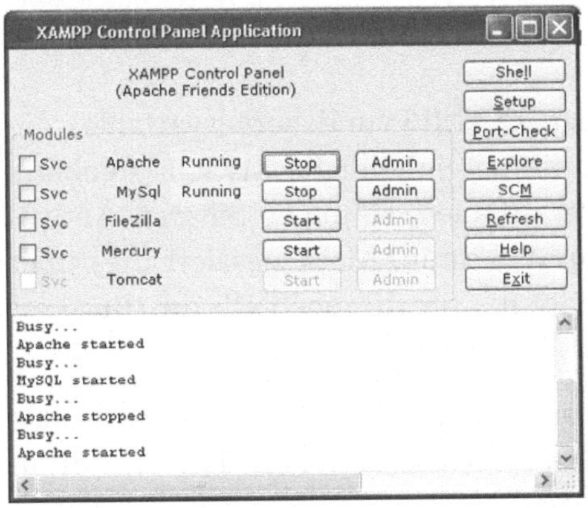

Abb. 30: XAMPP Manager

Ihre virtuelle Serverumgebung ist nun eingerichtet und gestartet. Klicken Sie zum
Prüfen, ob alles geklappt hat, auf Admin neben dem Apache Button. Es sollte nun
das Willkommenfenster erscheinen.

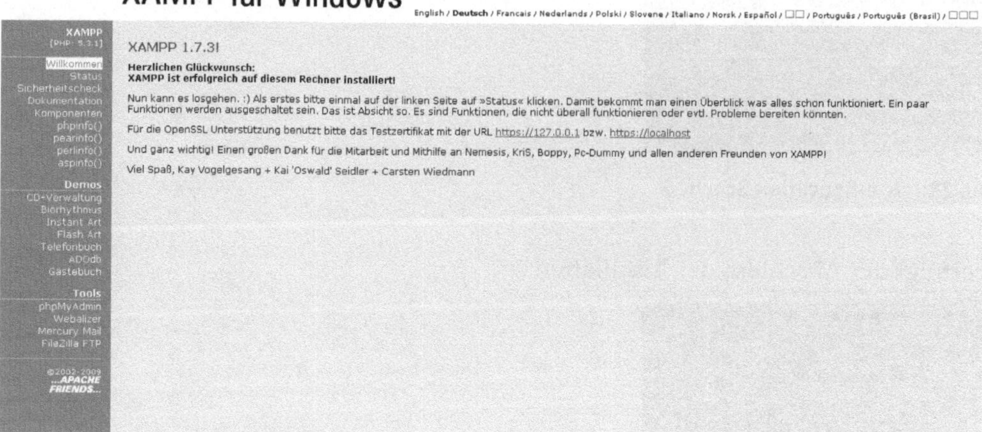

Abb. 31: XAMPP Startbildschirm

Hurra, Sie haben es geschafft und können jetzt an unserem Workshop auch ohne Internetanbindung teilnehmen.

Wie Sie eine MySQL-Datenbank einrichten, werde ich dann im nächsten Kapitel erklären

5.6 Datenbank anlegen

Zum Anlegen einer Datenbank sind bei beiden (XAMPP und Servervariante) die Bearbeitungsschritte gleich, da es sich hier um eine einheitliche MySQL-atenbank handelt. Sollten Sie auf einem entfernten Server arbeiten, so folgen Sie den Anweisungen Ihres Providers zum Einwählen in PhpMyAdmin. Meist passiert dies über eine vom Provider zur Verfügung gestellte Confixxsite,die ebenfalls im Browser geöffnet wird

Beim Arbeiten mit XAMPP starten Sie den Apache und MySQL Server über das XAMPP-Controllcenter. Klicken Sie nun in der Menüleiste unten auf PhpMyAdmin und öffnen das MySQL-Datenbankfenster im Browser.

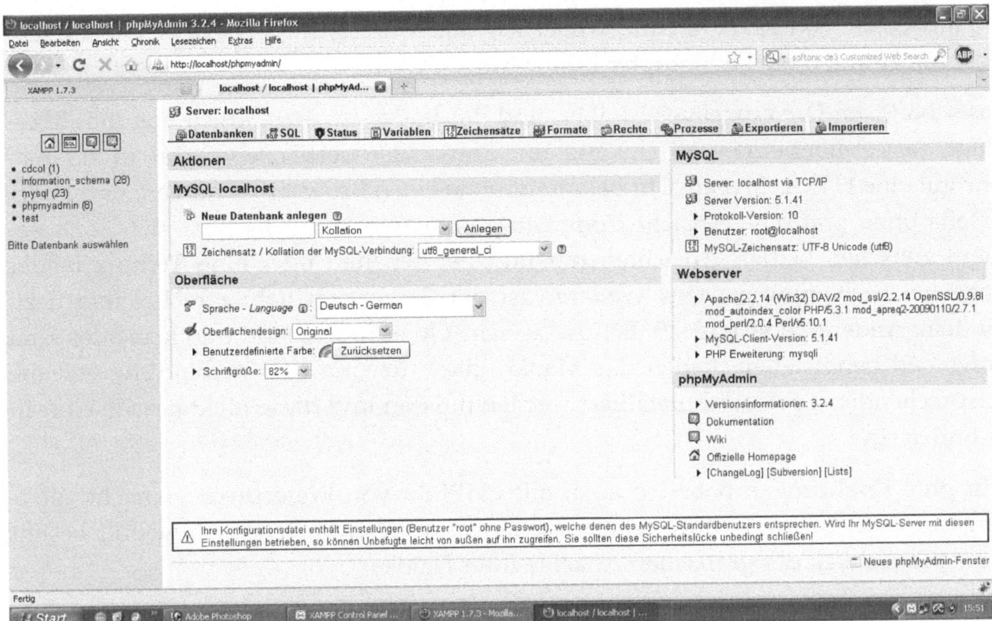

Abb. 32: PhpMyAdmin-Startbildschirm

Nach Öffnen des Datenbankfensters tragen Sie im Textfeld *Neue Datenbank anlegen* einen Namen für Ihre Datenbank ein und klicken auf *Anlegen*. Die Datenbank wird nun angelegt. Bei serverseitigem Anlegen einer Datenbank kann es sein, dass Sie den Namen bereits im Confixx anlegen mussten, weshalb dieser Schritt dann dort entfällt.

Allerdings ist der Name der DB teilweise vom Provider vorgegeben und heißt meist *usr_webIhreNummer_1* oder ähnlich. Welchen Namen Ihre DB nachher hat, ist für unser Projekt irrelevant, Sie müssen nur darauf achten, dies beim Programmieren der Zugangsdaten zu beachten und Ihren Datenbanknamen anzugeben. Aber dazu später mehr.

Sie haben nun eine Datenbank angelegt und die Voraussetzung für die Datenspeicherung geschaffen.

5.7 Software zum Programmieren bereitstellen

Einer der wohl wichtigsten Kapitel für unser Projekt ist das Bereitstellen des richtigen Editors für die eigentliche Programmierung. Ich selbst nutze seit einiger Zeit den

Dreamweaver von Macromedia, wobei ich sagen muss, dass dies bis vor kurzem nicht unbedingt mein bevorzugter Editor war.

Das schöne am Dreamweaver ist aber, und das hat mich letztendlich von ihm überzeugt, dass er über eine grafische und eine Entwickleroberfläche verfügt, in der man sehr gut eine HTML Liveansicht bekommt ohne einen Browser zu nutzen, und andererseits ohne grafische Ansicht Code programmieren kann. Es lässt sich auch bequem zwischen beiden Ansichten hin und her schalten oder eine Teilung beider Anzeigen herbeiführen. Des Weiteren ist der Serverzugriff hier recht einfach zu händeln. Andere Tools wie z.B. Eclipse, welche Open Source sind und kostenlos zum Download bereitstehen, haben das Manko, dass für eine FTP-Verbindung erst die entsprechenden Tools nachinstalliert werden müssen und diese nicht gerade einfach zu finden sind.

Sehr gute Erfahrungen habe ich auch mit PHPEdit von Waterproof gemacht, allerdings ist auch dieser Editor, genau wie Dreamweaver, kostenpflichtig und besitzt keine Möglichkeit der grafischen Anzeige Ihrer Dateien.

Alle vorgestellten Editoren verfügen über eine recht gute Codevervollständigung, wobei der Dreamweaver eine XSL-Codvervollständigung am besten unterstützt, was für unsere weitere Arbeit nachher von großem Nutzen ist (nun wissen Sie auch warum ich Dreamweaver favorisiere). Für welchen Editor Sie sich letztendlich entscheiden, bleibt Ihnen überlassen, Sie sollten nur darauf achten, dass der Editor über möglichst viele Sprachmodule verfügt, die eine komfortable Codevervollständigung gewährleisten. Aber wichtig ist, dass Sie einen besitzen, wenn in wenigen Kapiteln mit dem eigentlichen Programmieren begonnen wird.

5.8 Anlegen der Ordner und Unterordner

Nachdem wir die Vorarbeiten geleistet haben, sind wir gerüstet, endlich mit dem eigentlichen Projekt loszulegen.

Zu einem strukturierten Aufbau eines solchen Projektes gehört es, eine logische Ordnerstruktur zu schaffen, die alle Dateien, die wir nachher programmieren, leicht wieder auffindbar machen. Die nachfolgende Grafik zeigt die Ordnerstruktur, die ich für unser Projekt *Wiki* geplant und angelegt habe. Wie Sie sehen, sind die Verschachtelungen der Ordner und Unterordner nicht zu verworren, was in der Tatsache begründet liegt, dass immer versucht werden sollte, eine recht flache Struktur zu erlangen, um den Zugriff auf die Dateien, was nachher automatisch geschieht, nicht durch unnötig lange URL's, was einen erheblich höheren Progammieraufwand darstellt, zu erschweren.

Da ich für dieses Projekt auf meinem Server eine Subdomain *http://wiki.mmdf.de* angelegt habe und unser Projekt ja ein Wiki sein soll, heißt auch der Oberordner logischerweise *wiki*. Alle Unterordner der ersten Ebene benenne ich so, wie die Dateitypen, die der jeweilige Ordner nachher aufnehmen soll (‚css' für alle CSS-Datei, ‚php' für alle PHP-Dateien usw.). Da wir für das Projekt eigentlich zweigleisig fahren wollen, nämlich einmal mit dem eigentlichen Wicki und einmal mit einem unterstützenden CMS, gibt es noch den Ordner *admin*. Admin daher, weil auf dieses Content Management System nur der Admin oder vom Admin freigegebene Bearbeiter Zugriff haben werden.

Selbstverständlich können Sie diesen Ordner auch ‚cms' nennen, Sie müssen dann nur die nachfolgend auftauchenden Datenbankeinträge dementsprechend anpassen (dazu aber später mehr).

HINWEIS:: Wenn kein CMS geplant ist, kann dieser Ordner entfallen.

Die nächsten Ebenen werden die Ordner enthalten, die spezielle Programmierungen beinhalten. Hier zum Beispiel /php/error/, der eine Error404-Seite inne hat, die fehlerhafte URL's abfängt und den vom System vergebenen 404-Fehlercode in einer grafischen Ansicht ausgibt.

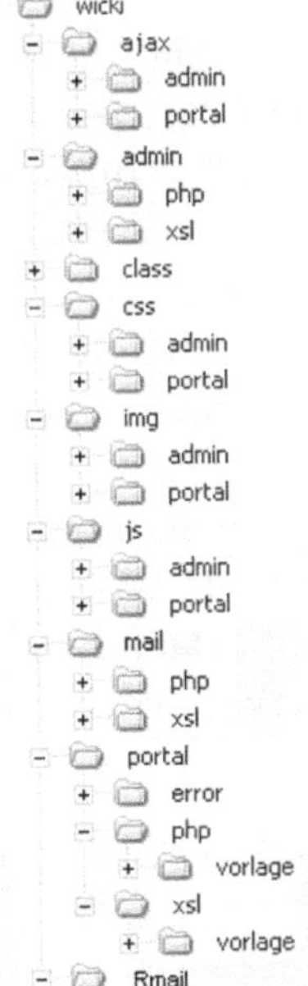

Abb. 33: Ordnerstruktur des Projektes

Halten Sie sich auch bei größeren Projekten möglichst an diese Hierarchie und passen Sie auf, Strukturen nicht zu weit ineinander zu verschachteln, da Sie sonst selbst leicht den Überblick verlieren, was bei großen Projekten, an denen Sie vielleicht nicht allein arbeiten, fatal enden könnte.

5.9 Die Dateien .htaccess & .htpasswd

Die beiden Dateien, htaccess & htpasswd werden eigentlich nicht zwingend für unser Projekt benötigt. Ich möchte sie aber dennoch kurz mit anführen, da man gerade mit der htaccess-Datei viele schöne Dinge anstellen kann.

Die htaccess ist eine Konfigurationsdatei, in der verzeichnisspezifische Einstellungen auf NCSA-kompatiblen Webservern (z. B. Apache) eingegeben werden können. Die htpasswd nimmt ein oder mehrere Passwort-und Usernamen-Kombinationen auf, die durch die htaccess abgefragt werden können.

Hierbei stellt die htaccess-Datei unter anderem eine eigene Eingabemaske zur Verfügung, die nicht extra programmiert werden muss.

Der Dateiname kann auch anders lauten, Sie müssen nur in der htaccess den relativen Pfad und den Namen der Datei angeben und darauf achten, dass vor dem Dateinamen ein Punkt gesetzt ist. Der Punkt verhindert, dass die Dateien von Außen zu sehen sind. Besonders wichtig dann, wenn jemand anders als Sie selbst per FTP-Protokoll mit dem Browser auf Ihren Server Zugriff erlangt. Ich selbst nutze die htaccess in meinem täglichen Berufsleben zum einen, um meine halbfertigen Projekte nach außen hin mit einem nicht datenbankgestützen Passwortschutz zu schützen, zum anderen zur Linkmaskierung, wenn ich möchte, dass nur eine bestimmte Datei auf meinem Server direkt ausgeführt wird. Auch kann ich mit der .htaccess PHP 5 simulieren, falls der Provider diese Version noch nicht auf dem jeweiligen Server eingespielt hat. Die Möglichkeiten, die Sie mit der Programmierung einer htaccess-Datei haben, sind schier unbegrenzt. Doch hier ist Vorsicht geboten, da falsche Befehle leicht Ihren Server aushebeln können und niemand mehr Zugriff darauf erhält. Alle Anfragen an Ihren Server würden dann mit einem Internal Server Error beantwortet.

Zu Anschauungszwecken hier einmal der Quelltext der angesprochenen Fälle:

```
// Simuliert PHP 5
// Es entfällt die Dateiendungen *.php mit *.php5 zu benennen
AddType application/x-httpd-php5 .php
AddHandler x-httpd-php5 .php
// Userabfrage mittels .htpasswd
AuthUserFile /var/www/meineDomain/html/wicki/.htpasswd
```

```
AuthGroupFile /dev/null
AuthName "Projekt Wicki"
AuthType Basic
<Limit GET>
require valid-user
</Limit>
// Linkmaskierung
RewriteEngine      On
RewriteRule        ^(.*)/$index.php [L]
ErrorDocument404/php/error/error404.php
```

Ob und wie Sie letztendlich die Möglichkeiten der htaccess nutzen, bleibt selbstverständlich Ihnen überlassen, für unser Projekt z.®. musste ich die PHP 5-Simulation einsetzen, da mein Provider noch Version 4 für meinen Serverplatz eingestellt hat. Sollte bei Ihnen PHP Version 5 installiert sein, brauchen Sie für unser Projekt die Simulation nicht.

Erwähnt sei noch, dass RewriteRule (also das Umlenken oder Maskieren von Eingaben in der Adressleiste des Browsers) auch nur funktionieren kann, wenn in der php.ini die Funktion mod_rewrite aktiviert ist. Wichtig wird dies, wenn Sie oder Ihre Firmenleitung sehr viel Wert auf konkrete Suchmaschinenoptimierung legen, weil dann auch jede Verlinkung eines Projektes im Sinne von SEO maskiert werden muss. Links, die Parameter aufweisen, die von Suchmaschinen als dynamisch angesehen werden (Beispiel: index.php?action=param1&work=param2) sind nicht gerade förderlich für das angezeigte Suchergebnis, vor allem dann, wenn diese Parameterliste länger und länger wird. SEO-freundliche Links sehen dann in etwa aus wie http://wiki.mmdf.de/start (ruft die Datei index.start.php auf). Als Gegenbeispiel der Link SEO unfreundlich: http//wiki.mmdf.de/index.php?action=start.

Leider konnte ich während der Bucherstellung nicht mit einem aktivierten mod_rewrite aufwarten, weshalb im weiteren Verlauf des Projektes SEO-unfreundliche Links eingesetzt werden.

6 Suchmaschinenoptimierung

SEO (Search Engine Optimization), die Suchmaschinenoptimierung ist ein Thema, über das man alleine schon ein ganzes Buch verfassen kann. Es gibt auch bereits eine Reihe guter Bücher zu diesem Thema, weshalb ich dazu eigentlich nichts schreiben müsste, aber da wir uns ja in einer Projektarbeit befinden und ich Ihnen nicht zumuten möchte, sich mit diversen weiteren Büchern einzudecken, nur um die elementaren Grundkenntnisse der Internet-Projektarbeit zu erlangen (sofern Sie diese noch nicht besitzen), werde ich dieses Thema in einem eigenen Kapitel kurz und knapp anreißen.

SEO dient in erster Linie dazu, Webseiten im Suchmaschinenranking auf höhere Positionen zu bringen. Obwohl der Titel dieses Kapitels das Wort "Suchmaschine" enthält, ist es wichtig zu wissen, dass Entscheidungen bezüglich der Optimierung zuallererst darauf ausgerichtet sein sollten, was für die Besucher Ihrer Website am besten ist. Die Besucher sind letztendlich die, die Ihre Website nutzen und die Suchmaschinen nur zum Finden derselben aufrufen.

Bei richtiger Suchmaschinenoptimierung geht es also hauptsächlich darum, die Sichtbarkeit von Webseiten in Suchmaschinen so zu verbessern, das diese sich von der besten Seite darstellt.. Bei der Suchmaschinenoptimierung werden die Techniken der Indexierung der Suchmaschinen untersucht und dahingehend optimiert, beim Indexieren durch die Webcrawler ein möglichst hohes Ranking zu erzielen, was sich letztendlich im Ergebnis der Anzeige widerspiegelt. Ein hoher Pagerank garantiert eine relativ hohe Platzierung in der Anzeige der Suchmaschinen. Die genaue Arbeitsweise, die Suchmaschinenbetreiber nutzen, um Webseiten in Ihren Datenbanken aufzunehmen und mit einen Pagerank zu versehen, sind meist geheim und nur schwer nachzuvollziehen. Der Algorithmus zum Errechnen eines Pageranks z.B. von Google ist patentiert und nicht öffentlich. Allerdings bieten die meisten Suchmaschinen zur richtigen Optimierung für ihr Indexierungsverfahren, recht umfangreiche Hilfen für Webmaster an. Richtig angewandt werden Sie Ihre Website nach wenigen Tagen meist schon unter den ersten zehn im Ergebnis wieder finden.

Dennoch gibt es Mittel und Wege, durch gezielte und vor allem legale Methoden ein besseres Ranking zu erfahren als dies bei den Tipps der Suchmaschinenbetreiber selbst erläutert wird. Sollten Sie in einem größeren Unternehmen tätig sein, wird es wahrscheinlich Mitarbeiter, so genannte SEO-Optimierer, geben, die sich speziell mit diesem Thema vertraut gemacht haben und Ihnen beim Erstellen neuer Projekte genau sagen, wo Sie welche Techniken in Ihre Seiten einbauen müssen, um einen hohen Pagerank zu erzielen.

Da wir nicht über diese Kollegen verfügen, also alleine sehen müssen, dass wir ganz oben bei den Suchmaschinen erscheinen (sofern wir das dann wollen), ist es notwendig, dieses Thema genauer zu betrachten und die Techniken zur Optimierung vorab richtig zu planen, bevor wir loslegen.

Nacheinander sehen Sie in der Folge welche Techniken wann und wo angewandt werden sollten und worauf man achten muss, um keine negative Bewertung bei den Suchmaschinen zu erlangen und ganz oben mitzuspielen. Ich werde versuchen, die einzelnen Kapitel allgemein zu halten, werde aber immer wieder auf Google verweisen, da Google mit einem Marktanteil von ca. 80% die meist genutzte Suchmaschine im Internet ist und wohl in Zukunft auch bleiben wird. Des Weiteren arbeite ich beruflich in der Agentur ausschließlich mit Google, was sich bei uns in den Besucherzahlen, die bei weit über 200.000 pro Tag liegen, widerspiegelt. Es liegt daher also nahe, sich auf diesen Betreiber einzuschießen, da die meisten anderen Suchmaschinen sich auch zum größten Teil an die Standards von Google halten.

6.1 Titel

Der HTML-Tag *title* beschreibt Besucher als auch Suchmaschinen, wovon eine Seite handelt. Verwenden Sie daher für jede Seite individuelle, eindeutige und vor allem passende Titel. Der Titel ist immer auch die erste Zeile, die bei den Suchergebnissen auftaucht. Der Titel kann sowohl den Namen der Website als auch spezielle Info was die Seite bereitstellt, beinhalten.

Folgende Grundregeln gilt es bei der Vergabe der Titel zu beachten:

- Das Angebot der Seite sollte akkurat beschrieben werden.
- Es sollten möglichst kurze, aussagekräftige Titel verwendet werden

6.2 Meta Tag ‚description'

Der Meta Tag *description* gibt den Suchmaschinen eine Zusammenfassung darüber, wovon eine Seite handelt. Anders als beim Titel kann die *description* bis zu einem ganzen Absatz beinhalten. Allerdings ist auch hier Vorsicht geboten, da einige Suchmaschinen Seiten mit zu langen *description* wegen Pishing-Verdacht abstrafen und die Seite nicht in ihren Index aufnehmen. Einige Webseiten bieten so genannte Webmaster-Tools zur genauen Analyse, ob Ihre *description* zu lang, zu kurz oder zu oft verwendet werden. Die *description* können von Suchmaschinen auch als Snippets verwendet werden, wenn z.B. ein relevanter Abschnitt des Textes mit der Suche von Usern besonders gut übereinstimmt. Sollte Ihre Seite im *Open Directory Project* von Google gelistet sein, könnte auch hier die *description* verwendet werden.

Die Snippets tauchen in den Suchergebnissen unter dem Titel, oberhalb der URL auf. Worte, die ein User in seiner Suche eingegeben hat und die im Text der *description* vorkommen, werden in den Snippets **fett** dargestellt.

Grundregeln bei der Vorgehensweise für *description*:

- Der Inhalt der Seite sollte genau zusammengefasst sein
- Der Inhalt sollte immer einen Bezug zur Seite haben
- Vermeiden Sie es in den ‚*descriptions*' nur relevante Keywords (Suchwörter) einzutragen
- Passen Sie die *descriptions* für jede Seite individuell an

6.3 URL

Die Verwendung freundlicher URL hilft dabei ein effektives Crawlen durch Suchmaschinen zu ermöglichen. Lange URL's mit einer Kette von Parametern wirken verwirrend und wenig einladend für potentielle Besucher. Sie werden den Besucher nicht gerade dazu veranlassen, solche Megalinks in die Adressleiste eines Browsers einzutippen, geschweige denn sie sich zu merken. Auch eine Verlinkung durch andere Seiten könnte sich dadurch erschweren, da manche User die URL als Ankertext nutzen, was bei wenig aussagekräftigen URL den Usern und Suchmaschinen so gut wie keine Infos über die verlinkte Seite hergeben. Beachten Sie auch, dass Teile der URL als Suchergebnis dargestellt werden.

Auch wenn einige Suchmaschinen sehr gut darin sind, komplexe URL zu crawlen, ist es dennoch wichtig und richtig (wegen der besseren Lesbarkeit) die URL so einfach und kurz wie möglich zu halten. Viele Webmaster erreichen dies, indem sie dynamische URL in statische Umschreiben. Im Kapitel ‚*Projektstart und Linkhändling*' gehe ich auf diese Vorgehensweise noch genauer ein.

Vorgehensweise für die URL-Struktur:

- Benutzen Sie statt Parameterlisten, Worte in den URL die relevant für den Seiteninhalt sind
- Verwenden Sie möglichst keine allgemein gehaltenen Seitennamen
  Falsch: seite1.htm (Verkauf von Fahrradteilen)
  Richtig: fahrradverkauf.htm

- Verwenden Sie eine einfache Verzeichnisstruktur, die es den Besuchern er-
  möglicht zu erkenne wo sie sich gerade befinden
- Verwenden Sie für jede Seite eine individuelle URL
  Sollte dies nicht möglich sein, wenn z.B. der Content zweier Seiten sich durch
  Reputation der unterschiedlichen URL aufsplittet, nutzen Sie eine 301-
  Weiterleitung von der unerwünschten URL zur bevorzugten.

6.4 Navigation der Website

Eine sichtbare Navigation hilft dem Besucher, leicht und schnell Content zu finden,
den er sucht. Außerdem hilft er Suchmaschinen dabei nachzuvollziehen, was der
Webmaster als wichtig erachtet. Alle Webseiten haben entweder eine Home-, Root
oder Startseite. Viele Projekte nutzen diese Startseite, da sie immer die erste ist, die
aufgerufen wird, um von ihr aus innerhalb der Website zu navigieren. Dabei werden
Links wie z.B. index.php?action=startseite mit Namen (Ankertexten) versehen, die
eine gewisse Lesbarkeit für den Besucher gewährleisten. Solche Links, wie wir ja
bereits wissen, sind nicht gerade förderlich und werden ebenfalls mit lesbaren Wor-
ten maskiert, weshalb Sie versuchen sollten auch die Namen der URL so zu wählen,
dass diese dazu passen. Auch können Ankertexte ohne weiteres aus ganzen Sätzen
bestehen, wobei auch diese nicht zu lang sein sollten. Zusammenhängende Sätze,
oder prägnante Ankertexte machen es den Besuchern einfacher, sich die Navigation
zu merken, und auch Suchmaschinen werden besser verstehen wovon die Seite handelt.

Beispiel:

Tatsächlicher Aufruf — `index.php?action=startseite`
Maskierter Link - `/home`
Linkname — `Home`

Nutzen Sie diese Vorgehensweise möglichst überall, auch oder gerade dann, wenn
z.B. auf Ihrer Website viele hundert Kategorien zum Trennen von Objekten unterschiedlicher Herkunft oder Menüpunkte innerhalb einer Navigation vorkommen.

Vorgehensweise für die Site-Navigation:

- Erstellen Sie nachvollziehbare Hierarchien
- Verwenden Sie hauptsächlich Text für die Navigation und passen diesen der
  URL-Struktur an
- Vermeiden Sie die Navigation ausschließlich über Dropdown-Menüs, Grafi-
  ken oder Animationen zu händeln
- Vermeiden Sie komplexe Netze von Navigationslinks (interne Links)

- Alle Seiten sollten durch wenige Klicks erreichbar sein
- Nutzen Sie eine Breadcrumb Navigation, die es dem Besucher erleichtert ,schnell und einfach zu einer vorherigen Seite zurückzukehren
  Näheres finden Sie hierzu im Kapitel , *Projektstart und Linkhändling'*
- Wählen Sie für jeden Link Ankertext der zusammenhängend und aussagekräftig ist
- Vermeiden Sie CSS oder Textformatierung, um Links wie gewöhnlichen Text aussehen zu lassen
- Vermeiden Sie die Verwendung von überflüssigen Keywords oder langen Ankertexten, die nur für Suchmaschinen formatiert sind

6.5 Error 404 Seite

Besucher werden manchmal auf einer nicht existierenden Seite landen, wenn sie entweder einem kaputten Link folgen oder die falsche URL eintippen. Es wird dann ein von Server vergebener Http-Statuscode 404 vergeben und im Browser recht unfreundlich angezeigt. Eine benutzerdefinierte 404-Seite, die es dem Besucher ermöglicht, bequem zu einer funktionierenden Seite zu gelangen, verhindert hierbei, dass ein Besucher wieder verschwindet und Ihre Website nie wieder besucht. Auch wir werden uns eine 404-Seite erstellen, um genannte Fehlerfälle, die gerade bei der Entwicklung häufig auftreten, abzufangen.

Achten Sie bei Erstellen einer benutzerdefinierten 404-Seite an folgendes:

- 404-Seiten sollten von Suchmaschinen nicht indexiert werden
  Techniken hierfür ist z.B. das Sperren der Seite in einer robot.txt-Datei
- Der Webserver muss hierfür einen http-Statuscode 404 bereitstellen
- Das Design einer 404-Seite sollte möglichst nicht mit dem Design vom Rest der Website konsistent sein

6.6 Content

Nützlicher und fesselnder Content wird Ihre Website wahrscheinlich stärker beeinflussen als alle anderen bisher aufgezeigten Faktoren. Besucher erkennen guten Content und werden oft andere Besucher, durch vielerlei Wege darauf aufmerksam machen. Diese nützliche Kommunikation zwischen Menschen hilft dabei, die Reputation einer Website sowohl bei den Besuchern als auch den Suchmaschinen auszubauen. Sie funktioniert aber in den seltensten Fällen ohne guten, hochwertigen Content.

Aber auch hier ist Vorsicht angebracht. Sollten Sie, um Ihre Website zu stärken, mit einer Dummy-Pages, Seiten die meist als Subdomain irgendwo anders abgelegt sind und nur auf die eigentliche Website verweisen, arbeiten, achten Sie darauf, keinen doppelten Content zu verursachen, da viele Suchmaschinen dieses als Pishing verstehen und die Website, die den kleinsten Page-Rang besitzt, abstraft und sie aus ihrem Index entfernt.

Bewährte Vorgehensweise für den Content einer Website:

- Schreiben Sie Text, der sich gut lesen lässt
- Versuchen Sie immer nur das Thema der jeweiligen Seite einzubringen
- Verwenden Sie die passenden Ausdrücke (Keywords) die auf den Inhalt abzielen im Content
- Ausdrücke sollten sich an dem Suchverhalten von Usern orientieren
- Nutzen Sie praktische Keyword-Tools zur Suche nach den richtigen Ausdrücken
- Erzeugen Sie von Zeit zu Zeit neuen, einzigartigen Content, Ihre Seite wird dadurch immer interessant für Besucher bleiben
- Bieten Sie exklusiven Content oder entsprechende Leistungen an
- Erzeugen Sie den Content immer für die Besucher, nie für Suchmaschinen
- Verwenden Sie keine überflüssigen Keywords, die nur auf Suchmaschinen abzielen

6.7 Überschriften Tags

Überschriften oder Heading-Tags (nicht zu verwechseln mit <head> oder HTTP-Headern) werden verwendet, um Besuchern die Struktur des Inhaltes übersichtlich anzuzeigen.

Es gibt sechs Größen von Überschriften, die mit <h1> - <h6> je nach Wertigkeit der Überschrift angelegt werden. Jede dieser Überschriften-Tags wird im Browser unterschiedlich groß dargestellt, was dem Besucher die Wertigkeit des darauf folgenden Contents vermitteln soll. Gleichzeitig machen unterschiedliche Überschriftenformatierungen und auch Texte eine Navigation durch den Inhalt einer Seite einfacher, da hier eine hierarchische Struktur hergestellt werden kann. Suchmaschinen legen sehr viel Wert auf die Überschriften der Größe <h1> und <h2>, da sie auch diese beim Indexieren benötigen, was letztendlich die Suchergebnisse aufwertet.

Bewährte Vorgehensweise für Überschriften-Tags:

- Beschreiben Sie mit Überschriften kurz und prägnant immer genau den Content, der dafür vorgesehen ist
- Vermeiden Sie, Ihren gesamten Text in Überschriften-Tags zu legen
- Vermeiden Sie die Verwendung von Überschriften-Tags dort, wo eventuell andere tags (<em>, <strong>) angebrachter wären

- Vermeiden Sie das unstete Springen von einer Überschriftengröße zur nächsten
- Setzen Sie Überschriften mit Bedacht ein, um eine Unübersichtlichkeit für Besucher zu vermeiden

6.8 Bilder

Bilder mögen als relativ simple Komponenten einer Seite erscheinen, denen eigentlich keine Bedeutung zukommt. Doch das ist falsch. Auch Bilder können Content enthalten, der bei den Suchmaschinen gelistet werden kann. So z.B. ist ein eindeutiger Dateiname, der sich nicht wiederholt, und eine eindeutige Beschreibung des Bildes im Alt-Tag ebenso wichtig anzusehen wie Überschriften innerhalb einer Seite. Zum einen liefert der Text einem Besucher, der einen Browser, welcher keine Bilder unterstützt oder eine Technik für Sehbehinderte (Screenreader) nutzt, nützliche Informationen über das Bild. Gleichzeitig fungiert der Alt-Text ähnlich wie ein Ankertext bei normalen Text-Links. Auch hier gilt, je aussagekräftiger der Text, desto eher wird das Bild bei einer Suche ganz weit oben auftauchen.

Vorgehensweise für die Verwendung von Bildern:

- Verwenden Sie kurze, aussagekräftige Dateinamen und Alt-Texte
- Vermeiden Sie die Verwendung zu allgemeiner Dateinamen
- Vermeiden Sie extrem lange Dateinamen
- Achten Sie, darauf, wenn Ihr Bild als Link fungiert, die Alt-Texte entsprechend der Lesbarkeit (Kapitel: Navigation der Website) anzulegen
- Zu langer Text kann von Suchmaschinen als Spam gewertet werden
- Vermeiden Sie nur Bilderlinks für die Navigation innerhalb einer Seite zu verwenden
- Speichern Sie, Ihre Bilder immer in einem eigenen Verzeichnis
- Verwenden Sie nur die gebräuchlichen Dateiformate (JPG, JPEG, GIF, PNG, BMP)

6.9 Robots.txt

Eine robots.txt-Datei teilt Suchmaschinen mit, welche Bereiche Ihrer Website aufgesucht und indexiert werden darf. So wird vermieden, dass Seiten im Suchergebnis von Suchmaschinen auftauchen, die dem Besucher keinerlei Nutzen bringen (Beispiel: Error 404 Seite). Auch vermeiden Sie hiermit, dass z.B. ein CMS, welches sich auf gleicher Serverebene befindet bei Suchmaschinen gelistet wird.

Außer der Möglichkeit durch die robots.txt die Crawler von Suchmaschinen für bestimmte Bereiche auszugrenzen, können natürlich solche Verzeichnisse oder einzelne Dateien auch per .htaccess mit einem Passwort geschützt werden. Leider gibt es Crawler von Suchmaschinen, die den Robots Exclusion Standard nicht nutzen, die auf solche Hinweise innerhalb einer robots.txt nicht reagieren, weshalb sich genannte Maßnahmen bewährt haben. Eine andere Möglichkeit, bestimmte Seiten vor der Indexierung zu schützen, ist der Hinweis ‚NOINDEX' in dem Meta-Tag ‚robots' der Seite. Nutzen Sie für die Erstellung einer robots.txt frei zugängliche Generatoren aus dem Internet. Diese helfen Ihnen, den richtigen Ansatz für Ihre Website zu finden und geben Ihnen gleichzeitig den perfekten Quelltext für Ihre individuelle robots.txt heraus. Achten Sie aber besonders darauf nicht zu viel zu sperren. Sie verhindern dadurch zwar, dass bestimmte Bereiche Ihrer Website nicht indexiert werden, allerdings können bestimmte blockierte URL als Suchergebnisse auftauchen.

Vorgehensweise für die Verwendung der robots.txt:

- Verwenden Sie die robots.txt nicht, um heikle oder vertrauliche Informationen zu blockieren
- Nutzen Sie hierfür die Methode, die eine .htaccess Ihnen bietet
- Vermeiden Sie Seiten indexieren zu lassen, die an Suchergebnisse erinnern
- Vermeiden Sie es, autogenerierte Seiten mit demselben oder nur wenig geänderten Inhalt crawlen zu lassen
- Vermeiden Sie es, Seiten, die das Ergebnis eines Proxy-Services sind, crawlen zu lassen
- Nutzen Sie, falls Sie nicht möchten, das einige Links Ihrer Seite von Crawlern verfolgt werden, auch die Verwendung von rel="nofollow" innerhalb der Links

6.10 Sitemap (XML)

Eine Sitemap hilft dem Besucher, leicht durch Ihre Website zu navigieren. Gleichzeitig erleichtert die interne Verlinkung innerhalb von Sitemaps auch den Suchmaschinen das Crawlen. Der positive Nebeneffekt solcher Sitemaps ist, dass Sie hier den Content der links nutzen können, um andere sonst weniger beachtete Keywords zu verwenden. Einige Suchmaschinen erwarten von Ihnen eine XML-Sitemap, die sie nutzen, um vor dem Crawlen für sich selbst eine Navigationshierarchie herzustellen. Generatoren zum Erstellen von solchen XML-Sitemaps finden Sie häufig im Internet. Viele Suchmaschinen bieten Ihnen auch einen Service zum Erstellen und Hochladen von XML-Sitemaps an.

6.11 Webmaster-Tools

Große Suchmaschinen stellen Ihnen Tools für die Optimierung Ihrer Website kostenlos zur Verfügung. Hier bekommen Sie die richtigen Tipps, um ihre Website optimal für die jeweilige Suchmaschine zu optimieren. Gleichzeitig bekommen Sie Hinweise auf das Suchverhalten von Usern sowie nützliche Informationen über Ihre Seite. Auch können Ihnen die Webmaster-Tools helfen mögliche Crawlingfehler herauszufinden und zu verbessern. Nutzen Sie diese Hilfen um Ihre Website bei den Suchmaschinen besser darzustellen, aber bedenken Sie auch, dass diese Nutzung keine bevorzugte Behandlung durch die Suchmaschinen ermöglicht.

6.12 Webanalyse-Dienste

Diverse Analyse-Dienste, die frei im Internet angeboten werden und z.B. im Browser eingebunden werden können, helfen Ihnen dabei, noch mehr Informationen über Ihre Website zu erhalten. So genannte SEO-Doctoren z.B. können, im Browser eingebunden, jede Seite beim Aufruf analysieren und Ihnen mitteilen, was an content fehlt oder mehr mit Bedacht eingesetzt werden sollte. Bestimmte PageRank Toolbars zeigen Ihnen ebenfalls an, welche Wertigkeit Ihre Seite bereits bei den Suchmaschinen erreicht hat.

6.13 Einbinden von Title und Descriptions in unser Projekt

Wie wir bereits gelernt haben, benötigen wir für eine ausreichende Indexierung in den Suchmaschinen, auf jeder Site unterschiedlich, nicht gleich lautende Titel sowie Descriptions. Da wir mit einem Templatesystem arbeiten, welches die Seiten durch Einbinden von Child Templates in das Root Template regelt, somit also das Root Template die Anzeige von Title bzw. Meta Tags vornimmt, müssen wir einen Trick anwenden, der es gewährleistet, dass die Title und Metas beim Einbinden der Child Templates unterschiedlich sind. Der Trick ist, dass die Informationen dynamisch in unser Root Template eingebunden werden, wobei die Informationen aus einer Datenbank kommen und durch eine globale Datei beim Aufruf der Child Templates an das Root Template abgegeben werden. Wir werden also innerhalb der index.xsl Platzhalter verwenden, die dynamisch aus der globalen Datei gefüllt werden. Wir machen uns also den Umstand zu Nutze dass beim Aufruf eines Child Templates, immer erst das Root Template aufgerufen wird. Hierfür werden wir uns eine Klasse erstellen, die es einerseits ermöglicht, in einem CMS die Informationen für jedes Child Template in der Datenbank abzulegen, und andererseits dies wieder abzurufen, damit die globale Datei die Informationen an das Root Template weitergeben kann.

6.13.1 Die Klasse class.Description.php

Mit der Klasse class.Description.php werden wir sowohl den Titel-Tag als auch die Meta Description aus der Datenbank auslesen um somit individuellen Content für jede Seite bereit zu stellen. Die Klasse verfügt über die üblichen Methoden zum einzelnen Auslesen, sowie dem Speichern neuer Informationen, die wir später im CMS einsetzen werden. Der Abruf erfolgt individuell durch die statische Methode getAll(), wird in der global.php angefordert und an das Template übergeben.

Der Quelltext der Datei *class.Description.php*

```php
class Description {
    private $id;
    private $vakanz;
    private $text;
    private $status;

    public function __construct($id = NULL) {
        if($id === NULL) {
            return;
        }
        $this->setId($id);
    }
    public function setId($id) {
        $this->id = $id;
    }
    public function getId() {
        return $this->id;
    }
    public function setSite($site) {
        $this->site = $site;
    }
    public function getSite() {
        return $this->site;
    }
    public function setVakanz($vakanz) {
        $this->vakanz = $vakanz;
    }
    public function getVakanz() {
        return $this->vakanz;
    }
    public function setText($text) {
        $this->text = $text;
    }
    public function getText() {
        return $this->text;
```

```php
}
public function setStatus($status) {
    $this->status = $status;
}
public function getStatus() {
    return $this->status;
}
public function load() {
    $qry = "SELECT
                site,
                vakanz,
                text,
                status
            FROM
                description
            WHERE
                id = '" . $this->getId() . "'
            ";
    $res = DBMember::query($qry);
    $row = DBMember::fetchArray($res);
    $this->setSite($row["site"]);
    $this->setVakanz($row["vakanz"]);
    $this->setText($row["text"]);
    $this->setStatus($row["status"]);
}
public function remove() {
    $qry = "DELETE FROM description WHERE id = '" . $this->getId() . "'";
    DBMember::query($qry);
}
public function touch() {
    $qry = "INSERT INTO description (id) VALUES ('new')";
    DBMember::query($qry);
    $this->setId(DBMember::insertId());
}
public function store() {
    if($this->getId() == NULL) { // wenn ID NULL rufe touch auf
        $this->touch();
    }
    $qry = "UPDATE
                description
            SET
                site    = '" . $this->getSite() . "',
                vakanz  = '" . $this->getVakanz() . "',
                text    = '" . $this->getText() . "',
                status  = '" . $this->getStatus() . "'
            WHERE
                id      = '" . $this->getId() . "'
            ";
    DBMember::query($qry);
}
public function toArray() {
```

```php
            return array(
                        "id"            => $this->getId(),
                        "site"          => $this->getSite(),
                        "vakanz"        => $this->getVakanz(),
                        "text"          => $this->getText(),
                        "status"        => $this->getStatus()
            );
    }
    // STATIC FUNCTIONS
    public static function getAll() {
        $qry = "SELECT
                    site,
                    vakanz,
                    text,
                    status
                FROM
                    description
                WHERE
                    status = '1'
                AND
                    site = '" . $_SESSION["wicki"]["description"] . "'
        ";
        $res = DBMember::query($qry);
        $result = array();
        while($row = DBMember::fetchArray($res)) {
                $result[] = array(
                                "vakanz"        => $row["vakanz"],
                                "text"          => $row["text"]
                );
        }
        return $result;
    }
}
```

6.13.2 Abruf von Title und Metatexten

Die Übergabe des jeweiligen Contents an die einzelnen Seiten geschieht mit folgendem Code innerhalb der global.php:

$tpl->all = new Block(Description::getAll());

Die Anzeige innerhalb des Templates (index.xsl) wird mit je einer For-Each-Schleife gehändelt.

```xml
<title>
    <xsl:for-each select="root/all">
    <xsl:if test="vakanz = 'title'">
    <xsl:value-of select="text" />
    </xsl:if>
    </xsl:for-each>
</title>
```

```
<xsl:for-each select="root/all">
    <meta name="{vakanz}" content="{text}" />
</xsl:for-each>
```

6.13.3 MySQL Tabelle ‚description'

Die MySQL-Tabelle, die unsere Daten aufnimmt, sollte folgendermaßen aufgebaut
sein:

id	INT(11), PrimaryKey, AutoIncrement
site	VARCHAR(255)
vakanz	VARCHAR(255)
text	TEXT
status	INT(11)

6.14 Alt-Tags, Dateinamen, Verlinkung und Anzeige von Bildern

Auch für die Bilderlinks, deren Informationen wie Dateiname, Ankertexten, sowie
die Platzierung innerhalb der Seite, wo sie eingesetzt werden, nutzen wir eine Klasse
und eine dazugehörige MySQL-Tabelle. Allerdings wird die Übergabe der Informationen an das Template nicht in der global.php stattfinden, sondern in der eigentlichen Hauptseite des Projektes, im späteren index.wiki.php genannt, da wir nur hier
Bilderlinks einsetzen.

Der Quelltext der Datei *class.ImageLink.php*

```php
class ImageLink {
    private $id;
    private $fileName;
    private $alt;
    private $title;
    private $imageName;
    private $place;
    private $status;
    public function __construct($id = NULL) {
        if($id === NULL) {
            return;
        }
        $this->setId($id);
    }
    public function setId($id) {
        $this->id = $id;
    }
    public function getid() {
        return $this->id;
    }
    public function setFileName($fileName) {
```

```php
        $this->fileName = $fileName;
    }
    public function getfileName() {
      return $this->fileName;
    }


    public function setAlt($alt) {
        $this->alt = $alt;
    }
    public function getAlt() {
        return $this->alt;
    }
    public function setTitle($title) {
        $this->title = $title;
    }
    public function getTitle() {
        return $this->title;
    }
    public function setImageName($imageName) {
        $this->imageName = $imageName;
    }
    public function getImageName() {
        return $this->imageName;
    }
    public function setPlace($place) {
        $this->place = $place;
    }
    public function getPlace() {
        return $this->place;
    }


    public function setStatus($status) {
        $this->status = $status;
    }
    public function getStatus() {
        return $this->status;
    }
    public function touch() {
        $qry = "INSERT INTO image_links (id) VALUES ('new')";
        DBMember::query($qry);
        $this->setId(DBMember::insertId());
    }
    public function store() {
        if($this->getId() == NULL) {
            $this->touch();
        }
        $qry = "UPDATE
                    image_links
                SET
                    file_name        = '" . $this->getFileName() . "',
```

```php
                alt                         = '" . $this->getAlt() . "',
                title            = '" . $this->getTitle() . "',
                image_name       = '" . $this->getImageName() . "',
                place            = '" . $this->getPlace() . "',
                status           = '" . $this->getStatus() . "',
            WHERE
                id               = '" . $this->getId() . "'
        ";
    DBMember::query($qry);
}

public function remove() {
    $qry = "DELETE FROM image_links WHERE id = '" . $this->getId() . "'";
    DBMember::query($qry);
}
public function load() {
    $qry = "SELECT
                file_name,
                alt,
                title,
                image_name,
                place,
                status
            FROM
                image_links
            WHERE
                id = '" . $this->getId() . "'
        ";
    $res = DBMember::query($qry);
    $row = DBMember::fetchArray($res);
    $this->setFileName($row["file_name"]);
    $this->setAlt($row["alt"]);
    $this->setTitle($row["title"]);
    $this->setImageName($row["image_name"]);
    $this->setPlace($row["place"]);
    $this->setStatus($row["status"]);
}
public function toArray() {
    return array(
            "id"         => $this->getId(),
            "fileName"   => $this->getFileName(),
            "alt"        => $this->getAlt(),
            "title"  => $this->getTitle(),
            "imageName" => $this->getImageName(),
            "place"  => $this->getPlace(),
            "status"     => $this->getStatus()
    );
}
public static function gather() {
    $result = array();
    $qry = "SELECT
                file_name,
```

```
                    alt,
                    title,
                    image_name,
                    place
            FROM
                    image_links
            WHERE
                    status = '1'
            ORDER BY
                    place ASC
        ";
        $res = DBMember::query($qry);
        while($row = DBMember::fetchArray($res)) {
            $result[] = array(
                        "fileName"      => $row["file_name"],
                        "alt"           => $row["alt"],
                        "title" => $row["title"],
                        "imageName"     => $row["image_name"],
                        "place" => $row["place"]
            );
        }
        return $result;
    }
}
```

Der jeweilige Abruf erfolgt mit:

```
$tpl->image - new Block(ImageLink::gather());
```

Angezeigt werden die Bilder-, Links innerhalb der Templatedatei wie folgt:

```
<xsl:for-each select="image">
    <a href="{fileName}">
    <img src="img/portal/{imageName}" border="0" height="22" alt="{alt}" title="{title}"
/>
        </a>
    <span class="padding_image" />
</xsl:for-each>
```

Die genaue Anordnung des Quelltextes sehen Sie nachher genauer wenn wir die
Hauptseite (index.wiki.xsl) in Angriff nehmen. Ich habe die Verarbeitung und die
dazugehörige Klasse nur deshalb hier mit eingebracht, weil ich der Meinung bin,
dass im Zuge der SEO-Erklärung zu den Bilderlinks, die Verarbeitung innerhalb des
Projekts auch hier aufgezeigt werden sollte.

7 Basisklassen

Die Basisklassen unseres Projektes die ich hier aufzeige, sind die ersten Programmierarbeiten, die wir vor allem anderen vornehmen müssen.Ohne diese Klassen würde das gesamte Projekt nicht funktionieren. Wir erledigen damit im Vorfeld solch wichtige Dinge wie das Erstellen der virtuellen XML-Dateien und deren Ableitung an die XSL-Dateien, die Einwahl in unsere Datenbank, das Abrufen der Links zu den einzelnen XSL-Dateien (Linkmaskierung), das Auslesen und Weitergeben der Seitentexte und, das Wichtigste, die Autolaodfunktion, die es erst ermöglicht, dass die Klassen überhaupt ihren Weg in unsere Projektengine finden.

Leider kann PHP noch nicht mit Mehrfachvererbung oder statischen Klassen glänzen (etwa wie Java), was uns die Arbeit noch etwas mehr vereinfachen würde, aber mit der richtigen Taktik werden wir diesen Umstand elegant umschiffen. Schauen Sie sich die Quelltexte der einzelnen Klassen an und übertragen diese mit den dazugehörigen Dateinamen in den Ordner 'class' auf dem Server.

Im späteren Verlauf des Projektes werden noch diverse Klassen hinzukommen, die dann in den jeweiligen Kapiteln ausgeführt und erläutert werden. Beachten Sie, dass ich Klassen, deren Methoden weitestgehend selbsterklärend sind, nicht näher erläutern werde, da ich denke, dass Sie als programmiererfahrene Person die Wirkungsweise von allein verstehen werden. Lediglich bei Klassen, die Methoden inne haben, die auf den ersten Blick verwirrend erscheinen und von ihrem Aufbau nicht ganz klar sind, werde ich eine Erläuterung vornehmen. Sie werden außerdem feststellen, dass sich der Aufbau vieler Klassen sehr ähnlich ist.

Die meisten Klassen verfügen über Gatter und Settermethoden sowie einer Load, Remove, Store und Touchmethode für die allgemeine Datenbankarbeit. Ergänzt werden sie durch eine statische Methode ‚Gather', die aber auch nicht in allen Klassen vorkommt.

Die einzelnen Methoden im Überblick:

setMethode()   = Setzt einen Wert, der meist von Außen kommt
getMethode()   = Gibt einen Wert, der per Set gesetzt wurde, wieder aus
load()   = Laden eines Datensatzes aus der Datenbank

touch()	= Setzt bei Neueinträgen in eine MySQL-Tabelle eine neue ID in die Tabelle, bildet somit einen leeren Datensatz mit eindeutiger Kennung
store()	= Updatet Daten anhand der von touch() gesetzten ID in der Tabellenspalte
remove()	= Löscht einen Datensatz
static gather()	= Ruft alle Datensätze einer Tabelle als statische Methode ab

Dieser strukturierte Aufbau hat seinen Grund. Erst einmal schaffen wir uns, durch die gleiche Benennung der Methoden, einen besseren Überblick für unsere weitere Arbeit, des Weiteren lassen sich viele Gerüste der Methoden aus bereits fertigen Klassen per Copy & Paste in neu zu erstellende Klassen einbringen, was uns eine Menge Arbeit erspart, wie Sie sehen werden.

7.1 Die Template Klasse

Die wohl wichtigste Klasse in unserem Projekt. Ohne diese Klasse geht gar nichts, weshalb ich sie auch als erstes hier aufführe. Die Arbeitsweise der Klasse ist recht simpel. Sie erzeugt den bereits erwähnten virtuelle XML-Stream und gibt diese Daten an die XSL-Container weiter. Der Konstruktor nimmt hierbei die aufzurufende XSL-Datei auf und verweist gleichzeitig auf die genutzte XSL-Version, hier Version 1.0. Die Zeile `$this->xml->appendChild($this->xml->createElement("root"));` erzeugt das eigentliche XSL Root-Element, was bedeutet, dass alle Templates, die geladen werden mit `/root` gekennzeichnet sein müssen. Der Konstruktor enthält auch gleich den relativen Pfad des Servers mit dem zusätzlichen Vermerk auf den Ordner, wo sich die XSL-Dateien befinden. Das erspart uns, beim Instantiieren eines Objektes, den Code zum XSL-Ordner permanent neu einzutippen Es genügt also nachher nur der Dateiname für die Membervariable.

Die Methode `_set` und `_get` sind die Getter- und Settermethoden dieser Klasse und werden durch ihre Unterstriche am Anfang automatisch vom Konstruktor angesprochen. Sie müssen daher nicht direkt im Konstruktor angegeben werden.

Die Methode `_call` erhält die von den XSL-Dateien erzeugten Code zurück.

Die Methode `out()` gibt als letztes die generierten HTML-Quelltexte, die aus der geparsten XSL-Datei erzeugt werden, an den Browser zurück.

Eine zusätzliche Methode view() lässt es zu, sich ein übergebenes Array im Browser anzuschauen. Es genügt hier, lediglickh das erzeugte Objekt der Klasse Template zu übergeben (Beispiel: `$tpl->view($tpl);`). Die PHP-Methode `die()` bricht das Programm an der aufgeufenen Stelle ab.

Der Quelltext der Klasse *class.Template.php*:

```php
class Template {
  private $xslData;
  private $xpuData;
  private $xmlData = NULL;
  private $sign = array();
  private $feature = array();
  // Constructor (Angabe der XSL Version (hier 1.0))
  public function __construct($xslData) {
    $this->xmlData = new DOMDocument("1.0");
    $this->xmlData->addChildren($this->xmlData->createElement("root"));
    $this->xslData = new DOMDocument("1.0");
    $this->xslData->load($_SERVER["DOCUMENT_ROOT"] . "/portal/xslData/" . $xslData);
  }
  // Setter zum setzen der Templatedaten
  public function __setTemplate($key, $val) {
    $this->sign[$key] = $val;
    $this->feature[$key] = array();
  }
  // Getter zum Zurückgeben der Templatedaten
  public function __getTemplate($key) {
    return $this->sign[$key];
  }
  // Setzen eines Untertemplates
  public function __callTemplate($name, $args) {
    if(empty($this->sign[$name])) {
      $this->sign[$name] = "";
    }
    $this->feature[$name][$args[0]] = $args[1];
  }
  // Übergabe der XSL-Dateien aus vorgegebenen Ordnern
  public function included($file, $parameter = array()) {
    if(is_file($_SERVER['DOCUMENT_ROOT'] . "/portal/xslData/" . $file)) {
      foreach($parameter as $par => $val) {
        $$par = $val;
      }
      ob_start();
      require($_SERVER['DOCUMENT_ROOT'] . "/portal/xslData/" . $file);
      return ob_get_clean();
    }
    die($file . " nicht vorhanden...");
  }
  // Ausgabe der XML-Daten und Übergabe an den XSL-Container
  private function finish() {
    foreach($this->sign as $key => $val) {
      if(is_object($val)) {
        if(get_class($val) == "Block") {
```

```php
          $val->finish($this->xmlData->docElement, $key);
        }
      } else {
        $node = $this->xmlData->createElement($key);
        $node->addChildren($this->xmlData->createCDATASection($val));
        foreach($this->feature[$key] as $att_name => $att_value) {
          $node->setAttribute($att_name, $att_value);
        }
        $this->xmlData->docElement->addChildren($node);
      }
    }
  }
  // Rückgabe der geparsten HTML Daten
  public function out($dataTyp = "html") {
    $this->finish();
    // XSLTProcessor Object erstellen
    $this->xpuData = new XsltProcessor();
    // PHP Funktionen für XSL registrieren
    $this->xpuData->registerPHPFunctions();
    // XSL Dateien importieren
    $this->xpuData->importStylesheet($this->xslData);
    // Alle HTML Zeichen in ihren Ursprung umwandeln
    $html = html_entity_decode($this->xpuData->transformToXML($this->xmlData));
    // HTML matchen
    $html = str_replace(' xmlDatans="http://www.w3.org/1999/xhtml"
xmlDatans:fn="http://www.w3.org/2005/xpath-functions" xmlDatans:php="http://php.net/xslData"',
"", $html);
    switch($dataTyp) {
      case "xml":
        header("Content-Type: text/xml");
        echo $this->xmlData->saveXML();
        exit();
      case "xsl":
        header("Content-Type: text/xml");
        echo $xslData->saveXML();
        break;
      case "str":
        return $html;
      default:
        echo $html;
        break;
    }
  }
  // Gibt den XML Baum im Browser aus und beendet das Programm an der Stelle
  public static function view($data) {
    echo "<pre>";
    print_r($data);
    echo "</pre>";
    die();
  }
}
```

7.2 Die Connect-Klasse

Die Klasse class.conect.php ist unsere Standard-Basisklasse, die mit der MySQL-Datenbank interagiert. Sie stellt eine Verbindung zur DB her und sorgt dafür, dass mit den MySQL spezifischen Sprachbefehlen auf Daten der einzelnen Tabellen zugegriffen werden kann.

Eine Methode Error fängt hierbei die Fehlermeldungen ab, die beim Anwählen entstsehen können, und gibt diese Meldungen zur besseren Analyse im Browser aus.

Als erstes definieren wir die Instanzvariablen und geben diesen die Parameter mit, die zur Einwahl in die Datenbank benötigt werden (Host, Username, Passwort und Datenbankname). Gleichzeitig verweist unser Konstruktor auf die Methode, die die Einwahl vornimmt (dbConnect). Das erspart uns, dass wir bei Erstellen eines Objektes der Klasse, was wir nachher und einmalig in der Datei class.Init.php vornehmen werden, nicht auch noch zusätzlich auf diese Methode verweisen müssen. Dies geschieht dann beim Instantiieren automatisch.

Der Quelltext der Klasse *class.Connect.php*:

```
class Connect {
    public $host = 'localhost';
    public $user = 'meinUsername';
    public $password = 'meinPasswort';
    public $dbName = 'meineDatenbank';
    public $verbindung;
    public function __construct() { // Konstructor
        $this->dbConnect();
    }
    public function dbConnect() { // Verbinden & Einwahl zur Datenbank
        if($this->verbindung == false) {
                $this->verbindung=@mysql_connect($this->host,$this->user,$this->password);
                if(empty($this->verbindung)) {
                        $this->error = "Beim Verbinden zur Datenbank";
                }
        }
        $dbAuswahl = mysql_select_db($this->dbName, $this->verbindung);
        if(empty($dbAuswahl)) {
        $this->error("Beim Ausw&auml;hlen der DB ");
    }
        return $this->verbindung;
    }
    public function error($fehlerpunkt) {
        echo $fehlerpunkt."ist ein Fehler aufgetreten<br />";
        echo mysql_error()."<br />";  // Fehlerbezeichnung
        echo mysql_errno();  // Fehlernummer
        exit;
}}
```

7.3 Die DBMember Klasse

Die Klasse BDMemeber, ist eine Erweiterung der Klasse Connect und gibt uns die Methoden `query()`, `fetchArray()`, `fetchAssoc()` und `insertId()` wieder. Diese Methoden sind statisch und enthalten, wie deren Bezeichnung bereits vermuten lässt, die dazugehörigen MySQL-Befehle zum Abruf von Daten aus den Tabellen der Datenbank. Da wir hier nur mit statischen Methoden arbeiten, können wir den Konstruktor leer lassen. Der Zugriff innerhalb der Methoden mit dem Zeiger *this* ist bei statischen Methoden ebenfalls nicht erlaubt. Auch benötigen wir keine Membervariablen, da wir beim Aufruf der Methoden die Parameter direkt an die Methoden übergeben. Alle diese Methoden sind in allen Klassen des Projektes anzutreffen.

Der Quelltext der Klasse *class.DBMember.php*:

```
class DBMember {
    public function __construct() {

    }
    public static function query($qry) {
        return mysql_query($qry);
    }
    public static function fetchArray($row) {
        return mysql_fetch_array($row);
    }
    public static function fetchAssoc($row) {
        return mysql_fetch_assoc($row);
    }
    public static function insertId() {
        return mysql_insert_id();
    }
}
```

7.4 Die Arrays Klasse

Die Klassen Arrays und ArraysMember gehören eigentlich zusammen, weil sie miteinander in Kooperation stehen und letztlich nur ein aus anderen Klassen erzeugtes Array als Blockelement an das Template abgeben, so dass wir den XML-Knoten z.B. per Foreach-Schleife ansprechen können.

Diese Klassen kommen immer dann zum Einsatz, wenn wir im Zuge der allgemeinen Datenverarbeitung der einzelnen Seiten aus div. Abfragen mehrdimensionale Arrays zurück geliefert bekommen. Da solche Arrays nicht direkt an das Template abgegeben werden können, benötigen wir Methoden, die dies bewerkstelligen. Auch können wir mit den Methoden `m()` und `init()` diese Arrays direkt im PHP aufsplitten und als neu generierte Arrays oder aber auch als einzelnde Datensätze an das Template abgeben.

Aufruf des Objektes:

```
$tpl->array = new Arrays($array);
```

Abarbeiten im XSL:

```
<xsl:foreach select="array">
      <xsl:value-of select="var" />
</xsl:foreach>
```

oder aber:

```
<xsl:value-of select="array/var" />
```

Der Quelltext der Klasse *class.Arrays.php*:

```
class Arrays {
  private $member = array();
  private $call = "toArray";
  public function __construct($data = NULL, $call = "toArray") {
    if(empty($data)) {
      return;
    }
    $this->call = $call;
    if(is_array($data)) {
      $this->useArray($data);
      return;
    }
    if(is_object($data)) {
      $this->member = $data;
    }
  }
  public function m($i) {
    if(!is_object($this->member[$i])) {
      $this->member[$i] = new ArraysMember();
    }
    return $this->member[$i];
  }
  public function init($i, $dat) {
    if(is_object($dat)) {
      $dat = $dat->{$this->call}();
    }
    $this->array2Block($i, $dat);
  }
  private function useArray($arr) {
    $i = count($this->member);
    foreach($arr as $index => $row) {
      switch(true) {
        case is_object($row):
```

```php
        $row = $row->{$this->call}();
      case is_array($row):
        $this->array2Block($i, $row);
        $i++;
        break;
      default:
        $this->m($i)->key = $index;
        $this->m($i)->val = is_array($row) ? new Arrays($row) : $row;
        $i++;
        break;
      }
    }
  }
  private function array2Block($i, $arr) {
    foreach($arr as $key => $val) {
      switch(true) {
        case is_object($val):
          $val = $val->{$this->call}();
        case is_array($val):
          $this->m($i)->$key = is_string(key($val)) ? new Arrays(array($val)) : new
Arrays($val);
          break;
        default:
          $this->m($i)->$key = $val;
          break;
      }
    }
  }
  private function useObject() {
    $obj = $this->member;
    $this->member = array();
    $this->useArray(array($obj->{$this->call}()));
  }
  public function finalize($base, $name) {
    if(is_object($this->member)) {
      $this->useObject();
    }
    foreach($this->member as $nr => $m) {
      $node = $base->ownerDocument->createElement($name);
      $base->appendChild($node);
      $node->setAttribute("nr", $nr);
      foreach($m->getToken() as $key => $val) {
        switch(get_class($val)) {
          case "Arrays":
            $val->finalize($node, $key);
            break;
          default:
            $tmp = $base->ownerDocument->createElement($key);
            $node->appendChild($tmp);
            $val = $base->ownerDocument->createCDATASection($val);
            $tmp->appendChild($val);
```

```
        break;
    }
    if($m->getAttributes($key) == NULL) {
      continue;
    }
    foreach($m->getAttributes($key) as $att => $val) {
      $tmp->setAttribute($att, $val);
    }
  }
 }
 }
}
```

7.5 Die ArraysMember-Klasse

Der Quelltext der Klasse *class.ArraysMember.php*:

```
class ArraysMember {
  private $tokens = array();
  private $attributes = array();

  public function __set($key, $val) {
    $this->tokens[$key] = $val;
  }
  public function __get($key) {
    return $this->tokens[$key];
  }
  public function __call($name, $args) {
    $this->attributes[$name][$args[0]] = $args[1];
  }
  public function getToken() {
    return $this->tokens;
  }
  public function getAttributes($token) {
    return $this->attributes[$token];
  }
}
```

7.6 Die Head-Klasse

Die Klasse Head habe ich in das Projekt eingeführt, um ein automatisches Laden
aller CSS und JS Dateien zu ermöglichen. Einmal angelegt brauchen Sie sich um das
Einbinden neuer CSS oder JS-Dateien keine Gedanken mehr machen. Die Klasse gibt
alle Dateien mit der Endung CSS und JS aus den jeweils dafür vorgesehen Ordnern
als Array an eine XSL For-Each-Schleife, die wiederrum die HTML-tyischen Eingliederungstags für diese Dateien einschließt.

```
<!-- Lade alle CSS Dateien -->
<xsl:for-each select="root/css">
        <style type="text/css" media="all">
                @import url("<xsl:value-of select="val" />");
        </style>
</xsl:for-each>
<!-- Lade alle JS Dateien -->
<xsl:for-each select="root/js">
        <script type="text/javascript" src="{val}" />
</xsl:for-each>
```

Die Übergabe der Dateien an das Template, sowie das Instantiieren des Objektes der Klasse Head wird in der globalen PHP-Datei, zu der ich gleich noch kommen werde, abgearbeitet.

```
$tpl->css = new Block(Head::fileLoad("/css/"));
$tpl->js = new Block(Head::fileLoad("/js/"));
```

Dadurch ersparen wir uns die Arbeit, ständig neue Dateien dieser Typen, die wir speziell für jedes neu hinzukommende Template erst dann erstellen, im Nachhinein in das Root Template reinzuschreiben. Die Klasse besitzt nur eine statische Methode, die den Abruf aller Dateien aus den Ordnern per opendir() und readdir() vornimmt. Hierbei wird zuerst geprüft ob überhaupt Dateien in den jeweiligen Ordnern, die wir beim Aufruf der Methoden angeben, existieren. Gleichzeitig wird geprüft, ob der Ordner weitere Unterordner enthält, um auch diese Dateien, falls welche existieren, aufzunehmen. Um nun die Anzeige der Ordner auszuklammern, um nur die eigentlichen Dateien ins Template aufzunehmen, nutzen wir:

```
foreach($overCss as $k => $v) {
    if($v != $path . "portal" && $v != $path . "admin") {
        $cssFile[] = $v;
    }
}
```

Im nächsten Schritt werden alle diese Dateien in jeweils ein Array geschrieben und vor der Rückgabe mit return per array_merge() noch einmal als eigenes Array zusammengefasst. Durch die Klasse Block (zu der ich gleich komme), erstellen wir ein XSL-konformes Array aus der Rückgabe, das durch den XSL-Befehl *for-each* verarbeitet werden kann.Die Anzeige der Parameter erfolgt im Template mit `<xsl:value-of select="val" />");`, wobei *val* die Einträge (*key* würde in diesem Fall den Schlüssel definieren) des Arrays enthält.

Schauen Sie sich die Methode bitte an und versuchen, die Arbeitsweise beim Coden auf eigenem Wege genau zu ergründen. Beachten Sie besonders die im SEO angesprochene Breadcrumb Navigation einer Website, die wir ebenfalls in dieser Klasse handlen. Die statische Methode `getBreadcrumb()` ruft hierbei mit den übergebenen Parametern action und work die jeweiligen Informationen aus der Datenbank ab. Gleichzeitig werden ebenfalls die jeweiligen Verlinkungen gesetzt und per return an das Template übergeben.

Der Abruf und die Anzeige passieren dann in der `global.php` bzw. `index.xsl` als ständig wechselnde Anzeige innerhalb des gesamten Projektes. In den jeweiligen Kapiteln können Sie dies genauer nachvollziehen.

Der Quelltext der Klasse *class.Head.php*:

```php
class Head {
    public function __construct() {


    }
    public static function fileLoad($path) {
        $dir = $_SERVER["DOCUMENT_ROOT"] . $path;
        $overCss = array();
        $underCss = array();
        $cssFile = array();
        $result = array();
        // Dateien aus css Ordner einlesen
        $dh = opendir($dir);
        while(($file = readdir($dh)) !== false ) {
            if ('.' == $file || '..' == $file) {
                continue;
            } else {
                $overCss[] = $path . $file;
            }
        }
        // Ordner (bekannt) aus Liste ausklammern
        foreach($overCss as $k => $v) {
            if($v != $path . "portal" && $v != $path . "admin") {
                $cssFile[] = $v;
            }
        }
        // Dateien aus Ordner holen
        $unterdir = explode("\\", $dir);
        $i =0;
        while($i < count($unterdir)){
            $test .= $unterdir[$i];
            $i++;
        }
        $open=opendir($dir);
        $u=0;
        while ($file = readdir($open)) {
            if ('.' == $file || '..' == $file) {
                $overCss[] = $file;
                continue;
            }
```

```php
                if (is_dir($test.$file)) {
                    if ($dh = opendir($test.$file)) {
                        while (($ufile = readdir($dh)) !== false) {
                            if ('.' == $ufile || '..' == $ufile) {
                                continue;
                            }
                            $underCss[] = $path . $file . "/" . $ufile;
                        }
                        $u++;
                        closedir($dh);
                    }
                }
                $u++;
        }
        closedir($open);
        $result = array_merge($underCss,$cssFile);
        return $result;
    }
    public static function getBreadcrumb($action,$work) {
        $l = explode("/",$action);
        if(!empty($work)) {
            $vakanz = $action."/".$work;
        } else {
            $vakanz = $action;
        }

        $qry = "SELECT vakanz,breadcrumb FROM links WHERE vakanz = '" . $vakanz . "'";
        $res = DBMember::query($qry);
        $row = DBMember::fetchArray($res);
        $link = explode(".", $row["breadcrumb"]);
        $bread = "<a href=\"index.php?action=" . $l[1] . "\">" . $link[0] . "</a>";
        if(!empty($link[1])) {
            $bread.= "->";
            $bread.= "<a href=\"index.php?action=";
            $bread.= $l[1];
            $bread.= "&#38;work=";
            $bread.= $work;
            $bread.= "\">";
                $bread.= $link[1];
                $bread.= "</a>";
        }
        return $bread;
    }
}
```

7.7 Die Klasse Texte

Über die Klasse Texte brauche ich eigentlich nicht viel zu erklären. Sie hat nur eine
statische Methode `getTexte()` inne, die nichts anderes macht, als aus der MySQL-

Tabelle *texte* alle Inhalte auszulesen, die per Parameteranforderung in den einzelnen Templatedateien zu finden sind. Die Feldbelegung der genannten Tabelle beschreibe ich im Kapitel *Das Root Template*.

Instantiiert werden die georderten Objekte einmalig in der bereits erwähnten Datei global.php, wobei die Templatedateien im einzelnen die Übergabe des Parameters *vakanz*, mittels einer Sessionvariable an die global.php, vor deren Aufruf, vorgeben. Beachten Sie, dass auch hier der Konstruktor leer ist, da die Klasse nur eine statische Methode beinhaltet, deren Arbeitsparameter von außen kommen und nicht innerhalb per Zeiger gesetzt werden müssen.

Übergabe aus der Templatedatei:

```
$_SESSION["site"]["texte"] = "index.start";
```

Aufruf der global.php in der Templatedatei:

```
require_once($_SERVER["DOCUMENT_ROOT"] . "/global.php");
```

Auslesen der Texte und Übergabe an die jeweiligen Templates in der global.php:

```
$text = Texte::getTexte($_SESSION["site"]["texte"]);
foreach($text as $key => $val) {
    $tpl->$val["vakanz"] = $val["text"];
}
```

Der Quelltext der Datei *class.Texte.php*

```
class Texte {
    public function __construct() {

    }
    public static function getTexte($site) {
        $result = array();
        $qry = "SELECT
                        id,
                        vakanz,
                        site,
                            text
                    FROM
                            texte
                    WHERE
                            site = '" . $site . "'
        ";
        $res = DBMember::query($qry);
        while($row = DBMember::fetchArray($res)) {
            $result[] = array(
                        "vakanz" => $row["vakanz"],
                        "text" => $row["text"]
            );
```

```
        }
        return $result;
    }
}
```

7.8 Die Klasse Presets

Diese Klasse gehört nicht unbedingt zu den Basisklassen eines Projektes, wie wir es hier vorhaben zu programmieren. Ich nutze die Klasse *Presets* hauptsächlich für Informationen zum Inhaber oder der Firma, die ein beliebiges Portal betreibt. Wichtig wird das dann, wenn kostenpflichtige Seiten gewerblich betrieben werden und ein Impressum auf dem Portal angezeigt werden muss. Hier lesen wir die Informationen mittels dieser Klasse aus der MySQL-Tabelle *presets* aus. Da wir in unserem Projekt allerdings einen Kontaktbereich einrichten wollen, ist diese Klasse zum Abruf der Kontaktinformationen genau richtig.

Dass ich sie hier als Basisklasse angebe, hat den Grund, dass wir Sie das erste Mal für die besagte Kontaktseite nutzen werden um dort die Email des Betreibers, also Ihre, einer Methode send() der Klasse ‚Contact' zur Verfügung zu stellen. Weiterhin werden die Presets-Informationen bei allen Mailingaktionen unseres Projektes benötigt.

Der Quelltext der Klasse *class.Presets.php*

```php
class Presets {
    private $id;
    private $firstname;
    private $lastname;
    private $company;
        private $address;
        private $postCode;
        private $country;
        private $email;
        private $url;

        public function __construct($id = NULL) {
            if($id === NULL) {
                return;
            }
            $this->setId($id);
        }
        public function setId($id) {
            $this->id = $id;
        }
        public function getId() {
            return $this->id;
        }
```

```php
public function setFirstname($firstname) {
    $this->firstname = $firstname;
}
public function getFirstname() {
    return $this->firstname;
}
public function setLastname($lastname) {
    $this->lastname = $lastname;
}
public function getLastname() {
    return $this->lastname;
}
public function setCompany($company) {
    $this->company = $company;
}

public function getCompany() {
    return $this->company;
}
public function setAddress($address) {
    $this->address = $address;
}
public function getAddress() {
    return $this->address;
}
public function setPostCode($PostCode) {
    $this->postCode = $postCode;
}
public function getPostCode() {
    return $this->postCode;
}
public function setCountry($country) {
    $this->country = $country;
}
public function getCountry() {
    return $this->country;
}
public function setPhone($phone) {
    $this->phone = $phone;
}
public function getPhone() {
    return $this->phone;
}
public function setEmail($email) {
    $this->email = $email;
}
public function getEmail() {
    return $this->email;
}
public function setUrl($url) {
    $this->url = $url;
```

```php
    }
    public function getUrl() {
        return $this->url;
    }
    public function store() {
        $this->remove();

        $qry = "INSERT INTO presets
                    (
                        firstname,
                        lastname,
                        company,
                        address,
                        post_code,
                        country,
                        phone,
                        email,
                        url
                    ) VALUES (
                        '" . $this->getFirstname() . "',
                        '" . $this->getLastname() . "',
                        '" . $this->getCompany() . "',
                        '" . $this->getAddress() . "',
                        '" . $this->getPostCode() . "',
                        '" . $this->getCountry() . "',
                        '" . $this->getPhone() . "',
                        '" . $this->getEmail() . "',
                        '" . $this->getUrl() . "'
                    )
            ";
    }
    public function load() {
        $qry = "SELECT
                        firstname,
                        lastname,
                        company,
                        address,
                        post_code,
                        country,
                        phone,
                        email,
                        url
                FROM
                        presets
            ";
        $res = DBMember::query($qry);
        $row = DBMember::fetchArray($res);
        $this->setFirstname($row["firstname"]);
        $this->setLastname($row["lastname"]);
        $this->setCompany($row["Company"]);
        $this->setAddress($row["address"]);
```

```php
        $this->setPostCode($row["post_code"]);
        $this->setCountry($row["country"]);
        $this->setPhone($row["phone"]);
        $this->setEmail($row["email"]);
        $this->setUrl($row["url"]);

    }

    public function remove() {
        // Tabelle lerren da nur ein Eintrag reindarf
        DBMember::query("TRUNCATE presets");
    }
    public function toArray() {
        return array(
                    "firstname"     => $this->getFirstname(),
                    "lastname"      => $this->getLastname(),
                    "company"       => $this->getCompany(),
                    "address"       => $this->getAddress(),
                    "country"       => $this->getCountry(),
                    "post_code"     => $this->getPostCode(),
                    "phone"  => $this->getPhone(),
                    "email"  => $this->getEmail(),
                    "url"           => $this->getUrl()
        );
    }
}
```

Wie Sie sehen, verfügt die Klasse ebenfalls über alle Methoden, die wir zur Datenmanipulation benötigen. Lediglich die Methoden `store()` und `remove()` haben hier andere Aufgaben. Da wir die Daten zu einem Unternehmen nur einmal benötigen und sich diese eigentlich nur bei Umzug ändern können, brauchen sie auch nur einmalig in der MySQL-Tabelle stehen. Daher arbeitet die Methode store() nicht wie in allen anderen Klassen üblich mit UPDATE, sondern mit INSERT INTO.

Da die Methode `touch()`, die bei Aufruf eine neue ID in der Tabelle setzt und die daraufhin entstandene Tabellenzeile mittels store() zur Datenspeicherung nutzt, brauchen wir auch nicht mit UPDATE arbeiten.

Um nun aber zu gewährleisten dass wir tatsächlich immer nur einen Datensatz in der Tabelle haben, leeren wir diese im ersten Schritt (bei Aufruf von `store()`), bevor wir neue Daten einfügen. Das ist auch der Grund, dass die Methode `touch()` nicht wie oben beschrieben einen Datensatz löscht, sondern mit TRUNCATE die Tabelle leert.

7.8.1 MySql Tabelle 'presets'

Komplettiert wird das Ganze durch eine MySQL-Tabelle, die die Daten aufnimmt. Legen Sie diese mit den folgenden Parametern in Ihrer Datenbankumgebung an.

Name: presets
Felder: 10
Feldnamen / Feldtypen:

```
id           INT(11)
firstname    VARCHAR(255)
lastname     VARCHAR(255)
company      VARCHAR(255)
address      VARCHAR(255)
country      VARCHAR(255)
post_code    INT(5)
phone VARCHAR(255)
email VARCHAR(255)
url          VARCHAR(255)
```

Selbstverständlich können Sie diese Tabelle auch Ihren Bedürfnissen entsprechend erweitern. Achten Sie bitte dann nur darauf, die Klasse durch Hinzufügen der zusätzlichen Methoden sowie Aktualisierung der SQL-Befehle entsprechend anzupassen

7.9 Die Initdatei

Die Datei class.Init.php, ist eigentlich keine Klasse, so wie die vorher beschriebenen. Es fehlen die typischen Klassenmerkmale wie Klassenkennzeichnung, Konstruktor, Membervariablen und Methoden. Das muss auch nicht, da sie nur eine einzige PHP-Funktion `_autoload()` enthält. Diese Funktion ist neu in PHP und regelt das Finden von Klassen, die zur Laufzeit per Objektinstantiierung angefordert werden. Die Funktion erspart dem Entwickler die Arbeit, seine Klassen alle einzeln in einer Datei gebündelt per `require_once()` in sein Projekt einzubinden, so wie es noch mit PHP Version 4 üblich war. Ein weiterer positiver Nebeneffekt ist, dass der gesamte Quelltext (je nach dem wie viele Klassen es gibt) am Ende wieder etwas schmaler ausfällt und das Laden der gesamten Programmierung schneller von statten geht, da die Klassen erst zur Laufzeit , also beim Instantiieren, aufgenommen werden. Ich habe sie dennoch als Klasse benannt um der Übersichtlichkeit im Ordner class Rechnung zu tragen.

Die `_autload()` Funktion darf pro Projekt nur einmal vorkommen (Quelle php.net), weshalb es absolut wichtig ist, beim Einbinden externer freier Softwaretools (z.B.

Rmail) darauf zu achten dass diese keine eigenen Funktionen `__autoload()` mitbringen. Es kommt hier ganz schnell zu Fehlermeldungen, die sich darauf beziehen, dass es nicht möglich ist, zwei dieser Funktionen gleichzeitig laufen zu haben.

Der Quelltext der Datei *class.Init.php*:

```
$msq = new Connect();
function __autoload($class) {
        require_once($_SERVER['DOCUMENT_ROOT'] . "/class/class." . $class . ".php");
}
```

Beachten Sie bitte auch, dass ich hier ein Objekt der Klasse Connect instantiiert habe. Dies hat den Grund, dass ich dieses Objekt im gesamten Projekt benötige. Damit ich nicht in jeder Datei, die auf das Objekt zugreift, das gleiche schreiben muss, generiere ich es hier und spare mir wieder etwas Programmierarbeit. Alle weiteren Klassen des Projektes benötigen die Instantiierung hier noch nicht, da sie erst zur Laufzeit und meist nur einmalig, wie Sie später sehen, benötigt werden.

8 Projektstart und Linkmaskierung

Die beiden wichtigsten Dateien nach den Basisklassen, die dafür Sorge tragen dass unser gesamtes Projekt auch so funktioniert, wie wir es geplant haben, sind die index.php und die global.php. Während die global.php im Kapitel Basisklassen bereits mehrfach Erwähnung fand, taucht hier zum ersten mal die Indexdatei auf.

Die Indexdatei ist nach dem Anwählen einer URL in der Adressleiste des Browsers die Datei, die automatisch von Server gesucht und verarbeitet wird. Hierbei ist es unerheblich, ob die Datei die Endung .php, .htm oder .html hat. Entscheidend ist hier der Passus Index, der in den Serverini's als Standard vorgegeben ist. Es gibt Möglichkeiten diese Vorgabe zu umgehen, indem man in einer Htacces-Datei als Startdatei eine andere vorschreibt. Dies aber nur am Rande.Wir begnügen uns mit den Standardeinstellungen der Server und arbeiten gezielt damit, indem wir uns diesen Umstand zu nutze machen und das Linkhändling hier vornehmen.

8.1 index.php

Linkmaskierung, dieses Wort, was bedeutet das eigentlich, werden Sie bestimmt fragen. Hier die Antwort.

Linkmaskierung bedeutet nichts anderes, als dass die Eingaben in der Adressleiste eines Browser auf Dateien verweisen, die gar nicht so bezeichnet sind wie dort angegeben. Der Ursprung dieser Maßnahmen ist im SEO (Search Engine Optimization) , der so genannten Suchmaschinenoptimierung, begründet.

In grauer Vorzeit der Webprogrammierung war es zumeist gang und gäbe über Unterseiten von Webprojekten per href aufzurufen, wobei zum Teil eine Umenge von Parametern an die URL angehängt wurden. Da diese Parameter teilweise aus kryptischen Zeichenfolgen bestanden, wurden solche Links schnell unübersichtlich und für Außenstehende nahezu unmöglich, diese einzutippen. Auch hatten die Suchmaschinenspider derbe Schwierigkeiten, diesen Links zu folgen, um z.B. die Unterseiten, auf die solche URL verweisen, zu indexieren. Sie haben sie daher schlichtweg nicht gefunden und somit auch nicht mit aufgenommen. Ganz besonders schlimm ist dies bei JavaScript gestützten Links, diesen können die Spider so gut wie garnicht folgen. Das führte dazu, das viele Seiten im Internet garnicht bei den Suchmaschinenergebnissen auftauchten und von Usern auch nicht besucht werden konnten. Hier kam nun die Linkmaskierung zum Einsatz. Sie macht nichts anderes, als einen oder mehrere leicht lesbare Parameter zu vergeben und mit den schwer lesbaren Links zu belegen. Wird nun dieser Parameter im Browser eingegeben und trifft innerhalb einer Startdatei auf die zu verarbeitende Funktion zur Auflösung der Maskierung, so gibt diese die richtige Seite zurück. Wir werden diesen Umstand nutzen und unsere Parameter sowie die Namen der eigentlichen Dateien in eine Datenbank schreiben und innerhalb der index.php die Maskierung aus der Adressleiste vornehmen. Beachten Sie hierzu auch Kapitel 5.9.

Gleichzeitig haben wir hier auch die Möglichkeit, eine fehlerhafte Eingabe aus der Adressleiste (Error 404) abzufangen und eine eigens hierfür erstellte Fehlerseite aufzurufen. Natürlich werden Sie einwenden, dass man diese Arbeit auch ganz bequem in einer .htaccess Datei regeln kann, aber wie ich im Abschnitt 'Arbeitsgrundlage vorbereiten' bereits erwähnt habe, ist dafür mod_rewrite notwendig. Da dieses nicht bei allen Providern aktiviert ist oder nur durch das Zahlen von zusätzlichen Geldern freigeschaltet wird, habe ich mich dazu entschlossen, und um allen gerecht zu werden, die Maskierung so wie sie vorliegt zu händeln.

Für die Übergabe der Parameter nutze ich eine Variable, die ich action nenne und per $_REQUEST[] auffange. Das hat den Hintergrund, dass wir innerhalb des weiteren Projektes mit zwei Methoden der Datenübermittlung arbeiten (POST, GET), somit die Variable Action auch mit diesen beiden Methoden, je nach Aufkommen, weitergegeben wird. Mit REQUEST fangen wir die Variable gleichermaßen auf, egal ob sie mit POST oder GET gesendet wurde, und können ihren Parameter bequem verarbeiten.

Der Quelltext der Datei *index.php:*

```php
session_start();
// Diese Zeile kann eingesetzt werden
// wenn Linkmaskierung per .htaccess erfolgt
// Wenn mod_rewrite nicht aktiviert ist, schaden sie aber auch nicht,
// da action in jedem Fall REQUEST_URI überschreibt
require_once($_SERVER['DOCUMENT_ROOT'] . "/class/class.Init.php");
$vakanz = "/" . $_SERVER["REQUEST_URI"] ? "/" .$_REQUEST["action"] : "/";
// Auslesen der Dateien zum Starten anhand der Vakanz
$select = "SELECT vakanz, file FROM links WHERE vakanz = '".$vakanz."'";
$row = DBMember::query($select);
$result = DBMember::fetchArray($row);
// Errorhändling (falls die Datei in der DB nicht existiert
if(!empty($result["vakanz"])) {
    require_once($_SERVER["DOCUMENT_ROOT"] . "/" . $result["file"]);
} else {
    require_once($_SERVER["DOCUMENT_ROOT"]."/portal/error/error404.php");
}
```

Ebenso zum Linkhändling, werden wir hier auch eine Session starten., um die Sessionvariablen in den Template-Dateien setzen zu können.

Wichtig zu erwähnen ist auch noch die Zeile

```
$vakanz = "/" . $_SERVER["REQUEST_URI"] ? "/" .$_REQUEST["action"] : "/";.
```

Hier fangen wir eine leere Actionvariable, die ja beim ersten Aufruf der URL nicht angegeben wird, ab und verweisen mit dem Backslash auf die eigentliche Template-Startdatei, die wir gleich besprechen werden.

8.2 global.php

Die Datei global.php habe ich im letzten Kapitel schon des öfteren erwähnt und möchte sie deshalb hier nur kurz anreißen. Sie wird im weiteren Verlauf der Programmierung unseres Projektes noch wachsen und Erwähnung finden.

Der Quelltext der Datei *global.php*:

```
// Headbereich (alle JS & CSS Dateien einlesen)
$tpl->css = new Block(Head::fileLoad("/css/"));
$tpl->js = new Block(Head::fileLoad("/js/"));
// Texte holen
$text = Texte::getTexte($_SESSION["site"]["texte"]);
foreach($text as $key => $val) {
    $tpl->$val["vakanz"] = $val["text"];
}
// Nicht abgeschlossene Anmeldungen prüfen
User::clearUser();
// Counter setzen und für Site aufrufen
Counter::setCounter();
$tpl->userCount = Counter::getCounterAll();
// Title & Metas holen
$tpl->all = new Block(Description::getAll($_SESSION["wicki"]["description"]));
// Breadcrumbs
$val = Head::getBreadcrumb($vakanz,$_REQUEST["work"]);
$bread = $val;
$tpl->breadcrumbs = "Sie befinden sich hier: ".$bread;
```

Wie bereits erwähnt, werden hier die CSS und JS-Dateien durch die Methode fileLoad() der Klasse Head an das Root -Template, sowie die Texte für die einzelnen Templates durch Übergabe einer Sessionvariable abgerufen und übergeben.

Eine weitere statische Funktion zum Löschen nicht abgeschlossener Anmeldungen habe ich hier schon einmal vorweg eingefügt. Da diese im Kapitel ‚User Anmeldung' noch genauer besprochen wird und zum direkten Aufrufen hier hinein gehört. Ebenso der Aufruf von statischen Methoden der Klasse Counter, wird in dem Kapitel ‚Ein

Counter' genauer besprochen. Ebenso wie auch ‚Title $ Metas holen', was im Abschnitt ‚Suchmaschinenoptimierung' genauer erläutert wurde. Die Codeteile für die im SEO Kapitel angesprochenen Breadcrumbs befindet sich ebenfalls in der `global.php`.

9 Das Root-Template

9.1 Die Grafiken

Eigentlich gehört das Thema Grafiken in jedes Kapitel, da von Zeit zu Zeit immer mal wieder eine Icongrafik mit eingebunden wird. Allerdings benötigen wir genau an dieser Stelle eigens kreiierte Grafiken für den Headbereich, weshalb ich das Kapitel genau hier eingefügt habe. Die nachher benötigten Icons werden wir frei aus dem Internet beziehen, weshalb sie dann, wenn sie gebraucht werden, keine explizite Erklärung benötigen. Sie können die Grafiken für den Kopfbereich unseres Projektes entweder ganz bequem von der buchbegleitenden Seite herunterladen, selbst kreativ werden oder versuchen, meine Vorgaben eigenhändig nachzubauen. Sollten Sie sich für die letzte Variante entscheiden, nutzen Sie ein Grafikprogramm (z.B. Photoshop), welches Möglichkeiten zur Erstellung von transparenten GIF-Grafiken bereitstellt und jegliche Manipulation von Farben und Texten mitmacht. Auch sollte dieses Programm über Schnittfunktionen verfügen, die es erlauben, Teile aus anderen Grafikdateien auszuklammern und per Copy & Paste in neue Bilder einzufügen. Des Weiteren wäre eine Ebenenfunktion von Vorteil, um jeden einzelnen Schritt beim Erstellen einer Grafik als Einzelarbeit bereitsteht und zu Vorschauzwecken entweder ein- oder ausgeblendet werden kann.

Die obere Headgrafik habe ich folgendermaßen erstellt:

Ein neues Bild mit der Größe 1000 x 80 Pixel, mit transparentem Hintergrund angelegt. Ein abgerundetes Rechteck so in das Bild eingefügt, dass nur die unteren runden Ecken tatsächlich zu sehen sind.

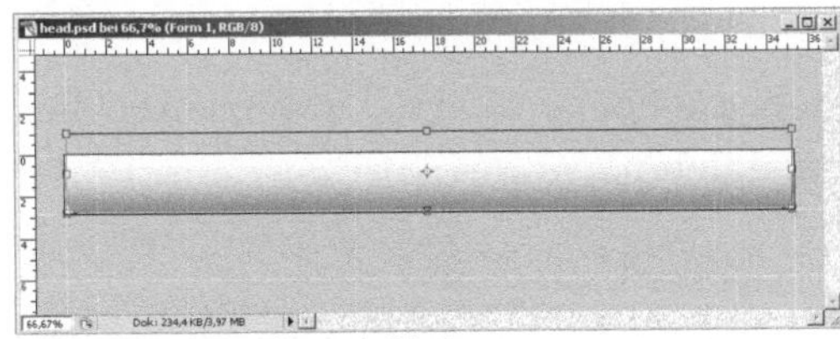

Abb. 34: Headergrafik 1

Den Farbverlauf habe ich individuell eingestellt und als Basisfarbe den Farbcode # 7f7ffe verwendet.

Der Winkel für den Verlauf sollte bei 90° Grad liegen, also von unten nach oben verlaufen. Als nächstes kommen die drei Ballons auf der rechten Seite. Hier genügt es, eine Ebene mit allen Formatierungen zu erstellen und diese dann in zwei weiteren Schritten zu duplizieren und von der Größe entsprechend anzupassen. Zeichnen Sie also auf der Ebene einen Kreis angemessener Größe und versehen diesen mit einem Schlagschatten.

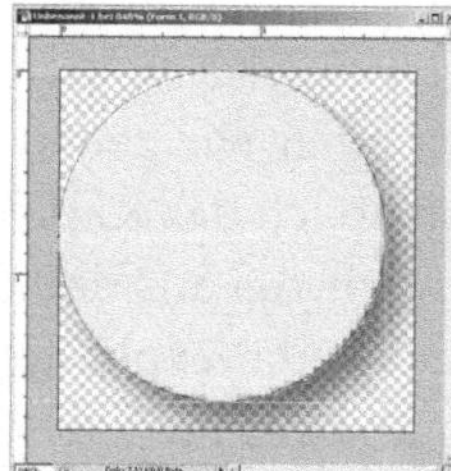

Abb. 35:   Headergrafik Ballon 1

Nun versehen Sie den Inhalt des Kreises mit einem Verlaufsmuster, das folgende Vorgaben hat (um den Balloneffekt herzustellen):

Verlaufüberlagerung: Radial bei 51° Grad.
Basisfarbe Weiß, Verlaufsfarbe #1565f8, Skalierung 86%

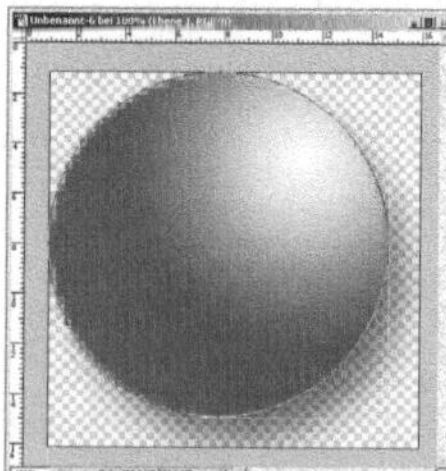

Abb. 36:   Headergrafik Ballon 2

Nun den ersten Ballon auf der Fläche platzieren, die Ebene zweimal duplizieren, die Größe anpassen und ebenfalls entsprechend platzieren.

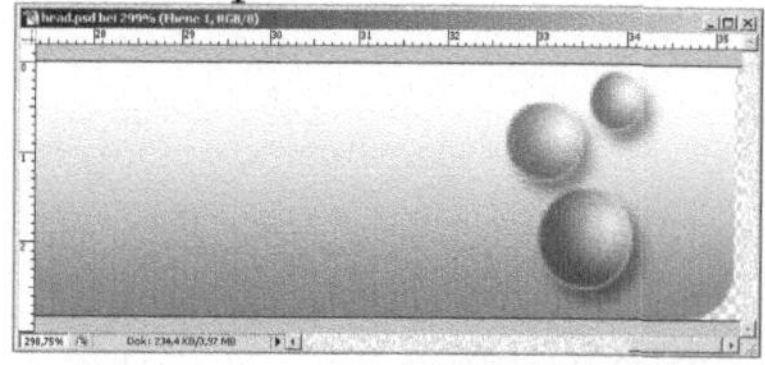

Abb. 37:   Headergrafik Ballons platzieren

Der nächste Schritt ist das Einbringen der Beschriftung für unsere Projektbezeichnung.

Abb. 38: Headergrafik Überschrift setzen

Erstellen Sie eine neue Ebene und geben dort den Text *Buchprojekt – Wicki* ein. Als Schrifttyp wählen Sie Arial (regular) mit einer Größe von 30pt. Des Weiteren sollte der Text über eine abeflachte Kante mit Kontur verfügen, die einen Schattierungswinkel von 120° Grad und eine Verlaufüberlagerung im Winkel von 90° Grad mit den Farben Blau (#060d9e) und Rot (#fb1e01) vorweist. Ein abschließender Schlagschatten komplettiert den gesamten Text. Das wars dann auch schon. Speichern Sie das Bild als GIF-Grafik im Vereichnis *img/portal* mit Namen *head.gif* auf dem Server. Die darunterliegende Grafik ist ähnlich aufgebaut, lediglich die Größe ist anders, und es fehlen die Ballons sowie der Text.

Erstellen Sie ein neues Bild mit der Größe 960 x 30 mit transparentem Hintergrund und verfahren Sie wie im ersten Schritt der vorherigen Grafik. Das Ganze speichern Sie ebenfalls unter 'imgportal' mit Namen *head_bottom.gif* ab. Im Kapitel *Datei main.css* werden wir die fertigen Grafiken dann in das Projekt einbinden.

9.2 Datei index.php

Damit das Parsen der einzelnen XSL-Dateien auch funktioniert, benötigen wir für jede XSL-Datei auch immer eine Datei, die die durch die Klasse Template erstellte virtuelle XML-Datei an den XSL-Container abgibt. Diese Datei erstellt ein neues Objekt der Klasse Template und übergibt an das Objekt die jeweilige XSL Datei.

Beispiel: `$tpl = new Template("index.xsl");`

Gleichzeitig werden in dieser Datei alle Datenverarbeitungen vorgenommen und ebenfalls an das erstellte Objekt '$tpl' übergeben. Wir schaffen hiermit eine klare Trennung von Layout und Datenverarbeitung.

Die Methode out() der Klasse Template übergibt im letzten Schritt die Daten an die XSL-Datei, so das der XSL-Parser aus all diesen Informationen eine HTML Codierung an den Browser zurückgeben kann. Sinnigerweise und in Anlehnung eingangs erwähnter klarer Struktur aller Ordner und Dateien benennen wir diese Datei immer ähnlich ihres XSL-Parents. Index.login.xsl zieht als Dateinamen für die weiteren Dateien immer als erstes das index.login als erste Nennung im Dateinamen nach sich. Hier also bei `index.login.xsl` heißen alle folgenden PHP-Dateien in etwa `index.login.php` oder `index.login.submit.php`.

Selbstverständlich können Sie Ihre Dateien unterschiedlich benennen, nur sollten Sie bedenken, dass bei sehr großen Projekte irgendwann eine solche Menge an Dateien zusammenkommen, das Sie leicht den Überblick verlieren. Dies ist ganz besonders arg dann, wenn Sie nach einen längeren Zeitraum in einzelnen Dateien etwaige Änderungen vornehmen müssen. Wenn dann auch noch die Website, die bearbeitet werden soll, über mehrere Unterdateien verfügt, die alle miteinander in Verbindung stehen und entsprechend verschachtelt sind, ist das Chaos vorprogrammiert. Achten Sie also möglichst immer darauf, für sich selbst hier klare Strukturen zu schaffen, die Sie leicht durchschauen können.

Es hat sich als weitere Maßnahme ebenfalls als gut erwiesen, die einzelnen Datenverarbeitungsschritte in eigene Dateien zu packen. Trennen Sie z.B. Aufruf und Übergabe von Daten aus einem Anmeldeschritt Ihres Projektes so, dass die Anzeigedaten in eine Datei und die übergebenen Postparameter in einer anderen Datei gegeben werden. Bei erwähntem Anmeldeschritt wäre es z.B. so, das die Seite, die das Formular enthält, mittels einer Datei aufgebaut wird, während die eingegebenen Userinformationen aus dem Formular an eine andere 'Submitdatei' übergeben und weiterverarbeitet werden. Damit schaffen Sie eine noch klarere Struktur und Trennung, so dass eine Nachbearbeitung relativ leicht zu bewerkstelligen ist, weil Sie ja wissen, in welcher Datei Sie die Änderungen vornehmen müssen.

Hier nun der Quelltext der Start PHP Datei.

Quelltext der Datei *index.php*

```
require_once($_SERVER["DOCUMENT_ROOT"] . "/class/class.Init.php");
$tpl = new Template("index.xsl");
require_once($_SERVER["DOCUMENT_ROOT"] . "/global.php");
header("Location: index.php?action=start");
```

Wie Sie sehen, hat diese Datei lediglich vier Zeilen Code und macht nichts anderes als die Basisdateien class.Init.php und global.php, die wir ja bereits besprochen haben, einzubinden und ein Objekt der Klasse Template zu erstellen, an das der zu nutzende XSL Container übergeben wird. Hier gibt es allerdings eine Besonderheit. Die Methode out() der Klasse Template benötigen wir hier nicht, da wir per header() zur eigentlichen Startdatei weiterleiten, die die erste Anzeige der Platzhalter für den Start im Browser regelt. Da die index.xsl das eigentliche Root-Template darstellt, müssen wir hier so verfahren, weil wir ansonsten eine doppelte Anzeige generieren und das Einbinden aller Untertemplates nicht wie gewünscht realisieren könnten. Ein Nachteil dieser Methode wird in der folgenden XSL-Datei deutlich, da wir dort einige Zeilen Quelltext hardcodieren müssen und Platzhalter nicht direkt aus der PHP-Datei übergeben können.

9.3 Datei index.xsl

Die Datei `index.xsl` bildet unser eigentliches Root Template. Alle weiteren Templates werden hier eingebunden. Die Index ist also die erste Datei, die aufgerufen wird und die hardcodierten Links, Formulartags für den Login und den Besucherzähler permanent aufzeigt. Wir generieren also diese Anzeigen nur einmal.

Über den XSL-Tag `<xsl:apply-templates />` werden alle weiteren Templates an dieser Stelle eingefügt und angezeigt. Während index.php sich mit `<xsl:template match="/">` als Root matcht, müssen alle weiteren Templates sich mit `<xsl:template match="/root">` bei Root anmelden. Index fügt dann automatisch die anmeldenden Templates an die Stelle `<xsl:apply-template>` ein. Da diese Datei ein Root-Template darstellt, können wir keine Platzhalter direkt über die index.php an das Template abgeben. Hier behelfen wir uns mit einem kleinen Trick.

Wir schreiben unsere Paltzhalter in z.B. die global.php und rufen diese im XSL mit `<xsl:value-of select=root/platzhalter" />` wieder ab.

Allerdings darf diese Datei, wo die Platzhalter stehen, keine andere XSL-Datei an ein Objekt Template abgeben, dann funktioniert die ganze Sache nicht, da sich ja dann das andere Template bei Root anmelden würde (Doppelpost).

Der Quelltext der Datei *index.xsl*

```
<?xml version="1.0" encoding="utf-8"?>
<xsl:stylesheet version="1.0"
    xmlns:xsl="http://www.w3.org/1999/XSL/Transform"
    xmlns="http://www.w3.org/1999/xhtml"
    xmlns:fn="http://www.w3.org/2005/xpath-functions"
    xmlns:php="http://php.net/xsl">

    <xsl:output
        method="xml"
        encoding="utf-8"
        indent="yes"
        doctype-system="http://www.w3.org/TR/xhtml1/DTD/
            xhtml1-transitional.dtd"
        doctype-public="-//W3C//DTD XHTML 1.0 Transitional//EN"
        omit-xml-declaration="yes"
```

```
    />
    <xsl:template match="/">
        <html>
            <head>
                <title>
                    <xsl:for-each select="root/all">
                        <xsl:if test="vakanz = 'title'">
                            <xsl:value-of select="text" />
                        </xsl:if>
                    </xsl:for-each>
                </title>
                <xsl:for-each select="root/all">
                    <meta name="{vakanz}" content="{text}" />
                </xsl:for-each>
                <xsl:for-each select="root/css">
                <style type="text/css" media="all"> @import url("<xsl:value-of select="val"
/>");
                </style>
                </xsl:for-each>
                <xsl:for-each select="root/js">
                    <script type="text/javascript" src="{val}" />
                </xsl:for-each>
            </head>
            <body>
                <div id="head"></div>
                <div id="main_feet">
                    <a href="index.php?action=start">
                        home
                    </a>
                    <span class="line"> | </span>
                    <a href="index.php?action=register">
                        anmelden
                    </a>
                    <span class="line"> | </span>
                    <a href="index.php?action=users">
                        mitglieder
                    </a>
                    <span class="line"> | </span>
                    <a href="index.php?action=contact">
                        kontakt
                    </a>
                    <span class="line"> | </span>
                    <a href="index.php?action=wiki">
                        wiki-eingang
                    </a>
                    <div class="help">
                        <a href="index.php?action=help">
                            <img src="/img/portal/help.gif" border="0" />
                        </a>
                    </div>
                </div>
```

```
                <div id="main">
                    <div class="login">
                        <form method="post" action="index.php">
                            <input name="action" type="hidden" value="login" />
                            Username: <input name="username" type="text"
class="input_login" />
                            <xsl:text> </xsl:text>
                            Password: <input name="password" type="password"
class="input_login" />
                            <xsl:text> </xsl:text>
                            <input name="send" type="submit" class="button" value="Login"
/>
                        </form>
                    </div>
                </div>
                <xsl:apply-templates />
                <div id="main">
                    <div id="main_title">
                        <div align="right">
                            <strong>Sie sind Besucher
                            <xsl:text> </xsl:text>
                            <xsl:value-of select="root/userCount" />
                            <xsl:text> </xsl:text>
                            dieses Mitmachportals</strong>
                        </div>
                    </div>
                </div>
            </body>
        </html>
    </xsl:template>
</xsl:stylesheet>
```

Ganz besonders wichtig ist auch der Abschnitt im Quelltext, der zwischen den Head-Tags steht.

```
<title>
    <xsl:for-each select="root/all">
        <xsl:if test="vakanz = 'title'">
            <xsl:value-of select="text" />
        </xsl:if>
    </xsl:for-each>
</title>
    <xsl:for-each select="root/all">
        <meta name="{vakanz}" content="{text}" />
    </xsl:for-each>
    <xsl:for-each select="root/css">
        <style type="text/css" media="all">
            @import url("<xsl:value-of select="val" />");
        </style>
    </xsl:for-each>
    <xsl:for-each select="root/js">
        <script type="text/javascript" src="{val}" />
```

```
</xsl:for-each>
```

Hier sehen Sie, wie Daten aus den Basisklassen Head und Description verarbeitet
werden. Wie Sie ja noch wissen, wollten wir mit diesen Klassen die Darstellung der
Meta-Tags automatisieren, sowie alle JS und CSS-Dateien automatisch ins Template
einbinden, was hier ausgezeichnet funktioniert.

Damit haben wir die Basis geschaffen, auf der wir weiter arbeiten können, wobei wir
die Datei index.xsl in der gesamten weiteren Bearbeitung nicht mehr anfassen müssen.

Der Grundaufbau, also der Teil der zuständig dafür ist, dass unsere XSL-Datei auch
als solche erkennbar ist und den entsprechenden Parser für die übergebenen XML-
Daten aufruft, steht am Anfang einer jeden Datei. Hier wird als erstes die XSL Versionsnummer angegeben, sowie das zu nutzende Codierverfahren.

```
<?xml version="1.0" encoding="utf-8"?>
```

Der nächste Abschnitt kennzeichnet den XSL(T) Namensraum

```
<xsl:stylesheet version="1.0"
    xmlns:xsl="http://www.w3.org/1999/XSL/Transform"
    xmlns="http://www.w3.org/1999/xhtml"
    xmlns:fn="http://www.w3.org/2005/xpath-functions"
    xmlns:php="http://php.net/xsl">
```

Der letzte Abschnitt kennzeichnet die Ausgabe der XML-Daten als (X)HTML-
Quelltext zur Rückgabe an den Browser.

```
<xsl:output
    method="xml"
    encoding="utf-8"
    indent="yes"
    doctype-system="http://www.w3.org/TR/xhtml1/DTD/
        xhtml1-transitional.dtd"
    doctype-public="-//W3C//DTD XHTML 1.0 Transitional//EN"
    omit-xml-declaration="yes"
/>
```

Alles, was zwischen `<xsl:template match="/">` und `</xsl:template>` steht, wird nachher
tatsächlich im Browser ausgegeben.

Die Zeile `</xsl:stylesheet>` zeigt das Ende der Ausgabe an.

9.4 JavaSricpt jQuery

Ein freies JavaScript Framework, das recht umfangreich ist und komfortable Funktionen zur DOM-Manipulation und Navigation bereitstellt. Mit jQuery lassen sich

erstklassige Tooltips aufbauen, die z.B. per Mauseovereffekt arbeiten. JQuery besteht aus einer einzigen JavaScript-Datei, in der alle grundlegenden Funktionen für DOM-, Ereignis-, Effekt- und Ajax enthalten sind.

Die genaue Arbeitsweise, sprich das Erstellen eigener JavaScript-Funktionen die auf jQuery basieren, ist in vielen guten Fachbüchern beschrieben, weshalb ich mir an dieser Stelle eine Einführung, spare.

Ein sehr gutes Einführungstutorial finden Sie unter:

http://docs.jquery.com/Tutorials#Tutorials_auf_Deutsch

Am Ende des Buches finden Sie unter dem Abschnitt ‚Fachliteratur‘ einige Hinweise zu sehr guten Büchern bezüglich jQuery. Downloaden können Sie jQuery entweder auf der Buch-begleitenden Seite, direkt bei den Machern des Frameworks.

http://docs.jquery.com/Downloading_jQuery

Diese Datei legen wir, da sie zu den Root-Dateien gehört, im Hauptordner ‘JS’ ab.

9.5 JavaScript Prototyp

Ebenfalls ein JavaScript Framework, das die selben Eigenschaften mitbringt wie jQuery, aber (böse Zungen behaupten dies) um einiges umfangreicher sein soll. Leider gibt es für dieses Framework keine deutsche Literatur oder begleitende Website. Ein englischsprachiges Learningportal finden Sie unter

http://prototypejs.org/api

Da wir einige recht anspruchsvolle Scripte in unser Projekt packen werden, die auf Prototyp basieren (AJAX REQUEST), lege ich Ihnen nahe, sich mit diesem Framework und seinen Funktionen vertraut zu machen. Auch diese Datei legen wir im Hauptordner JS ab.

9.6 Datei main.css

In der main.css werden wir alle seitenrelevanten Formatierungen vornehmen. Das heißt, hier kommen alle grafischen Vorlagen rein, die auf jeder Unterseite gleich sind.
Beispiel: body {...}

Da das der Eintrag body ohne Klassen oder ID-Kennzeichnung versehen ist, wird die Formatierung die innerhalb des Anweisungskörpers eingetragen ist, auf alle Seiten des Projektes angewandt, ohne dies extra auf jeder Seite explizit anzugeben.

Wenn hier eine ID oder Klasse eingegeben wird, so hat deren Formatierung, durch einfachen Aufruf der Klasse oder ID, überall im gesamten Projekt Bestand. Vorteil ist, dass wir die Klasse oder ID nur einmal in einer CSS-Datei schreiben müßen.

Der Quelltext der Datei *main.css*

```
body {
        background-color:#FFFFCC;
        font-family:Verdana, Arial, Helvetica, sans-serif;
        font-size:11px;
        color:#666;
}
a {
        color:#666;
        font-family:Verdana, Arial, Helvetica, sans-serif;
        font-weight:bold;
        font-size:10px;
        text-decoration:none;
}
a:hover {
        color:#FF9900;
}
#head {
        width:980px;
        height:60px;
        padding:10px;
        background-image:url(../../img/portal/head.gif);
}
#main {
        margin-top:5px;
        margin-left:20px;
        width:945px;
        border:2px solid #e0e0e0;
        padding:5px;
}
#main_feet {
        width:950px;
        height:30px;
        padding-left:10px;
        padding-rigt:10px;
        margin-left:20px;
        background-image:url(../../img/portal/head_bottom.gif);
}
#main_title {
        width:925px;
        background-color:#e0e0e0;
        padding:10px;
}
#main_inline {
        width:925px;
        height:350px;
```

```css
        background-color:#e0e0e0;
        padding:10px;
        font-family:Verdana, Arial, Helvetica, sans-serif;
        font-size:12px;
        color:#666;
        overflow:auto;
}
.title {
        font-weight:bold;
        color:#666;
        font-size:12px;
}
.text {
        color:#0033FF;
}
.login {
        text-align:right;
        padding-right:20px;
        font-size:11px;
        font-family:Verdana, Arial, Helvetica, sans-serif;
        color:#666;
}
.line {
        color:#bbb;
        font-size:14px;
        font-weight:bold;
}
.title {
        font-weight:bold;
        font-size:14px;
        color:#00066;
        font-family:Verdana, Arial, Helvetica, sans-serif;
}
.reference {
        font-size:10px;
        color:#999999;
        font-style:italic;
}
.extra_link {
        float:right;
        padding-right:10px;
}
.help {
        float:right;
        padding-right:10px;
        padding-left:20px;
        padding-top:3px;
}
.breadcrumbs {
        padding-left:30px;
        padding-top:5px;
```

```
        padding-bottom:5px;
}
```

9.7 Datei form.css

Eigentlich gehört diese Datei hier noch nicht hinein. Sie wird erstmals beim Login
relevant, wenn wir die Form für den Userlogin benötigen. Da sie aber im Ordners
CSS und nicht in einem Unterordner steht, betrachte ich sie als zugehörig zum Root-
Template. Eben auch, weil die Formatierungen hier Auswirkung auf das gensamte
Projekt haben. Mit dieser CSS-Datei legen wir die Formatierungen für alle Formulare
der jeweiligen Seiten fest, die Formulare aufrufen. Dadurch werden alle Formulartags immer gleich ausschauen, ohne dass wir dort extra noch irgend welche CSS-
Kassen in den Formulartags vorgeben müssen. Sollten wir im späteren Verlauf unserer Arbeit die eine oder andere Formatierung benötigen, so können wir diese explizit
in den Tags setzen und die vorgegebenen Formatierungen notfalls überschreiben.

Input, Select und Textarea habe ich permanent vorgegeben, also ohne Klassen oder
ID-Spezifikation. Lediglich eine Klasse 'button' wird hier gesetzt und durch eine
Hover-Formatierung ergänzt. Dies geschieht deshalb, weil die Submitbuttons in den
Formularen mit einem wechselnden Hintergrunbild versehen werden, um so einen
Mouseover-Effekt mit wechselndem Bild zu erzielen. Die Klasse *formtest* hingegen ist
für das Anzeigen der Fehlercontainer innerhalb aller Formulare zuständig.

Der Quelltext der Datei *form.css*

```css
.button {
        width:100px;
        height:22px;
        background-image:url(/img/portal/bg.gif);
        cursor:pointer;
}
.button:hover {
        width:100px;
        height:22px;
        background-image:url(/img/portal/bg_out.gif);
        cursor:pointer;
}
input {
        border:1px solid #ccc;
        height:20px;
        width:180px;
}
select {
        border:1px solid #ccc;
        height:20px;
        width:180px;
```

```
}
textarea {
        border:1px solid #ccc;
        height:100px;
        width:180px;
}
.formtest {
        width:200px;
        border:1px solid #ff0000;
        left:31%;
        top:45%;
        padding:20px;
        text-align:center;
        color:#0000FF;
        background-color:#fff;
        position:absolute;
        z-index:110;
        float:left;
}
```

9.8 MySQL-Tabelle 'texte'

Zum Speichern der Parameter für die per Seite aufzurufenden Texte, sowie die Texte selbst, erstellen Sie in Ihrem PhpMyAdmin in der Datenbank folgende Tabelle mit vier Feldern:

Name: texte
id   ID (11) ,PrimaryKey, AutoIncrement
site   VARCHAR (255)
vakanz   TEXT
text   VARCHAR (255)

9.9 MySQL-Tabelle 'links'

Zum Speichern der Linkparameter erstellen Sie in der Datenbank folgende Tabelle mit drei Feldern

Name: links
id   ID (11) ,PrimaryKey, AutoIncrement
vakanz   VARCHAR (255)
file   VARCHAR (255)

Mit dieser Tabelle, die zu den wichtigsten im gesamten Projekt zählt, händeln wir , wie bereits erwähnt, den Aufruf aller Dateien des Projektes. Fehler, die sich hier einschleichen, können fatale Folgen haben und den Fehlercode 404 produzieren, was zur Nichtanzeige der gesuchten Datei führt.

9.10 Tabelleneinträge 'links' & 'texte'

Links

Die Einträge in die Tabelle 'links' sind von absoluter Wichtigkeit. Hier nicht eingetragene Seiten werden beim Klick auf einen Link beim direkten Eingeben in der A-dressleiste des Browsers, mit einer Fehlermeldung quittiert.

Wie Sie ja bereits wissen, händeln wir den gesamten Aufruf aller Seiten in der index.php mit der Parameterübergabe in der Variable 'action'. Sollte dieser Parameter nicht auch so in der Tabelle stehen, kann die dort eingetragene PHP-Datei nicht aufgerufen werden. Damit keine Fehler passieren, hier ein Beispiel, wie ich die Einträge vornehmen:

Aufruf über einen Link:

<a href="index.php?action=register">....</a>

Eintrag in der Tabelle:

vakanz = /register

file = portal/php/index.register.php

Wenn Sie sich zu Beginn an diese Vorgabe halten, kann eigentlich nichts schiefgehen (außer Sie vertippen sich).

Texte

Was Sie in Ihre Texttabelle eintragen bleibt natürlich Ihnen überlassen. Sie können entweder die auf der buchbegleitenden Seite vorgegebenen Texte nutzen oder etwas eigenes eintragen, Ihrer Kreativität sollen hier keine Grenzen aufgelegt werden. Sie müssen nur darauf achten, dass die Einträge 'site' und 'vakanz' auf die jeweilige Seite bzw. den jeweiligen XSL-Platzhalter der Seite, wo die Texte auftauchen sollen, abgestimmt sind. Schreiben Sie beispielsweise in Ihr Template `<xsl:value-of select="title">` als Platzhalter, so muss auch der Vakanzeintrag in der Tabelle 'title' heißen. Genauso sollten Sie den Eintrag für 'site' auf die Session Übergabe innerhalb Ihrer Template aufrufende PHP-Datei abstimmen. Tragen Sie in der PHP-Datei `$_SESSION["site"]["texte"] = "index.register";` so übergeben Sie an die Klasse Texte, über die global.php, diesen Eintrag, den die Methode zum Abrufen der Einträge in der WHERE-Klausel dann auch nutzt.

Stimmen beide Werte, also in der Übergabevariable und der MySQL-Tabelle, nicht überein, wird logischerweise auch nichts ausgegeben.

10 Erste Startdateien

Die Startdateien sind die ersten, die automatisch beim Aufruf der URL angezeigt werden.Wie wir aus dem Quelltext der index.php wissen, sorgt hierfür die Zeile `header("Location: index.php?action=start");`. Der Header ruft hierbei direkt die index.php im Wurzelverzeichnis auf und übergibt ihr die Actionvariable mit dem Parameter *'start'*, der in der Datenbank mit der Datei `index.start.php` verknüpft ist. Der Grundaufbau der *.php sowie der *.xsl Dateien werden sich im Wessentlichen so durch das gesamte Projekt ziehen, weswegen wir uns für das Erstellen weiterer dieser Dateien den Quelltext als Vorlage auf den Server legen.

10.1 Datei index.start.php

Die `index.php` bindet im ersten Schritt die Init-Datei ein, die ja per Autoload unsere Klassen aufruft. Im zweiten Schritt übergeben wir an die Klasse Template die XSL-Datei, die das Starttemplate darstellt. Schritt drei, vier und fünf setzen nun die Parameter für den Abruf der Texte, Titel und Description Contents aus den jeweiligen Tabellen. Diese Parameter werden von der im sechsten Schritt eingebundenen Datei `global.php` für die Abarbeitung der Codezeilen, die den Datenbankabruf realisieren, genutzt.

Der Quelltext der Datei *index.start.php*

```
require_once($_SERVER["DOCUMENT_ROOT"] . "/class/class.Init.php");
$tpl = new Template("index.start.xsl");
$_SESSION["site"]["texte"] = "index.start";
$_SESSION["wicki"]["description"] = "index.start";
require_once($_SERVER["DOCUMENT_ROOT"] . "/global.php");
$tpl->out();
```

10.1.1 PHP als Vorlage

Hier sehen Sie den (Quell)Text der Vorlage. Wie Sie unschwer erkennen können, sind die Werte der Parameter für Text, Titel und Description mit pl1 – pl3 betitelt. Das hat den Grund, dass wir, beim Erstellen neuer Dateien dieses Typs, die Parameter natürlich anpassen müssen. Ein anderer Hintergedanke ist auch, dass wir nachher im CMS eine Funktion programmieren werden, die das Anlegen, Speichern und die DB-Einträge automatisiert und wir dabei diese Parameter explizit vergeben. Dazu aber im Kapitel CMS mehr.

Der Text der *index.vorlage.php*

```php
require_once($_SERVER["DOCUMENT_ROOT"] . "/class/class.Init.php");
$tpl = new Template("p11");
$_SESSION["site"]["texte"] = "p12";
$_SESSION["wicki"]["description"] = "p13";
require_once($_SERVER["DOCUMENT_ROOT"] . "/global.php");
$tpl->out();
```

10.2 Datei index.start.xsl

Ebenso wie die `index.php` datei wird sich auch der Grundaufbau der index.xsl durch das gesamte Projekt ziehen, weshalb auch hier eine Vorlagendatei auf dem Server abgelegt wird. Beide Vorlagen legen wir unter den jeweiligen Verzeichnissen (php / xsl) in einem zusätzlichen Ordner ab, den wir *'vorlage'* nennen.

Det Quelltext der Datei *index.start.xsl*

```xml
<xsl:stylesheet version="1.0"
    xmlns:xsl="http://www.w3.org/1999/XSL/Transform"
    xmlns="http://www.w3.org/1999/xhtml"
    xmlns:fn="http://www.w3.org/2005/xpath-functions"
    xmlns:php="http://php.net/xsl">
    <xsl:output
        method="xml"
        encoding="utf-8"
        indent="yes"
        doctype-system="http://www.w3.org/TR/xhtml1/DTD/xhtml1-
        transitional.dtd"
       doctype-public="-//W3C//DTD XHTML 1.0 Transitional//DE"
        omit-xml-declaration="yes"
    />
    <xsl:include href="index.xsl" />
    <xsl:template match="/root">
            <div id="main">
                <div id="main_title">
                    <h1><xsl:value-of select="title" /></h1>
                </div>
            </div>
            <div id="main">
                <div id="main_inline" align="center">
                    <xsl:value-of select="text_start" />
                </div>
            </div>
    </xsl:template>
</xsl:stylesheet>
```

10.2.1 XSL als Vorlage

Auch hier der Text der Vorlagendatei, der sich im Aufbau nicht von der eigentlichen index.start.xsl oder aller folgenden XSL-Dateien unterscheidet.

Der Text der *index.vorlage.xsl*

```
<xsl:stylesheet version="1.0"
    xmlns:xsl="http://www.w3.org/1999/XSL/Transform"
    xmlns="http://www.w3.org/1999/xhtml"
    xmlns:fn="http://www.w3.org/2005/xpath-functions"
    xmlns:php="http://php.net/xsl">

    <xsl:output
        method="xml"
        encoding="utf-8"
        indent="yes"
        doctype-system="http://www.w3.org/TR/xhtml1/DTD/xhtml1-
        transitional.dtd"
       doctype-public="-//W3C//DTD XHTML 1.0 Transitional//DE"
        omit-xml-declaration="yes"
    />
    <xsl:include href="index.xsl" />
    <xsl:template match="/root">
        <div id="main">
            <div id="main_title">
                <h1><xsl:value-of select="title" /></h1>
            </div>
        </div>
        <div id="main">
            <div id="main_inline">
                Weitere Bearbeitung
            </div>
        </div>
    </xsl:template>
</xsl:stylesheet>
```

11 Ein Counter

Zu den wohl bekanntesten Services die auf vielen Webseiten den Besuchern und Mitgliedern geboten wird, gehört ein Besucherzähler oder sogenannter Counter. Das solch ein Zählerwerk aber nicht nur zum Anzeigen der aktuellen Besucherzahlen genutzt werden kann, werden wir in diesem Kapitel sehen. Wir nutzen die Klasse Counter und die sich im Laufe der Zeit ansammelnden Daten aus der Datenbank auch zur Analyse im CMS. Wir werden dort gezielt nach bestimmten Kriterien diverse Auswertungen, wie z.B. Besucherzahlen an bestimmten Tagen oder Monaten u.ä. vornehmen Der Sinn und Zweck dieser Programmierung ist, uns aufzuzeigen, wie unser Portal bei der Internetgemeinde ankommt und was wir eventuell aus SEO-Sicht verbessern können, wenn z.B. einige Seiten sehr stark besucht sind. Dazu aber später mehr.

Nun zu unserem Counter, der in erster Linie die Besucherzahlen, wie bereits angesprochen, auf unseren Seiten anzeigen soll.

11.1 Die Klasse Counter

Die Klasse Counter soll uns diverse Methoden zur Speicherung und zum Abruf von Besucherzahlen liefern. Hierzu muss man wissen, dass der Browser bei seiner Anfrage an einen Server einige Informationen mitgibt, die wir ganz bequem mit einigen PHP-Funktionen auslesen können. $_SERVER ist eine superglobale Arrayvariable welche vom Server erstellt wird und diese Informationen beinhaltet. Allerdings ist nie ganz gewährleistet, welche Informationen wirklich darin erhalten sind. Es kann sein, dass einige Server Informationen weglassen, weil sie diese schlichtweg nicht unterstützen. In der CGI 1.1-Spezifikation sind die meisten Variablen ausgewiesen, die von allen Servern unterstützt werden. Ausgelesen werden sie mit diversen Variiablendeklarationen wie z.B. DOCUMENT_ROOT für den absoluten Pfad des Servers. Die folgenden Elemente können in *$_SERVER* vorgefunden werden (Quelle php.net). Allerdings können einige davon, sofern vorhanden oder verfügbar sind und einen sinnvollen Wert haben, von PHP nur angezeigt werden, wenn PHP auf der Kommandozeile ausgeführt wird.

'PHP_SELF'

Der Dateiname des aktuell ausgeführten Skripts, relativ zum DOCUMENT_ROOT. Verfügbar erst seit PHP Version 4.3.0

'SERVER_ADDR'

Beinhaltet die IP-Adresse des Servers, auf dem das aktuelle Skript ausgeführt wird.

'SERVER_NAME'

Der Hostname des Servers, auf dem das aktuelle Skript ausgeführt wird.

'SERVER_SOFTWARE'

Enthält die verwendete Server-Software, die bei einer Antwort auf eine eingegangene Frage (Request) verwendet wird.

'SERVER_PROTOCOL'

Name und Versionsnummer des verwendeten Übertragungsprotokolls z. B. 'HTTP/1.0'.

'REQUEST_METHOD'

Enthält die für den Zugriff auf die Seite verwendete Anfragemethode, z. B. 'GET' oder 'POST'.

'REQUEST_TIME'

Der Zeitpunkts, an dem die Anfrage eintraf (Timestamp).

 Verfügbar seit PHP 5.1.0.

'QUERY_STRING'

Der Querystring, sofern vorhanden, mit dem auf die Seite zugegriffen wurde.

'DOCUMENT_ROOT'

Der absolute Pfad, unter dem das aufgerufene Skript ausgeführt wird, so wie es in der Konfiguration des Servers festgelegt ist.

'HTTP_ACCEPT'

Enthält, sofern ein solcher gesendet wird, den Inhalt des Accept:-Headers der aktuellen Anfrage

'HTTP_ACCEPT_CHARSET'

Enthält, sofern ein solcher gesendet wurde, den Inhalt des Accept-Charset:-Headers der aktuellen Anfrage. (iso-8859-1,*,utf-8).

'HTTP_ACCEPT_ENCODING'

Enthält, sofern ein solcher gesendet wurde, den Inhalt des Accept-Encoding:-Headers der aktuellen Anfrage (gzip).

'HTTP_ACCEPT_LANGUAGE'

Enthält, sofern ein solcher gesendet wurde, den Inhalt des Accept-Language:-Headers der aktuellen Anfrage (en).

'HTTP_CONNECTION'

Enthält, sofern ein solcher gesendet wurde, den Inhalt des Connection:-Headers der aktuellen Anfrage (Keep-Alive).

'HTTP_HOST'

Enthält, sofern ein solcher gesendet wurde, den Inhalt des Host:-Headers der aktuellen Anfrage.

'HTTP_REFERER'

Die Adresse der Seite, auf der ein Benutzer einen Link auf der aufgerufenen Seite angeklickt hat.

Wird vom Browser des Benutzers gesetzt.

Da nicht alle Programme diesen Wert unterstützen, manche haben sogar die Möglichkeit, den Wert selbst zu bestimmen, können Sie diesem Wert nicht wirklich vertrauen.

'HTTP_USER_AGENT'

Enthält, sofern ein solcher gesendet wurde, den Inhalt des User-Agent:-Headers der aktuellen Anfrage (Mozilla/4.5 [en] (X11; U; Linux 2.2.9 i586).

'HTTPS'

Wird das Script mittels https aufgerufen, wird hier ein nicht-leere Wert gesetzt,

'REMOTE_ADDR'

Die IP-Adresse, von der aus der Besucher die aufgerufene Seite anschaut.

'REMOTE_HOST'

Der Name des Hosts, von der aus der Besucher die aufgerufene Seite anschaut.

'REMOTE_PORT'

Der vom PC des Besuchers verwendete Port, um mit dem Webserver zu kommunizieren.

'REQUEST_URI'

Der URI, der angegeben wurde, um auf die aktuelle Seite zuzugreifen, beispielsweise '/index.html'. Dies waren nur einige der möglichen Variablen die ein Server bei einer Anfrage mitgeben kann. Sollten Sie sich mehr damit befassen wollen, empfehle ich die Seite http://php.net. Wir werden auch nur einige wenige davon nutzen, da diese für unsere Bedürfnisse ausreichen

Was soll unsere Klasse also genau mitbringen?

Eine Methode zum Speichern der vom Server übergebenen Parameter, eine Methode zum Zählen aller Einträge in der Datenbank (wird auf der Portalseite angezeigt) und diverse Methoden zum manipulierten Auslesen der Daten in unserem CMS. Schauen Sie sich als erstes den Quelltext der Klasse an und versuchen selbst einmal die Methoden zu ergründen. Danach werde ich die einzelnen Methoden erläutern.

Der Quelltext der Klasse *class.Counter.php*

```php
class Counter {
    public function __construct()  {

    }
    // Statische Funktion zum Speichern
    // der Browserdaten der Besucher
    public static function setCounter() {
        $sessId = session_id();
        $datetime = time();
        $futureTime = time() + (24 * 60 * 60);
        $mysql = "SELECT
                        user_ip,
                        session_id,
                        datetime
                    FROM
                        counter
                    WHERE
                        session_id = '" . $sessId . "'
                    AND
                        datetime >= '" . $datetime . "'
                ";
        $res = DBMember::query($mysql);
        $row = DBMember::fetchArray($res);
        if(empty($row)) {
                $qry = "INSERT INTO counter
                            (
                                datetime,
                                user_ip,
```

```php
                            user_host,
                            referer,
                            host,
                            document_root,
                            port,
                            site,
                            session_id
                    ) VALUES (
                        '" . $futureTime . "',
                        '" . basename($_SERVER['REMOTE_ADDR']) . "',
                        '" . gethostbyaddr($_SERVER['REMOTE_ADDR']) . "',
                        '" . $_SERVER['REQUEST_URI'] . "',
                        '" . $_SERVER['HTTP_HOST'] . "',
                        '" . $_SERVER['DOCUMENT_ROOT'] . "',
                        '" . $_SERVER['SERVER_PORT'] . "',
                        '" . basename($_SERVER['PHP_SELF']) . "',
                        '" . $sessId . "'
                    )
                ";
                DBMember::query($qry);
            }
        }
public static function getCounterDate() {
    if(empty($day)) {
        $where = "datetime >= '" . "'" . $year . "-" . $month . "-01'
        AND datetime <= '" . "'" . $year . "-" . $month . "-31'";
    } elseif(empty($day) && empty($month)) {
        $where = "datetime >= '" . "'" . $year . "-01-01'
        AND datetime <= '" . "'" . $year . "-12-31'";
    } else {
        $where = "datetime =" . "'" . $year . "-" . $month . "-" . $year . "'";
    }
    $result = array();
        $qry = "SELECT
                    id,
                    datetime,
                    user_ip,
                    user_host,
                    referer,
                    host,
                    document_root,
                    port,
                    site,
                    session_id
                WHERE
                        '" . $where . "'
                ";
        $res = DBMember::query($qry);
        while($row = DBMember::fetchArray($res)) {
            $result[] = array(
                        "id" => $row["id"],
```

```
                              "datetime"          => $row["datetime"],
                              "userIp"            => $row["user_ip"],
                              "userHost"          => $row["user_host"],
                              "referer"           => $row["referer"],
                              "host"              => $row["host"],
                              "documentRoot" => $row["document_root"],
                              "port"              => $row["port"],
                              "site"              => $row["site"],
                              "sessionId"         => $row["session_id"]
                  );
      }
      return $result;
}
```

Da wir in dieser Klasse ausschließlich mit statischen Methoden arbeiten, kann der Konstruktor leer bleiben.

Die Methode `setCounter()` prüft in einem ersten Schritt, ob bereits ein Eintrag in der Datenbank vorhanden ist, der mit einer von uns gesetzten SessionId übereinstimmt. Sollte dies nicht der Fall sein, so wird im zweiten Schritt der jeweilige Eintrag vogenommen. Hierbei speichern wir auch die SessionId, die wir wie erwähnt im ersten Schritt benötigen, um doppelte Einträge abzufangen. Gleichzeitig setzen wir einen Timestamp, der um 24 Std. höher ist als der aktuelle. Dies soll gewährleisten, dass wenn ein User permanent Online ist, ein neuer Eintrag erfolgt, wenn 24 Std. vorbei sind (einleuchtend).

Die Methode `getCounterAll()` gibt uns alle Einträge als Count (Addition aller Einträge) zurück und zeigt die Zahl nachher auf unseren Portalseiten an.

Die letzte statische Methode `getCounterDate()` fragt nach den Parametern *Day*, *Month* und *Year* alle Daten, die daraufhin gefunden werden, ab. Hier wird anhand der übergebenen Parameter eine Where-Klausel generiert und an die Selectabfrage übergeben. Anschließend geben wir alle Daten in ein Array , welches im CMS speziell verarbeitet wird, um die relevanten Daten für unsere Analyse anzuzeigen. Wie dies genau geschieht werde ich im Abschnitt CMS erläutern.

11.2 Einbinden des Counters ins Projekt

Um nun alle Besucherdaten abzufangen und diese zu speichern, benötigen wir in der global.php den Aufruf der Methode `Counter::setCounter()`. Der Aufruf unseres Counters erfolgt durch die statische Methode `getCounterAll()` recht einfach ebenfalls in der global.php mit `$tpl->userCount = Counter::setCounterAll();`.

Nun brauchen wir nur noch die damit erstellte Templatevariable userCount in unsere Seiten einzubinden und bekommen die Anzahl aller Besucher angezeigt. Da der Abruf der Besucheranzahl in der globalen Datei erfolgt, haben wir die Möglichkeit die Zahl entweder auf ausgesuchten XSL-Seiten anzuzeigen, oder aber direkt in der index.xsl, also für das gesamte Portal.

Hier erfolgt die Anzeige in der index.xsl mit:

```
<div align="right">
        <strong>Sie sind Besucher
        <xsl:text> </xsl:text>
        <xsl:value-of select="root/userCount" />
        <xsl:text> </xsl:text>
        dieses Mitmachportals</strong>
</div>
```

11.3 MySQL Tabelle 'counter'

Zu guten Letzt und, damit der Counter auch tatsächlich funktioniert, benötigen wir natürlich noch eine Datenbanktabelle die die Daten, welche von setCounter() abgefangen werden, aufnimmt. Erstellen Sie also eine Tabelle in Ihrer Datenbankumgebung mit Namen 'counter', die zehn Felder aufweisen muss.

Folgende Feldnamen und Attribute werden gesetzt:

id	INT(11), AutoIncrement,PrimaryKey
datetime	VARCHAR(255)
user_ip	VARCHAR(255)
user_host	VARCHAR(255)
referer	VARCHAR(255)
host	VARCHAR(255)
document_root	VARCHAR(255)
port	VARCHAR(255)
site	VARCHAR(255)
session_id	VARCHAR(255)

Das wars dann auch schon, unser Counter ist nun einsatzbereit und wird alle Daten speichern und wiedergeben. Das spezielle Abfragen der Methoden für Tag, Monat und Jahr werde ich im Abschnitt für das CMS beschreiben. Hier erfolgen die Zugriffe auf die Methoden etwas anders, da wir dort mit Arrays arbeiten, die speziell aufgelöst werden. um genauere Ergebnissanalysen vorzunehmen.

12 User Anmeldung

Das Kapitel 'User Anmeldung' ist der wohl wichtigste und auch vom Dateiaufkommen einer der größten Abschnitte in unserem Projekt. Der wichtigste deshalb, weil wir die User brauchen, um den Wiki zum Leben zu erwecken und mit Daten zu füllen. Einer der größten, weil hier eine ganze Menge zu bedenken ist und auf div. Fehler entsprechend reagiert werden muss, was eine Menge an Dateien erfordert. Wir benötigen hier neben der Speicherung der Userdaten, zum einen eine Prüfung auf doppelte Einträge des Usernamens (dies wollen wir ja unterbinden) und zum anderen die Möglichkeit, dass der User schnell und unkompliziert testen kann, ob sein Username bereits vorhanden ist. Des Weiteren möchten wir mit einer Registrierungsmail Einträge von Usern abfangen die sich (böse Zungen behaupten, das wird gemacht) für andere ausgeben. Es kommen hier also eine Menge Dateien zustande, die all dies bewerkstelligen werden.

12.1 Passwortsicherheit und Datenschutz

Bevor wir mit dem Anmeldebereich für die User beginnen, möchte ich ein äußerst wichtiges Thema ansprechen, nämlich die Speicherung der uns anvertrauten Daten und die Sicherheit von Passwörtern. Es wird viel geredet über Passwörter und deren Sicherheit, somit auch die Sicherheit der eigenen eingegebenen Daten, bei diversen Portalen.

Leider gibt es immer wieder Menschen, die teils aus Profilierungssucht, teils aus Lust am Verbotenen und teils mit kriminellem Hintergrund versuchen, Netzwerke zu knacken oder in Accounts ihnen nicht bekannter Menschen einzudringen und mal mehr, mal weniger Schaden anzurichten. Hilfe bekommen Sie teilweise durch Softwaretools, die von ebensolchen Menschen erdacht werden und mit denen sich z.B. Passwörter über unsichere Eingabemasken ganz leicht auslesen lassen. So genannte Brutforce-Attacken, die mit Hilfe von Wörterbüchern (Rainbowtables) jedes Landes ein Passwort innerhalb kürzester Zeit knacken können, passieren im Internet sekündlich. Hierbei wird einfach jedes Wort aus dem Wörterbuch mit möglichen Usernamen in Kombination an das Submitscript geschickt. Dies kann innerhalb weniger Minuten mehrere tausendmal passieren, je nachdem, wie schnell der Server mitarbeitet. Im nächsten Schritt werden Buchstaben, Zahlen und Sonderzeichenkombinationen in unterschiedlicher Anzahl zusammengesetzt und mit der gleichen

Methode getestet. Da diese Attacken automatisch passieren, muss nicht mal jemand daneben sitzen, um das Ergebnis abzuwarten. Gleichzeitig können von einem Rechner aus auch gut mehrere solcher Attacken gefahren werden. Und glauben Sie mir, auch in einem Portal, wo Sie sich vielleicht angemeldet haben, ist solch eine Attacke bereits passiert oder läuft gerade.

Allerdings kann man es den Hackern so schwer wie nur möglich machen ihr Wirken erfolgreich zu gestalten, in dem man auf bestimmte Kriterien Wert legt, die höchste Sicherheit gewährleisten. Eins dieser Kriterien ist, relativ sichere Passwörter zu nutzen und darauf zu achten, diese nicht im Reintext in der Datenbank zu speichern. Führen wir uns dafür als erstes einmal folgende Zahlen vor Augen, die verdeutlichen, warum Passwörter sicher sein sollten:

Passwörter die nur aus Zahlen (1-9) bestehen und 1 Zeichen lang sind werden nach max. 10 Versuchen geknackt. Nimmt man hingegen 5 Zeichen und legt die Formel Lösungsversuche = Zeichenvorrat hoch Passwortlänge zu Grunde, summieren sich die Lösungsversuche auf 5 hoch 9 also 1.953.125 Versuche. Kombiniert man die Zahlen mit den Kleinbuchstaben des Alphabets schlagen 26 hoch 9 also 5.429.503.678.976 Versuche zu Buche. Gehen wir davon aus, das moderne Maschinen 30 Mio. Passwörter in der Sekunde testen können, brauchen sie hier schon 180.983,45 Sek. also knapp 8 Jahre. Versehen wir die Buchstaben-, Zahlenkombination noch mit Sonderzeichen, erhöhen also den Zeichenvorrat auf 82 Zeichen, so braucht es schon ca. 5,3 Mrd. Jahre zu Knacken. Diese Werte sind natürlich relativ und gehen davon aus, dass die letzte Kombination die richtige ist. Viele Passwörter aus dem Umfeld eines Users sind teilweise so einfach, das dass Knacken innerhalb weniger Minuten passieren kann. Eine sogenannte detaillierte *Social Engineering* (Recherche im Umfeld des Users) ist hierbei Voraussetzung.

Viele User sind natürlich durch in die Öffentlichkeit gelangende erfolgreiche Hacks verunsichert und meiden Anmeldungen bei Portalen, die zu viele persönliche Daten abfordern. Besonders schlimm ist das für Onlineshops, die von Kunden leben die nur bestellen können wenn diese ihre Daten beim Shopbetreiber hinerlegen. Mögliche Umsatzeinbußen, ja sogar Insolvenzen können mit dem schwindenden Vertrauen der Kunden einhergehen. Sie sehen, dass Sicherheit im Internet doch weit reichender ist, als man es zuerst vermuten mag. Von daher sollten wir uns sowie auch unsere Besucher genau hierfür sensibilisieren.

Natürlich muss man bei diesem Thema immer auch in Betracht ziehen, dass eine Notwendigkeit zur Datensicherheit angebracht ist. Ein Portal wo sich jeder nur mit Usernamen und Passwort anmelden muss, um vielleicht die aktuelle Wetterkarte lesen zu können, braucht nicht unbedingt einen so hohen Sicherheitsstandard wie z.B. eine Bank. Aber auch kleine geschützte Portale können, wenn Sie es den Angreifern fast unmöglich machen dort einzudringen, diesen die Lust daran verlieren lassen, es weiter zu versuchen. Dass es aber in diesem Bereich relativ einfach ist, eine 99%tige Sicherheit zu erlangen (das eine Prozent sind z.B. Datenweitergabe durch interne Mitarbeiter), ist es oft nur durch Unkenntnis der Entwickler zu erklären, warum es immer noch unsichere Portale gibt. Nun ja, wir werden versuchen, dies anders zu machen und von vorn herein auf Sicherheit setzen.

Als erstes möchte ich Sie darauf einschwören, beim Erstellen von Eingabemasken gewisse Punkte zum Thema Sicherheit zu beachten. An allererster Stelle steht hierbei, vor Speicherung der übergebenen Daten, schädlichen Code aus der Eingabe zu entfernen. Hiermit wird ein Ausführen solcher ,Software' bei Abruf der Eingaben aus der Datenbank vermieden.

Da Sie ihre Inputfelder nicht direkt schützen können, dies würde nur mit Hilfe von JavaScript gehen, was man aber in allen gängigen Browsern abschalten kann, gibt es von PHP die Funktion ,strip_tags', die alle übergebenen Daten von ausnahmslos allen HTML-Tags säubert. Dies verhindert dass sich z.B. Code wie <srcipt>...gefährliches Programm...</script> in die Datenbank.

Als nächstes gilt es, so genannte Bots, die nichts anderes machen, als automatisch immer wieder etwas in Ihre Eingabefelder zu schreiben und diese dann zu senden, daran zu hindern, Spam o.ä. einzuschleusen. Dies ist schon etwas schwieriger, es gibt hierfür keine PHP-Funktion, aber ist durch zwei relativ einfache Maßnahmen durchaus umsetzbar.

Als erstes erstellen wir ein Hiddenfeld, das nicht direkt, also durch einen User, da dieser es nicht sieht, beschrieben werden kann. Bots schreiben auch hier hinein, was wir natürlich abfangen. Als zweites geben wir ein normales Textfeld mit, welches per style="discription:none;" ebenfalls für einen normalen Menschen nicht sichtbar ist. Sollten nun beide Felder bei einer Überprüfung beschrieben sein, so können wir davon ausgehen, dass hier ein Bot am Werke war, und diese Eingaben einfach ausklammern. Als dritter Punkt können wir die Anzahl von z.B. möglichen Login Versuchen auf eine niedrige Zahl einstellen, wenn diese Versuche die gleiche IP aufweisen, um zu verhindern, dass die Bots unkontrolliert oft ihre Versuche starten. Eine andere Möglichkeit wäre, per Header innerhalb des Submitscriptes auf eine Unterseite weiterzuleiten, die einen fehlerhaften Eingabeversuch anzeigt. Hier müsste ein Bot permanent die Seite wechseln, um neue Versuche zu starten und das kann er (noch) nicht.

Der nächste Schritt ist, bei der Anforderung eines Passwortes gewisse Standards vorzugeben. Zum Beispiel sollte das Passwort immer aus min. 8 Zeichen bestehen und von Groß- Kleinbuchstaben, Zahlen und Sonderzeichen gleichermaßen bunt durcheinander gewürfelt sein. Auch hier gibt es Möglichkeiten, dies abzufragen und unsichere Passwörter von vornherein auszuklammern.

Hier allerdings müssen wir auch an die Usability (Bedienbarkeit) denken. Nicht jeder User ist gewillt, sich ein z.B. 8-stelliges Passwort aus Buchstaben, Sonderzeichen und Zahlen zu merken, sondern möchte auf seine alteingesessenen Passwörter nicht verzichten. Hier stehen wir als Betreiber eines Portals allerdings am Scheideweg. Geben wir dem User nach und ermöglichen es, dass sein Account relativ leicht gehackt werden kann, oder setzen wir konsequent auf Sicherheit und vergraulen dadurch die ‚einfachen' User.

Durch diverse Diskussionen innerhalb meines Betriebes waren auch wir vor diese Frage gestellt und sind nach langem Abwägen dazu übergegangen, dem User freizustellen, was er für Passwörter nutzt, allerdings mit dem Hinweis, dass wir keine Gewährleistung übernehmen, wenn seine Daten gestohlen werden. Letztendlich wird ja auch nur sein Account gehackt und der Server oder die Datenbank an sich bleibt unangetastet, unsere Passwörter entsprechen ja den höchsten Standards. Eventuelle böswillige Eingaben, die sich hieraus ergeben, klammern wir ja wie oben beschrieben, bereits im voraus aus, so dass zumindest uns als Betreiber kein weiterer Schaden entsteht.

Hier, in unserem Projekt, möchte ich diese Sicherheitsvorgaben allerdings zwingend einbauen, allein um Ihnen zu zeigen, wie solche Maßnahmen umgesetzt werden.

Hier gehen wir dann auch wirklich ans Eingemachte und geben den gespeicherten Passwörtern die eingangs erwähnte 99%tige Sicherheit. Wir verhindern damit, dass Directory-Attacken (Wörterbuchattacken) oder Brutforce-Attacken mit sogenannten Rainbow-Tables (Listen die die häufigsten Passwort-Hashes), enthalten, Erfolge versprechen.

Wir werden uns eine eigene Hash-Methode erstellen, die einen 24 stelligen, aus 120 ASCII Zeichen generierten Code (ich nenne ihn in Zukunft ‚Salt') erzeugt, hasht, diesen mit dem übergebenen Passwort, auch gehasht, per Punktoperator zusammenführt und durch md5 nochmals gehasht in der Datenbank speichert. Gleichzeitig legen wir den Salt, zum Prüfen des späteren Logins ebenfalls gehasht in der Datenbank mit ab. Das eigentliche Passwort wird nicht, wie anderswo üblich, gehasht oder gar in Reintext in der Datenbank zu finden sein.

Vielleicht werden Sie jetzt einwenden, dass die ersten Maßnahmen gepaart mit einem sicheren Passwort doch ausreichen, um eine relativ hohe Sicherheit zu gewährleisten. In gewisser Weise haben Sie Recht, doch hier werfe ich ein, dass einmal programmiert diese Methode für zusätzliche Sicherheit sorgen kann, wenn sie benötigt wird. Des Weiteren ist es nahezu unmöglich, diese so gespeicherten Passwörter (auch unsichere) direkt auszulesen da auch immer der Salt sowie die dreifache Hashmethode benötigt wird.

Als letzten Punkt werden wir auf böswillige Anmeldeversuche von Leuten die vorgeben, jemand anders zu sein, reagieren und die Anmeldung erst durch einen Bestätigungscode, der aus einer RegMail, die wir an den User schicken, zurückkommt, korrekt abschließen. Somit können wir sicher sein, dass derjenige, der sich anmeldet, auch tatsächlich derjenige ist, für den er sich ausgibt.

Damit auch die Daten der User innerhalb der Datenbank sicher vor böswilligem Auslesen von außerhalb sind, nutzen Sie bitte für die Datenbank ein Passwort welches den bereits erwähnten Standards entspricht. Weiterhin können Sie von Zeit zu Zeit das Datenbankpasswort ändern, was eine zusätzliche Sicherheit garantiert. Machen wir es den bösen Menschen, die uns und anderen aus Spaß oder Geltungszwang schaden wollen, so schwer wie nur möglich, dieses Vorhaben in die Tat umzusetzen. Nutzen Sie bei weiteren Projekten immer die aufgeführten Tipps und der Erfolg wird sich einstellen, wenn Ihr Portal niemals erfolgreich gehackt wird.

12.2 Rmail

Rmail ist ein Workframe, welches frei im Internet zu beziehen ist und dem Nutzer die Möglichkeit gibt, Emails komfortabel per SMTP zu senden. Ich nutze Rmail, da es hiermit auch möglich ist, was Sie später sehen werden, Templates anzusprechen, die die Maildaten als XML aufnehmen und beim Versand über einen XSL-Container reines HTML parsen und weiterleiten. Gleichzeitig, wenn der Empfänger keine HTML Mails anzeigen lassen will, können diese Templates auch reinen Text der Mail mitgeben, also auf beide Umstände gleichermaßen reagieren. Unter http://www.phpguru.org/downloads/Rmail/ finden Sie alles, was Sie über Rmail wissen müssen.

Wir legen das Workframe auf unserem Server in einen eigenen Ordner ‚Rmail' im Wurzelverzeichnis ‚Wiki' ab. Wie wir nachher mit Rmail arbeiten, sehen Sie dann in den Klassen, wo wir Methoden zum Senden von Emails erstellen

12.3 Klasse class.User.php

Erstellen wir als erstes unsere Klasse für die Userdaten. Die Klasse wird neben den in der Klasse Texte bereits programmierten üblichen Methoden (Getter, Setter, Load, Remove usw.) die bereits erwähnte Salt-Methode zum Hashen des Passwortes enthalten sowie eine Methoden, die eine Registrierungsmail sendet. Schauen wir uns zuerst einmal den Quelltext der Klasse an.

Der Quelltext der Datei *class.User.php*

```php
class User {
    private $firstname;
    private $lastname;
    private $usename;
    private $email;
    private $salt;
    private $passwordHash;
    private $registered;
    private $status;
    public function __construct($id = NULL) { // Konstruktor
        if($id === NULL) {
            return;
        }
        $this->setId($id);
    }
    // Getter / Settermethoden
    public function setId($id) {
        $this->id = $id;
    }
    public function getId() {
        return $this->id;
    }
    public function setFirstname($firstname) {
            $this->firstname = $firstname;
        }
    public function getFirstname() {
        return $this->firstname;
    }
    public function setLastname($lastname) {
        $this->lastname = $lastname;
    }
    public function getLastname() {
        return $this->lastname;
    }
    public function setUsername($username) {
        $this->username = $username;
    }
    public function getUsername() {
        return $this->username;
    }
```

```php
public function setEmail($email) {
    $this->email = $email;
}
public function getEmail() {
    return $this->email;
}
public function setPasswordHash($passwordHash) {
    $this->passwordHash = $passwordHash;
}
public function getPasswordHash() {
    return $this->passwordHash;
}
public function setRegistered($registered) {
    $this->registered = $registered;
}
public function getRegistered() {
    return $this->registered;
}
public function setStatus($status) {
    $this->status = $status;
}
public function getStatus() {
    return $this->status;
}
// Setzen des 24 Zeichen Salt
public function setSalt() {
    $array = array();
    $salt = '';
    for($i=33;$i<125;$i++)  {
        if(preg_match("/^[\n\ra-z0-9A-ZÄÜÖäüöß@?!]+$/", chr($i))) {
            $array[] = chr($i);
        }
    }
    $c = count($array);
    for ($i=0; $i<=24; $i++) {
        $rnd = mt_rand(1, $c);
        $salt.= $array[$rnd];
    }
    return $salt;
}
// Eintrag vornehmen
public function touch() {
    $qry = "INSERT INTO user (id) VALUES ('new')";
    DBMember::query($qry);
    $this->setId(DBMember::insertId());
}
// UPDATE anhand letzter ID aus touch
public function store() {
    if($this->getId() == NULL) {
        $this->touch();
    }
```

```php
        $salt = $this->setSalt();
        $qry = "UPDATE
                        user
                    SET
                        firstname = '" . $this->getFirstname() . "',
                        lastname = '" . $this->getLastname() . "',
                        email = '" . $this->getEmail() . "',
                        username = '" . $this->getUsername() . "',
                        salt = '" . md5($salt) . "',
                        password_hash='".
                        md5(md5($salt).md5($this->getPasswordHash())) . "',
                        password_time = '" . $this->getPasswordTime() . "',
                        registered= '" . $this->getRegistered() . "',
                        status= '1'
                WHERE
                        id  = '" . $this->getId() . "'
            ";
        DBMember::query($qry);
    }
    // User löschen
    public function remove() {
        $qry = "DELETE FROM user WHERE id = '" .
        $this->getId() . "'";
        DBMember::query($qry);
    }
    // Einzelnen User aufrufen
    public function load() {
        $qry = "SELECT
                        firstname,
                        lastname,
                        username,
                        email
                        salt
                        registered,
                        status
                    FROM
                        user
                    WHERE
                        id = '" . $this->getId() . "'
            ";
        $res = DBMember::query($qry);
        $row = DBMember::fetchArray($res);
        $this->setFirstname($row["firstname"]);
        $this->setLastname($row["lastname"]);
        $this->setUsername($row["username"]);
        $this->setEmail($row["email"]);
        $this->setSalt($row["salt"]);
        $this->setRegistered($row["registered"]);
        $this->setStatus($row["status"]);
    }
    // Schreibe alles in ein Array
```

```php
public function toArray() {
    return array(
            "firstname" => $this->getFirtsname(),
            "lastname" => $this->getLastname(),
            "username" => $this->getUsername(),
            "email" => $this->getEmail(),
            "salt" => $this->getSalt(),
            "registered" => $this->getRegistered(),
            "status" => $this->getStatus()
    );
}
// Anmeldemail senden
public function send () {
        $tpl = array(
        "html" => new Template("../../mail/xsl/mail.register.xsl"),
        "text" => new Template("../../mail/xsl/mail.register.xsl")
        );
        foreach($tpl as $key => &$var) {
        $var->mailtype = $key;
        $_SESSION["site"]["texte"] = "mail.register";
        require_once($_SERVER["DOCUMENT_ROOT"] . "/global.php");
        $var->firstname = $this->getFirstname();
        $var->lastname = $this->getLastname();
        $var->email = $this->getEmail();
        $text = Texte::getTexte("mail.register");
        foreach($text as $key => $val) {
        $var->$val["vakanz"] = $val["text"];
        }
        $var->regLink = "<a href=\"http://wiki.mmdf.de/index.php?
                                action=register/mail/ok&#38;
                                username=".$this->getUsername()."\">
                                Anmeldung abschließen
                        </a>";
        }
        require_once($_SERVER["DOCUMENT_ROOT"] . "/Rmail/Rmail.php");
        $mail = new Rmail();
        $mail->setFrom($this->getEmail());
        $mail->setSubject('Deine Anmeldung bei Buchprojekt - Wiki');
        $mail->setPriority('high');
        $mail->setTextCharset('utf-8');
        $mail->setText($tpl["text"]->out("str"));
        $mail->setHTML($tpl["html"]->out("str"));
        $mail->send(array($this->getEmail()));
}
// Status erhält 1 wenn der Link aus der Regmail geklickt wurde
public function setRegisterStatus() {
$qry = "UPDATE user SET status = '1' WHERE username = '" .
            $this->getUsername() . "'";
    DBMember::query($qry);
}
public static function checkUsername($username) { // Prüfe Usernamen
```

```php
$qry = "SELECT
                username
            FROM
                user
            WHERE
                username = '" . $username .
            "'";
$row = DBMember($qry);
if(!empty($row["username"])) {
    return true;
} else {
    return false;
}
}
// Prüfe und entferne nicht abgeschlossene Anmeldungen
public static function clearUser() {
    $currentDate = date("Y-m-d");
    $qry = "SELECT registered, status FROM user";
    $res = DBMember::query($qry);
    while($row = DBMember::fetchArray($res)) {

    }
}
//  Rufe alle User ab
public static function gather() {
    $result = array();
    $qry = "SELECT
                        id,
                        firstname,
                        lastname,
                        username,
                        email,
                        registered,
                        status
            FROM
                        user
    ";
    $res = DBMember($qry);
    while($row = DBMember($res)) {
        $result[] = array(
            "id" => $row["id"],
            "firstname" => $row["fistname"],
            "lastname" => $row["lastname"],
            "email" => $row["email"],
            "registered" => $row["registered"],
            "status" => $row["status"]
            );
    }
        return $result;
    }
}
```

```php
public static function giveUserId() {
    $qry = "SELECT
                    id,
                    username
            FROM
                user
            WHERE
                username = '" . $_SESSION["user"]["username"] . "'";
    $res = DBMember::query($qry);
    $row = DBMember::fetchArray($res);
    return $row["id"];
}
```

Diese Klasse baut sich wie folgt auf:

Im ersten Teil bis zum Konstruktor setzen wir die Membervariablen für die Getter-methoden. Der Konstruktor übernimmt eine ID und fragt diese im ersten Schritt auf Vorhandensein ab. Falls die ID nicht von außen übergeben wurde, wird sie gesetzt. Gleichzeitig verweist der Konstruktor auf die Load-Methode, was uns erspart, nachher von außen diese extra anzusprechen. Der Vorteil dieser Maßnahme wird später im CMS deutlich werden.

Der nächste Teil beinhaltet die Getter- und Setter-Methoden die wir von außen nach Erstellen eines Objektes der Klasse mit der Objektvariable ansprechen können.

Es folgen die üblichen Methoden zur Abfrage oder Manipulation der Datenbankeinträge, sowie die Methode `toArray()` die uns einzelne Einträge als Array zurückgibt. Dazwischen haben wir noch die eingehend erläuterte Salt-Methode, die uns der 24-stellige Code zur oben besprochenen Passwortsicherheit erstellt. Auf diese Methode werde ich gleich noch genauer eingehen.

Die Methode `sendRegisterMail()` benötigen wir, um dem User eine Email zu senden damit dieser seine Anmeldung abschließen kann. Hierfür nutzen wir bei der Rückgabe aus der Mail die Methode `setRegisterStatus()`. Der Vorteil oder besser gesagt der Hintergedanke ist, dass auch wirklich nur der User sich anmelden kann, der seine korrekte Email-Addy angibt. Wir schließen damit Anmeldungen aus, die durch User erfolgen, die schlichtweg andere Namen nutzen wollen, um sich bei uns zu registrieren.

Die statische Methode `clearUser()` die wir in der `global.php` permanent aufrufen, benötigen wir, um solche Einträge nach einer gewissen Zeit aus unserer Datenbank zu entfernen. Sie prüft bei jedem Aufruf unseres Portals, ob eine Registrierung abgeschlossen wurde, und entfernt Einträge, die nicht den Status haben. Hierbei liest die Methode das Registrierungsdatum aus und vergleicht es mit dem aktuellen Datum.

Ist der Wert aktuelles Datum um 48 Stunden höher als das Registrierungsdatum und der Status *0*, werden alle Anmeldungen gelöscht.

Eine weitere statische Methode `checkUsername()` benötigen wir im Anmeldescript zum Prüfen, ob ein Username bereits vorhanden ist. Wir werden damit verhindern, dass Usernamen doppelt vergeben werden. Diese Methode werden wir in besagtem Script einmal bei der Eingabe durch den User per JavaScript und einmal beim Absenden der Eingaben, falls der User kein JS aktiviert hat, nutzen.

Alle genannten Methoden sind selbsterklärend, da sie nichts anderes als Datenbankeinträge auszulesen und gegebenenfalls Prüfungen mit von uns gesetzten Vorgaben machen. Lediglich die Methode `setSalt()` möchte ich hier näher erklären, um Ihnen die Arbeitsweise genau zu erläutern, sowie die Methode `sendRegisterMail()` da hier eine externe, nicht von mir erstellte Methode zum Senden von Emails genutzt wird. Ein Salt bezeichnet in der Kryptographie eine zufällig gewählte Zeichenfolge, die mehrere Stellen lang sein kann um die Entropie der Eingabe z.B. eines Passwortes zu erhöhen. Der daraus resultierende Hashwert erhöht die Potenz bei der Rückberechnung um ein Vielfaches. Je länger also der Salt, desto mehr mögliche Varianten für eventuelle Brut Force-Attacken entstehen. Auch gibt es für selbst generierte Saltvarianten keine Rainbowtables, die solche Muster enthalten und aktiv für Attacken genutzt werden können.

Unsere Methode, beschreibt als erstes ein Array mit den ACSII-Zeichen ab Code 33 bis 125. Gleichzeitig werden alle Zeichen per `preg_match()` ausgeklammert, die von einer MySQL-Datenbank mit einer fehlerhaften Anfrage zum Speichern abgelehnt werden.

```php
for($i=33;$i<125;$i++)  {
    if(preg_match("/^[\n\ra-z0-9A-ZÄÜÖäüöß@?!]+$/", chr($i))) {
        $array[] = chr($i);
    }
}
```

Im nächsten Schritt schreibt die Methode mit Hilfe der PHP-Funktion `mt_rand()` genau 24 mal ein zufällig ausgewähltes Zeichen aus diesem Array in eine Zeichenkette. Der Punktoperator sorgt dafür, dass eine Zeichenkette entsteht und die Variable , in diesem Fall `$salt`, nicht jedesmal überschrieben wird. Return gibt die Zeichenkette zurück.

```php
$c = count($array);
for ($i=0; $i<=24; $i++) {
    $rnd = mt_rand(1, $c);
    $salt.= $array[$rnd];
}
```

```
return $salt;
```

In der Methode `store()` nutzen wir nun den Saltcode zum Hashen des Passwortes bei der Anmeldung von Usern unseres Portals.

Die Methode `send()` sendet, wie der Name vermuten lässt, eine Email an den User, mit der er seine Anmeldung abschließen kann. Hierfür nutzen wir das frei im Internet erhältliche Framework *Rmail*. Denken Sie an meinen eingangs erwähnten Satz, dass wir für bestimmte Aufgaben ruhig fertige Tools nutzen können und nicht ständig versuchen müssen, das Rad neu zu erfinden. Dies ist hier der Fall. Allerdings werde ich hier nicht näher auf die Arbeitsweise oder Programmierung des Frameworks eingehen, möchte aber den Code unserer Methode näher erläutern.

Ich schreibe als erstes ein Array, welchem ich je einen Schlüssel für *html* und einen für ‚*text*' mitgebe und für jeden Schlüssel das selbe Template als Parameter anhänge. Als nächstes löse ich das Array per Foreach wieder auf und übergebe den einzelnen Schlüßeln (html/text) die Werte zur Anzeige innerhalb des Templates. Diese zwei erzeugten Arrays übergebe ich nach dem Instantiieren eines Objektes der Klasse Rmail an deren Methoden `setHtml($tpl["html"]->out("str"))` und `setText($tpl["text"]->out("str"))`. Ein Platzhalter ‚*mailtype*' sorgt für den richtigen Parameter, den ich in der XSL-Datei nutze, um abzufragen, an welche Rmail-Methode im Template übergeben werden soll. Die Methode `send(array($this->getEmail()));` verschickt nun im letzten Schritt die `mail.register.xsl` an den User.

Die letzte statische Methode `giveUserId()` liest anhand des Usernamens aus der Session-Variable dessen Id aus der Datenbank aus.

12.4 Datei index.register.js

Hier treffen wir das erste Mal auf eine JavaScript Datei.

Diese Datei ist, nicht wie die folgende, selbst erstellt und soll unseren Besuchern einige komfortable Annehmlichkeiten anbieten. Zum einen gibt es eine Funktion, die den Usernamen, den der Besucher eingibt, durch einen Mouseovereffekt über dem Fragezeichenbutton ganz bequem in der Datenbank auf Vorhandensein überprüft. Zum anderen wird eine Formularprüfung während der Laufzeit, also beim Klicken des Sendenbuttons, durchgeführt und weist den Besucher darauf hin, wenn einige Pflichtfelder nicht ausgefüllt sind oder die Eingabe nicht das passende Format hat. Der Vorteil dieser Art der Prüfungen (mit JavaScript) ist dann sinnvoll, wenn man vermeiden möchte, dass der Besucher durch Fehleingaben, die per PHP auf Unterseiten verarbeitet werden, sich permanent durch diverse Seiten hangeln muss, um seine Fehler wieder auzubügeln. Allerdings birgt dies auch den Nachteil, dass, wenn z.B. JavaScript im Browser ausgeschaltet ist, das Ganze nicht funktioniert. Hier könnte man natürlich alternativ noch eine PHP-Verarbeitung einbauen, was aber nicht unbedingt nötig ist, wenn man seine Besucher dazu zwingt, JavaScript zu aktivieren. Ich mache dies auf einigen meiner Portale damit, dass ich per JS auslese, ob der Besucher dasselbe aktiviert hat oder nicht. Bei fehlender Aktivierung weisse ich den Besucher dezent darauf hin, dass er doch um den vollen Umfang des jeweiligen Portals nutzen zu können, sein JS aktivieren möchte. Gleichzeitig blende ich alle Submitbutton aus, so dass gar nicht erst der Fall eintritt, Daten in meiner DB abgelegt zu bekommen, die ich so nicht haben möchte.

Jetzt werden Sie sicherlich einwenden, dass man solche Maßnahmen jederzeit mit den richtigen Browsertools umgehen kann. Da stimme ich Ihnen zu.Für diesen Fall und wenn ich denke, dass dies von Nöten ist, würde die erwähnte PHP-Überprüfung zum Einsatz kommen, die dann in einer Submitdatei stattfindet. Diese Vorgehensweise mag im ersten Moment als unsauber gelten, allerdings denke ich, wenn jemand mein meist kostenloses Angebot nutzen möchte, welche dann auch noch absolut werbefrei ist, also aus eigener Tasche finanziert wird, er sich doch bitte auch an meine Vorgaben zu halten hat. Hier jedenfalls benötigen wir solch rigorose Maßnahmen nicht, da Sie als Leser und Teilnehmer des Workshops auch die JS-Dateien programmieren und zum Einsatz bringen müssen, wenn Sie den Workshop in vollem Umfang mitmachen möchten.

Die Prüfung des Usernamens findet mittels AJAX REQUEST statt und wird durch das Framework *Prototyp* gehändelt. Hierbei lesen wir als erstes das Formularfeld *username* aus und geben diesen Parameter an die Datei index.register.usercheck.php weiter. Die Datei ruft ihrerseits eine Funktion aus der Klasse User auf, die die Prüfung im Hintergrund vornimmt und der JS-Funktion als Antwortparameter entweder true oder false zurückgibt. Die Funktion f handelt dann anhand der Übergabe, welche Box, die wir im Abschnitt index.xsl noch kennen lernen werden, auf der Site angezeigt wird. Damit der Mouseovereffekt funktioniert, benötigen wir noch eine Funktion updateWMTT(), die permanent die aktuelle Mauseposition ausliest und an die Funktion userCheck() abgibt, damit diese weiß, wo sie die Boxen platzieren muss.

Die Funktion closeBox() ist für die Schließenbuttons innerhalb der Hinweisboxen gedacht und setzt die Style-Parameter für Description wieder auf *none*.

Die Funktion formTest() prüft die Usereingaben im Formular auf das vorhanden sein von Text, oder der richtigen Formatierung der Eingabe (Email Adresse).

Der Quelltext der Datei *index.register.js*

```
document.onmousemove = updateWMTT;
var wmtt = null;
function updateWMTT(e) {
    if (wmtt != null) {
    x = (document.all) ? window.event.x + wmtt.offsetParent.scrollLeft : e.pageX;
    y = (document.all) ? window.event.y + wmtt.offsetParent.scrollTop  : e.pageY;
    wmtt.style.left = (x + 20) + "px";
    wmtt.style.top   = (y + 20) + "px";
     }
}
function userCheck() { // Prüfung ob Username bereits in DB vorhanden ist
    var user = document.getElementById("bright").value;
    var myAjax = new
    Ajax.Request("/ajax/portal/index.register.usercheck.php",{
        method: 'post', parameters: 'username=' + user, onComplete:
        function f(response) {
            if(response.responseText == "true") {
                document.getElementById("notok").style.display = "none";
                wmtt = document.getElementById("ok");
                wmtt.style.display = "Block";
            } else {
            document.getElementById("ok").style.display = "none";
                wmtt = document.getElementById("notok");
                wmtt.style.display = "Block";
            }
        }
    });
}
function closeBox() {
    document.getElementById('ok').style.display = "none";
    document.getElementById('notok').style.display = "none";
    document.getElementById('formtest').style.display = "none";
}
function formTest() { // Prüft Registerformular auf bestimmte Vorgaben
    var email = window.document.register.email.value;
    var pass = window.document.register.password.value;
    var lastname = window.document.register.lastname.value;
    var username = window.document.register.username.value;
    var text = null;
    if(lastname == "") {
        text = "Den Nachnamen bitte eintragen!";
        alertBox(text);
        return false;
    }
    if(username == "")
    {
        text = "Den Usernamen bitte eintragen!";
        alertBox(text);
        return false;
```

```javascript
    }
    if(pass == "")
    {
        text = "Das Passwort bitte eintragen!";
        alertBox(text);
        return false;
    }
    if(pass != "") {
        if(pass.length < 8) {
                text = "Passwort muss min 8 Zeichen haben";
                alertBox(text);
                return false;
        }
    }
    if(email == "") {
        text = "Die Email bitte eintragen!";
        alertBox(text);
        return false;
    } else {
        var mailtext = email.match(/\w*@\w.*\.\w\w*/);
        if(mailtext == null) {
                text = "Kein gültiges Email Format";
                alertBox(text);
                return false;
        }
    }
    function alertBox(text) {
        document.getElementById("testtext").value = text;
        document.getElementById("formtest").style.display = "Block";
    }
}
```

12.5 Datei jquery.tools.min.js

Diese Datei ist ein aus dem Internet bezogener jQuery Tool und prüft ein eingege-
benes Passwort auf seine Stärke. Die Datei jquery.tools.min.js ist die gepackte Tool-
Variante von jQuery und sollte sich zusammen mit der unkomprimierten Version
jquery.js im selben Ordner befinden. Sie stellt unter anderem die Möglichkeit zur
Verfügung, dynamische Menüs oder eben Passwortchecker in seine Projekte einzubauen, ohne JQuery komplett zu laden. Es muss also nicht zwingend die gesamte
JQuery Engine geladen werden, was eine nicht unwesentliche Verkürzung der Lade-
zeit, gerade bei älteren Browsern, zur Folge hat.

Da der Quelltext relativ unübersichtlich ist und auch nicht von mir selbst programmiert wurde, erspare ich uns hier die Anzeige des Quelltextes. Downloaden Sie die
Datei von der buchbegleitenden Seite unter Download und legen sie auf dem Server
im JS-Wurzelverzeichnis ab.

12.6 Datei passwort.check.js

Diese JavaScript-Datei ist für die Prüfung der Passwortstärke unter Mithilfe der eben aufgezeigten Datei jquery.tools.min.js und die grafische Anzeige der Passwortstärke zuständig. Sie macht eigentlich nichts anderes, als alle Eingaben zusammenzuzählen und durch einen eigenen Algorithmus die Stärke zu ermitteln. Anhand des ermittelten Wertes wird eine CSS-Klasse, die ein wesentlich längeres Hintergrundbild beinhaltet, aufgerufen und das Hintergrundbild in seiner Position versetzt. So entsteht im Browser der Eindruck, dass die sich ändernde Farbe immer neu erscheint, je nach Stärke des Passwortes. Dieses Tool gibt es frei im Internet als Download und Tutorial.

Der Quelltext der Datei *passwort.check.js*

```
var kleineZeichen = "";
var pwd1 = "";
var pwd2 = "";
var grosseZeichen = "";
var sonderZeichen = "";
var zahlen = "";
var minZeichenAnzahl = 6;
var sum = 0;
var username = "";
function anzUniqueValues(arr) {
    var anz    = 0;
    var durchlaufen_arr = new Array();
    for(var i = 0; i<arr.length; i++){
        if(!durchlaufen_arr[arr[i]]){
            anz++;
            durchlaufen_arr[arr[i]] = true;
        }
    }
    return(anz);
}
function checkPasswordsSimilar() {
    if(pwd1 == pwd2){
        return true;
    } else {
        return false;
    }
}
function checkMinLength() {
    if(minZeichenAnzahl <= pwd1.length) {
        return true;
    } else {
        return false;
    }
}
```

```
function comparePwAndUsername() {
    username = new RegExp(username, "g");
    Ergebnis = pwd1.match(username);
    if (Ergebnis) {
        return true;
    } else {
        return false;
    }
}
function numberOfCaracters(){
    sum = sum+(pwd1.length*4);
}
function uppercaseLetters(){
    var Ergebnis = pwd1.match(/[A-Z]/g);
    if (Ergebnis) {
        for(i = 0; i < Ergebnis.length; i++){
            grosseZeichen    += Ergebnis[i];
        }
        if(grosseZeichen.length) {
            sum = sum+(((pwd1.length)-(grosseZeichen.length))*2);
        }
    }
}

function lowercaseLetters(){
    var Ergebnis = pwd1.match(/[a-z]/g);
    if (Ergebnis)
    {
        for(i = 0; i < Ergebnis.length; i++)
        {
            kleineZeichen    += Ergebnis[i];
        }
        if(kleineZeichen.length)
        {
            sum = sum+(((pwd1.length)-(kleineZeichen.length))*2);
        }
    }
}
function numbers(){
    var Ergebnis = pwd1.match(/[0-9]/g);
    if (Ergebnis) {
        for(i = 0; i < Ergebnis.length; i++) {
            zahlen    += Ergebnis[i];
        }
        if(zahlen.length) {
            sum = sum+(zahlen.length*4);
        }
    }
}
function symbols(){
    var Ergebnis = pwd1.match(/[\W|Ä|Ü|Ö|ä|ü|ö]/g);
    if (Ergebnis) {
```

```
            for(i = 0; i < Ergebnis.length; i++) {
                sonderZeichen     += Ergebnis[i];
            }
            if(sonderZeichen.length) {
                sum = sum+(sonderZeichen.length*6);
            }
        }
    }
}
function requirements(){
    var i=0;
    if(kleineZeichen) i++;
    if(grosseZeichen) i++;
    if(sonderZeichen) i++;
    if(zahlen) i++;
    if(minZeichenAnzahl<= pwd1.length) i++;
    sum =   sum + (i*2);
}
function lettersOnly(){
    if((grosseZeichen.length + kleineZeichen.length)>=pwd1.length) {
        sum = sum - pwd1.length*2;
    }
}
function numbersOnly() {
    if(zahlen.length==pwd1.length){
        sum = sum - (pwd1.length*4);
    }
}
function specialOnly(){
    if(sonderZeichen.length==pwd1.length) {
        sum = sum - pwd1.length*6;
    }
}
function consecutiveLowercaseLetters() {
    var anzahl = 0;
    var Ergebnis = pwd1.match(/[a-z]{1,}/g);
    if (Ergebnis) {
        for(i = 0; i < Ergebnis.length; i++) {
            anzahl   +=       Ergebnis[i].length-1;
        }
        if(anzahl) {
            sum = sum - anzahl*2;
        }
    }
}
function consecutiveUppercaseLetters(){
    var anzahl = 0;
    var Ergebnis = pwd1.match(/[A-Z]{1,}/g);
    if (Ergebnis) {
        for(i = 0; i < Ergebnis.length; i++) {
            anzahl   += Ergebnis[i].length-1;
        }
```

```
        if(anzahl) {
            sum = sum - anzahl*2;
        }
    }
}
function consecutiveNumbers(){
    var anzahl = 0;
    var Ergebnis = pwd1.match(/[0-9]{1,}/g);
    if (Ergebnis) {
        for(i = 0; i < Ergebnis.length; i++) {
            anzahl   += Ergebnis[i].length-1;
        }
        if(anzahl) {
            sum = sum - anzahl*4;
        }
    }
}
function consecutiveSymbols(){
    var anzahl = 0;
    var Ergebnis = pwd1.match(/[\W|Ä|Ü|Ö|ä|ü|ö]{1,}/g);
    if (Ergebnis) {
        for(i = 0; i < Ergebnis.length; i++) {
            anzahl   += Ergebnis[i].length-1;
        }
        if(anzahl){
            sum = sum - anzahl*6;
        }
    }
}
function getSum(pwd, pwdwdh, user, lang) {
    kleineZeichen = "";
    pwd1 = document.getElementById(pwd).value;
    pwd2 = document.getElementById(pwd).value;
    grosseZeichen = "";
    sonderZeichen = "";
    zahlen = "";
    sum = 0;
    username = "lalamann";
    numberOfCaracters();
    uppercaseLetters();
    lowercaseLetters();
    numbers();
    symbols();
    requirements();
    lettersOnly();
    numbersOnly();
    specialOnly();
    consecutiveLowercaseLetters();
    consecutiveUppercaseLetters();
    consecutiveNumbers();
    consecutiveSymbols();
```

```javascript
var minLength = checkMinLength();
var pwAndUsername = comparePwAndUsername();
var similar = true;
var similar =      checkPasswordsSimilar();
var backgroundImage =       (sum<=99) ? sum : 99;
sprach_arr = getSprachArr(lang);
if(sum >= 80 && similar && minLength && !pwAndUsername) {
    document.getElementById('pwStatus').innerHTML = sprach_arr[3];
    document.getElementById('pwStatus').style.backgroundPosition = "-
  " + parseInt(backgroundImage * 4) + "px";
}
else if(sum >= 60 && similar && minLength && !pwAndUsername){
    document.getElementById('pwStatus').innerHTML = sprach_arr[2];
    document.getElementById('pwStatus').style.backgroundPosition = "-
  " + parseInt(backgroundImage * 4) + "px";
}
else if(sum >= 40 && similar ) {
    document.getElementById('pwStatus').innerHTML = sprach_arr[1];
    document.getElementById('pwStatus').style.backgroundPosition = "-
  " + parseInt(40 * 4) + "px";
}
else if(sum < 40) {
    document.getElementById('pwStatus').innerHTML = sprach_arr[0];
    document.getElementById('pwStatus').style.backgroundPosition = "-
  " + parseInt(backgroundImage * 4) + "px";
}
else {
    document.getElementById('pwStatus').innerHTML = sprach_arr[1];
    document.getElementById('pwStatus').style.backgroundPosition = "-
  " + parseInt(40 * 4) + "px";
}
}
function getSprachArr(lang) {
    var arr =        new Array();
    switch(lang) {
        case 'pl' : arr[3]    = "bardzo silne";
                    arr[2]    = "silny";
                    arr[1]    = "slaby";
                    arr[0]    = "bardzo slaby";
                    break;
        case 'en'    : arr[3] = "very strong";
                    arr[2] = "strong";
                    arr[1] = "weak";
                    arr[0] =  "very weak";
                    break;
        case 'fr'    : arr[3] = "très fort";
                    arr[2] = "fort";
                    arr[1] = "faible";
                    arr[0] = "très faible";
                    break;
        case 'es'    : arr[3] = "muy fuerte";
```

```
                        arr[2] = "fuerte";
                        arr[1] = "débil";
                        arr[0] = "muy débil";
                        break;
        case 'ch' : arr[3]    = "velmi silná";
                        arr[2]    = "silný";
                        arr[1]    = "slabý";
                        arr[0]    = "velmi slabá";
                        break;
        case 'hr' : arr[3]    = "vrlo jak";
                        arr[2]    = "jak";
                        arr[1]    = "slab";
                        arr[0]    = "vrlo slabo";
                        break;
        default :   arr[3] = "sehr stark";
                        arr[2] ="stark";
                        arr[1] = "schwach";
                        arr[0] = "sehr schwach";
                        break;
    }
    return(arr);
}
function passwordSubmit(lang){
    sprach_array = getSprachArr(lang);
    var status = document.getElementById('pwStatus').innerHTML;
    if(status==sprach_array[0] || status==sprach_array[1]) {
        alert(status);
        return(false);
    } else{
        return(true);
    }
}
```

12.7 Die Datei index.register.usercheck.php

Diese Datei ist unsere erste AJAX-gestützte Datei und baut auf die Funktion
`userCheck()` der Datei `index.register.js` auf. Sie übernimmt aus dieser Funktion den
Usernamen und ruft die statische Methode `checkUsername()` der Klasse *User* auf. Das
Ergebnis dieser Funktion wird ausgegeben. Die Funktion `onComplete()` nimmt per
`response` den Wert als responseText auf und gibt per If-Abfrage den für die Anzeige
der Rückgabe zuständigen Div—Containers (einen für *true*, einen für *false*), die in der
Template Datei definiert sind, mit der Übergabe von `style.display` = "Block" zur An-
zeige im Browser frei. Da es sich hier um eine AJAX-Datei handelt, somit die Über-,
Rückgabe von Parametern während der Laufzeit geschieht und ein Neuladen der

Seite durch diese Technik nicht erforderlich ist, benötigen wir hier keine Weiterleitung per header() an eine andere Datei.

```
require_once($_SERVER["DOCUMENT_ROOT"] . "/class/class.Init.php");
$check = User::checkUsername($_POST["username"]);
echo $check;
```

12.8 Überblick

Bevor wir nun zu den einzelnen Dateien kommen, die für die Datenverarbeitung und Anzeigen zuständig sind (PHP / XSL), möchte ich vorab eine kleine Grafik, die das Zusammenspiel der Dateien, und das sind eine ganze Menge, per Bild widerspiegelt. Sie erhalten dadurch einen Überblick, was und wann welche Datei abarbeitet bzw. zum Einsatz kommt.

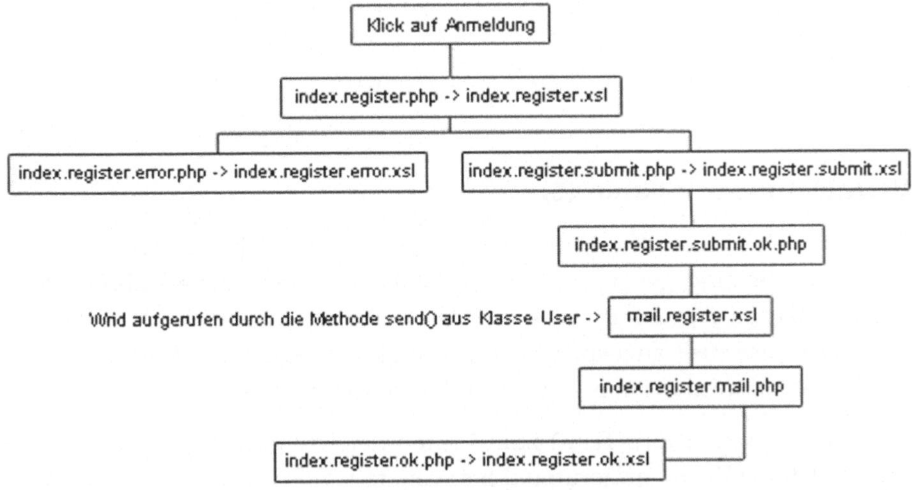

Abb 39:   Zusammenspiel aller Anmeldedateien

Nach dem Aufruf der Anmeldeseite sehen Sie die Registerdateien, die das Anmeldeformular beinhalten. Nach Ausfüllen und Klick auf Sendenbutton wird die Auswahl getroffen, ob die Eingaben in Ordnung waren oder nicht. Je nachdem was als Ergebnis dabei herauskommt, werden die jeweiligen Anzeigedateien ausgewählt. Die Datei index.register.submit.php erhält hierbei die Postdaten aus dem Formular und speichert diese in der MySQL-Tabelle. Gleichzeitig ruft sie die Methode send() aus der Klasse User auf, die wiederum eine Email an den User zurückgibt. Das Template für die Email-Datei wird anders als sonst üblich in der Klasse aufgerufen. Diese Mail enthält den Registrierungslink, der die Anmeldung abschließt. Klickt ein User nun auf diesen Link, wird die Anmeldung durch Setzen des Status auf '1' in der Tabelle User beendet und die Dateien zur Anzeige, dass die Anmeldung erfolgreich war aufgerufen. Wir haben also Elf verschiedene Dateien für die Useranmeldung. Wenn wir die JavaScript und CSS-Dateien sowie die Klasse 'User' dazuzählen sogar fünfzehn.

12.9 Datei index.register.php

Wie bei den anderen Dateien auch, hier zuerst die PHP-Datei, die das XSL-Template anspricht und die XML-Daten übergibt.

Der Quelltext der Datei *index.register.php*

```php
require_once($_SERVER["DOCUMENT_ROOT"] . "/class/class.Init.php");
$tpl = new Template("index.register.xsl");
$_SESSION["site"]["texte"] = "index.register";
require_once($_SERVER["DOCUMENT_ROOT"] . "/global.php");
$tpl->out();
```

12.10 Datei index.register.xsl

Gleiches gilt auch für die XSL-Datei. Allerdings befindet sich hier das Anmeldeformular, welches die eingegebenen Daten an die Datei index.register.submit.php weiterleitet. Wie Sie im Anschluß sehen werden, habe ich hier auch als erstes die im Kapitel *Passwortsicherheit* angesprochene Prüfung der Einträge auf Spam o.ä. eingebaut, die in der Submitdatei abgefangen und abgefragt werden.

Die JavaScript-Funktion formTest() zum Prüfen der Usereingaben wird im Submitbutton als onClick() Event aufgerufen. Eine weitere JavaScript-Funktion userCheck() zum Prüfen des eingegebenen Usernamens wird über die Grafik links neben dem Formularfeld für den *usernamen* wie bereits erwähnt per Mouseevent aufgerufen. Je drei Div-Container sind hierfür so angelegt, dass Sie bei *true* aus den If-Abfragen der jeweiligen JavaScript-Funktionen den Style Status *Block* erhalten und die Hinweise anzeigen. Bei den beiden Containern, die die jeweiligen Texte nach der Prüfung des Usernamens erhalten, werden beim Eintreten des Mouseevents die jeweiligen Mauspositionen errechnet und die Container innerhalb eines eingegrenzten Bereiches angezeigt. Siehe auch *Die Datei index.register.js.*

```xml
<div class="checkbox" id="ok" style="display:none">
    <xsl:value-of select="box_ok" />
</div>
<div class="checkbox" id="notok" style="display:none">
```

```
    <xsl:value-of select="box_not_ok" />
</div>
<div
    class="formtest"
    id="formtest"
    style="display:none"
>
<textarea
    id="testtext"
    style="border:0px;"
    class="areaWidth"
    readonly="readonly"
>
</textarea>
<p>
<input
    onclick="closeBox();return false;"
    class="button"
    value="OK"
/>
</p>
</div>
```

Innerhalb der CSS-Datei form.css sind die Containerklassen per position:absolute und z-index so angelegt, dass die Hinweiscontainer immer über den eigentlichen Inhalten des Browserfensters erscheinen.

Die Funktion closeBox() dient letztendlich für das Schließen der Hinweiscontainer ohne Senden irgenwelcher Daten.

Der Quelltext der Datei *index.register.xsl*

```
<xsl:stylesheet version="1.0"
    xmlns:xsl="http://www.w3.org/1999/XSL/Transform"
    xmlns="http://www.w3.org/1999/xhtml"
    xmlns:fn="http://www.w3.org/2005/xpath-functions"
    xmlns:php="http://php.net/xsl">

    <xsl:output
        method="xml"
        encoding="utf-8"
        indent="yes"
        doctype-system="http://www.w3.org/TR/xhtml11/DTD/xhtml11-
        transitional.dtd"
        doctype-public="-//W3C//DTD XHTML 1.0 Transitional//EN"
        omit-xml-declaration="yes"
    />
    <xsl:include href="index.xsl" />
    <xsl:template match="/root">
            <div id="main">
                <div id="main_title">
```

```
                        <h1><xsl:value-of select="title" /></h1>
          </div>
        </div>
        <div id="main">
          <div id="main_inline">
            <div align="center">
              <p><xsl:value-of select="register_reference" /></p>
            </div>
            <form method="post" action="index.php" name="register">
              <input name="bot" type="hidden" />
              <input name="ja" type="text" style="display:none" />
              <input name="action" type="hidden" value="register/submit" />
              <div align="center">
              <table>
                <tr>
                  <td></td>
                  <td width="200">
                    <xsl:value-of select="register_firstname" />
                    <br />
                    <input name="firstname" type="text" value="" />
          <div class="reference">
                        <xsl:value-of select="register_ref_opti" />


                    </div>
                  </td>
                  <td width="200">
                    <xsl:value-of select="register_lastname" /><br />
                    <input name="lastname" id="username" type="text" />
                    <div class="reference">
                      <xsl:value-of select="register_ref_duty" />
                    </div>
                  </td>
                </tr>
                <tr>
                  <td>
                    <input
                      onmouseout="closeBox(); return false;"
                      onmouseover="userCheck(); return false;"
                      type="image" src="img/portal/userChange.gif"
                      title="Usernamen pruefen"
                      class="input_image"
                    />
                  </td>
                  <div class="checkbox" id="ok" style="display:none">
                    <xsl:value-of select="box_ok" />
                  </div>
                  <div class="checkbox" id="notok" style="display:none">
                    <xsl:value-of select="box_not_ok" />
                  </div>
                  <div
                    class="formtest"
```

```
        id="formtest"
        style="display:none"
      >
      <textarea
              id="testtext"
              style="border:0px;"
              class="areaWidth"
              readonly="readonly"
      >
        </textarea>
        <p>
          <input
              onclick="closeBox();return false;"
              class="button"
              value="OK"
          />
        </p>
      </div>
      <td>
        <xsl:value-of select="register_username" /><br />
        <input name="username" id="bright" value="" />
        <div class="reference">
          <xsl:value-of select="register_ref_duty" />
        </div>
      </td>
      <td>
        <xsl:value-of select="register_password" /><br />
        <input
          name="password"
          type="password"
          onkeyup="getSum(
                      'passwd',
                      'passwd',
                      'username',
                      'de');"
          id="passwd"     />
        <div class="reference">
          <xsl:value-of select="register_ref_duty" />
        </div>
      </td>
    </tr>
    <tr>
      <td></td>
      <td>
      <em>Wie Stark ist dein Passwort -> </em>
      </td>
      <td class="reg_img">
        <div
          id="pwStatus"
          class="backgroundMoveLeftRight"
          style="background-position: 0 50%;">
```

```
                          sehr schwach
                        </div>
                      </td>
                    </tr>
                  . <tr>
                      <td></td>
                      <td>
                        <xsl:value-of select="register_email" /><br />
                        <input name="email" type="text" value="" />
                        <div class="reference">
                          <xsl:value-of select="register_ref_duty" />
                        </div>
                      </td>
                      <td
                        align="right"
                        class="reg_img">
                        <input
                          name="send"
                          type="submit"
                          value="Absenden"
                          class="button"
                          onClick="formTest();
                        return false;" />
                      </td>
                    </tr>
                  </table>
                  </div>
                </form>
              </div>
            </div>
        </xsl:template>
</xsl:stylesheet>
```

12.11 Datei index.register.submit.php

Hier findet nun die Prüfung der Eigaben nach Übergabe durch das Formular statt. Eine If-Abfrage prüft in einem ersten Schritt, ob die Eingaben durch einen tatsächlichen User oder einen Bot getätigt wurden. Sollte der zweite Fall, also dass die beiden Felder beschrieben sind, auftreten, wird das im Anschluss aufgeführte Errorhändling durch `header("Location: index.php?action=register/error");` aufgerufen, so dass ein vermeintlicher Bot keine Chance hat, seine automatischen Eingaben fortzuführen. Bei richtiger Eingabe werden die Daten an die Datei `index.submit.ok.php` weitergeleitet, die alle Daten an die Klasse *User* übergibt, die wiederum dieselben in der Tabelle *user* speichert. Die Datei `index.register.submit.php` hat kein XSL Parent, da sie lediglich die Daten verarbeitet, aber nichts anzeigen soll, daher ist auch die Funktion out() nicht im Quelltext vorhanden.

Der Quelltext der datei *index.register.submit.php*

```
require_once($_SERVER["DOCUMENT_ROOT"] . "/class/class.Init.php");
if($_POST["bot"] == "" && $_POST["ja"] == "") {
    // Prüfe ob Username bereits vorhanden
    $chk = User::checkUsername($_REQUEST["username"]);
    if($chk == "true") {
        // Daten in DB Tabelle user schreiben
        $usr = new User();
        $usr->setFirstname(strip_tags($_REQUEST["firstname"]));
        $usr->setLastname(strip_tags($_REQUEST["lastname"]));
        $usr->setUsername(strip_tags($_REQUEST["username"]));
        $usr->setPasswordHash(strip_tags($_REQUEST["password"]));
        $usr->setEmail(strip_tags($_REQUEST["email"]));
        $usr->setRegistered(date("d.m.Y - H:i:s"));
        $usr->store();
        $usr->send();
        header("Location: index.php?action=register/submit/ok");
    } else {
        header("Location: index.php?action=register/error");
    }
} else {
    header("Location: index.php?action=register/error");
}
```

12.12 Datei index.register.error.php

Diese Datei und das Parent sind ausschließlich für eine Anzeige, dass die Eingabe
fehlerhaft war, zuständig und haben außer den üblichen Standardcodes keine gesonderten Funktionen oder Aufrufe.

Der Quelltext der Datei *index.register.error.php*

```
require_once($_SERVER["DOCUMENT_ROOT"] . "/class/class.Init.php");
$tpl = new Template("index.register.error.xsl");
$_SESSION["site"]["texte"] = "index.register.error";
$_SESSION["wicki"]["description"] = "index.register.error";
require_once($_SERVER["DOCUMENT_ROOT"] . "/global.php");
$tpl->out();
```

12.13 Datei index.register.error.xsl

Der Quelltext der Datei *index.register.error.xsl*

```
<xsl:stylesheet version="1.0"
    xmlns:xsl="http://www.w3.org/1999/XSL/Transform"
    xmlns="http://www.w3.org/1999/xhtml"
    xmlns:fn="http://www.w3.org/2005/xpath-functions"
    xmlns:php="http://php.net/xsl">
```

```
<xsl:output
    method="xml"
    encoding="utf-8"
    indent="yes"
    doctype-system="http://www.w3.org/TR/xhtml1/DTD/xhtml1-
    transitional.dtd"
    doctype-public="-//W3C//DTD XHTML 1.0 Transitional//EN"
    omit-xml-declaration="yes"
/>
<xsl:include href="index.xsl" />
<xsl:template match="/root">
        <div id="main">
          <div id="main_title">
            <h1><xsl:value-of select="title" /></h1>
          </div>
        </div>
        <div id="main">
          <div id="main_inline">
            <xsl:value-of select="text" />
          </div>
        </div>
    </xsl:template>
</xsl:stylesheet>
```

12.14 Datei index.register.submit.ok.php

Die Gegenstücke zu den Dateien zum Fehlerhändling sind `index.register.submit.ok.php` und das nachfolgend aufgezeigte Template. Sie sind beide ebenfalls (wie die Error-dateien auch) nur für eine Anzeige, hier nämlich die, dass die Eingaben erfolgreich verarbeitet wurden, zuständig. Weitere explizite Funktionen beinhalten beide Dateien nicht.

Der Quelltext der Datei *index.register.submit.ok.php*

```
require_once($_SERVER["DOCUMENT_ROOT"] . "/class/class.Init.php");
$tpl = new Template("index.register.submit.ok.xsl");
$_SESSION["site"]["texte"] = "index.register.submit.ok";
require_once($_SERVER["DOCUMENT_ROOT"] . "/global.php");
$tpl->out();
```

12.15 Datei index.register.submit.ok.xsl

Der Quelltext der Datei *index.register.submit.ok.xsl*

```
<xsl:stylesheet version="1.0"
    xmlns:xsl="http://www.w3.org/1999/XSL/Transform"
    xmlns="http://www.w3.org/1999/xhtml"
    xmlns:fn="http://www.w3.org/2005/xpath-functions"
```

```
xmlns:php="http://php.net/xsl">
<xsl:output
    method="xml"
    encoding="utf-8"
    indent="yes"
    doctype-system="http://www.w3.org/TR/xhtml1/DTD/xhtml1-transitional.dtd"
    doctype-public="-//W3C//DTD XHTML 1.0 Transitional//EN"
    omit-xml-declaration="yes"
/>
<xsl:include href="index.xsl" />
<xsl:template match="/root">
        <div id="main">
          <div id="main_title">
            <h1><xsl:value-of select="title" /></h1>
          </div>
        </div>
        <div id="main">
          <div id="main_inline">
            <div align="center">
              <p><xsl:value-of select="register_submit_ok" /></p>
            </div>
          </div>
        </div>
    </xsl:template>
</xsl:stylesheet>
```

12.16 Datei mail.register.xsl

Hier nun haben wir die Datei, die als Email an den User geleitet wird. Sie stellt ebenfalls ein Template dar, unterscheidet sich aber in einigen Punkten von den üblichen XSL-Dateien. Da die Maildatei als eigenständiges Root-Template fungieren muss (wir wollen ja nicht die gesamte Wiki-Seite an den User schicken), sind dateiaufrufende Tags, die direkt vom Server lesen, ausgeklammert. Hier haben wir daher die CSS-Formatierungen gleich in die Datei eingebracht und die Anzeige mit den üblichen HTML-Tags versehen. Die Datei wird also wie eine übliche HTML-Datei gehändelt und am Ende beim User auch so wieder ausgegeben. Das einzige, was an serverseitiger Verarbeitung hier funktioniert, ist die Datenverarbeitung und Übergabe durch die Methode send() der Klasse *User* an das Template. Dies geschieht serverseitig, wird also bereits geparst auf den Weg geschickt und muss nicht nachher über das E-Mail-Programm des Users abgerufen werden. Eine andere Besonderheit, die diese Datei aufweist, ist dass wir hier zwei Übergabeverfahren nutzen. Einmal kann sich der User die Mail als reines HTML anzeigen lassen und als zweite Option als reine Textdatei. Dies mache ich üblicherweise deshalb, weil es User gibt, die sich Mails aus Prinzip nicht als reines HTML ausgeben lassen möchten. Damit diese

User auch in den Genuss kommen, die Daten anständig zu lesen, verpacke ich das Ganze in zwei unterschiedliche Anzeigeverfahren.

Der Quelltext der Datei *mail.register.xsl*

```
<xsl:stylesheet version="1.0"
    xmlns:xsl="http://www.w3.org/1999/XSL/Transform"
    xmlns="http://www.w3.org/1999/xhtml"
    xmlns:fn="http://www.w3.org/2005/xpath-functions"
    xmlns:php="http://php.net/xsl">
    <xsl:output
        method="xml"
        encoding="utf-8"
        indent="yes"
        doctype-system="http://www.w3.org/TR/xhtml11/DTD/xhtml11-
        transitional.dtd"
      doctype-public="-//W3C//DTD XHTML 1.0 Transitional//DE"
        omit-xml-declaration="yes"
    />
    <xsl:template match="/root">
    <xsl:if test="mailtype = 'html'">
    <html>
        <head>
        <title>Buchprojekt - Wiki</title>
        <style type="text/css" media="all">
        #main {
            margin-top:5px;
            margin-left:20px;
            width:500px;
            border:2px solid #e0e0e0;
            padding:5px;
        }
        #main_title {
            width:480px;
            background-color:#e0e0e0;
            padding:10px;
        }
        #main_inline {
            width:460px;
            height:100px;
            background-color:#e0e0e0;
            padding-left:20px;
            padding-right:20px;
            padding-top:10px;
            padding-bottom:10px;
            font-family:Verdana, Arial, Helvetica, sans-serif;
            font-size:12px;
            color:#666;
            overflow:auto;
        }
        </style>
```

```
        </head>
        <body>
            <div id="main">
              <div id="main_title">
                <h1><xsl:value-of select="title" /></h1>
              </div>
            </div>

            <div id="main">
              <div id="main_inline">
                Hallo
                <xsl:text> </xsl:text>
                <xsl:value-of select="firstname" />
                <xsl:text> </xsl:text>
                <xsl:value-of select="lastname" />
                <p><xsl:value-of select="text" /></p>
                <xsl:value-of select="regLink" />
              </div>
            </div>
        </body>
    </html>
    </xsl:if>
        <xsl:if test="mailtype = 'text'">
        Hallo <xsl:text> </xsl:text>
        <xsl:value-of select="firstname" />
        <xsl:text> </xsl:text>
        <xsl:value-of select="lastname" />
        <xsl:text>&#10;</xsl:text>
        <xsl:value-of select="text" />
        <xsl:text>&#10;</xsl:text>
        <xsl:value-of select="regLink" />
        <xsl:text>&#10;</xsl:text>
    </xsl:if>
    </xsl:template>
</xsl:stylesheet>
```

12.17 Datei index.register.mail.ok.php

Wieder eine einzige PHP-Datei, die kein XSL-Parent besitzt, da sie nichts anderes macht, als die Daten aus dem Link der Email zum Abschluß der Anmeldung, aufzunehmen und die Methode `setRegisterStatus();` der Klasse *User* nach Übergabe des Usernamens, der im Link ebenfalls vorhanden ist, an die Methode `setUsername()`, aufruft. Die Methode `setRegisterStatus();` wiederum setzt nun den Userstatus auf *1*, so dass der User dann freigeschaltet ist und sich mit seinen Logindaten bei Buchprojekt – Wiki anmelden kann.

Der Quelltext der Datei *index.register.mail.ok.php*

```
require_once($_SERVER["DOCUMENT_ROOT"] . "/class/class.Init.php");
// Status auf '1'
$usr = new User();
$usr->setUsername($_REQUEST["username"]);
$usr->setRegisterStatus();
header("Location: index.php?action=register/ok");
```

Wie Sie unschwer erkennen, werden hier keine statische Methoden zum Setzen des Status aufgerufen, sondern erst ein Objekt der Klasse erzeugt, dann der Username an das Objekt übergeben und erst danach die Set-Methode, die den Status setzt aufgerufen. Nach dem erfolgreichen Ändern des Userstatus und weil wir ja von dieser Datei keine Ausgabe im Browser zu erwarten haben, leiten wir per `header()` an eine Datei index.register.ok.php weiter, die dem User anzeigt dass er nun freigeschaltet ist.

12.18 Datei index.register.ok.php

Diese und das zugehörige XSL-Parent sind wieder nur reine Anzeigedateien die keine gesonderten Funktionen beinhalten. Der Aufruf erfolgt, wie Sie in der Datei `index.register.mail.ok.php` gesehen haben, per Header nach Verarbeitung der Methoden zum Setzen des Usernamens und des Status auf '1' der Klasse *User*.

Der Quelltext der Datei ***index.register.ok.php***

```
require_once($_SERVER["DOCUMENT_ROOT"] . "/class/class.Init.php");
$tpl = new Template("index.register.ok.xsl");
$_SESSION["site"]["texte"] = "index.register.ok";
require_once($_SERVER["DOCUMENT_ROOT"] . "/global.php");
$tpl->out();
```

12.19 Datei index.register.ok.xsl

Das Parent der vorherigen Datei.

Der Quelltext der Datei ***index.register.ok.xsl***

```
<xsl:stylesheet version="1.0"
    xmlns:xsl="http://www.w3.org/1999/XSL/Transform"
    xmlns="http://www.w3.org/1999/xhtml"
    xmlns:fn="http://www.w3.org/2005/xpath-functions"
    xmlns:php="http://php.net/xsl">
<xsl:output
        method="xml"
        encoding="utf-8"
        indent="yes"
        doctype-system="http://www.w3.org/TR/xhtml1/DTD/xhtml1-transitional.dtd"
        doctype-public="-//W3C//DTD XHTML 1.0 Transitional//EN"
        omit-xml-declaration="yes"
```

```
    />
    <xsl:include href="index.xsl" />
    <xsl:template match="/root">
            <div id="main">
              <div id="main_title">
                <h1><xsl:value-of select="title" /></h1>
              </div>
            </div>
            <div id="main">
              <div id="main_inline">
                <div align="center">
                  <p><xsl:value-of select="text" /></p>
                </div>
              </div>
            </div>
    </xsl:template>
</xsl:stylesheet>
```

12.20 Datei index.register.css

Die CSS-Datei bedarf eigentlich keiner gross Erklärung, weshalb ich mich hier nur bedingt für die Anzeige des Quelltextes entschieden habe. Die einzige Klasse (ID), die hier erwähnt werden sollte, ist #pwStatus{}, da diese für die Anzeige des Hintergrundbildes der Passwort-Prüffunktionen zuständig ist. Hier wird ein Container Erstellt, der das Hintergrundbild auf der X-Achse bei 0 und der Y-Achse bei 50% beim ersten Aufruf anzeigt. Mit float:left; wird außerdem dafür Sorge getragen, dass die horizontale Ausrichtung immer rechtsbündig erfolgt. Die JavaScript-Funktionen, die das Passwort per Algorithmus auf einen bestimmten Wert berechnen, geben der CSS-Klasse gleichzeitig einen anderen Wert zur Anzeige des Hintergrundbildes mit, so das der Eindruck entsteht, das Bild würde seine Farbe ändern, je nachdem wie stark das Passwort ist.

Der Quelltext der Datei *index.register.css*

```css
#pwStatus {
        background-image:url("/img/portal/gradient.jpg");
        background-position:0 50%;
        border:1px ridge #000000;
        height:16px;
        text-align:center;
        vertical-align:left;
        font-family:Arial, Helvetica, sans-serif;
        font-size:13px;
        font-weight:bold;
        width:100px;
        float:right;
        color:#fff;
```

```
}
.input_image {
        width:20px;
}
.checkbox {
        width:200px;
        border:1px solid #ff0000;
        padding:20px;
        text-align:center;
        color:#0000FF;
        background-color:#fff;
        position:absolute;
        z-index:100;
}
```

12.21 Verwendete Grafiken

Wir verwenden auf dieser Seite im gesamten zwei Grafiken, die einmal für die Prüf-funktion des Usernamens und einmal für die erwähnte Anzeige der Passwortstärke zuständig sind. Beide Grafiken können Sie wie immer direkt von der Buch-begleitenden Seite herunterladen und im passenden Ordner auf Ihrem Server able-gen. Sie können aber auch hier eigene Kreationen einbauen, wobei nur darauf geach-tet werden muss, dass die Formatangaben für das Gif der Passwortabfrage genaues-tens eingehalten werden.

Die Grafiken und ihre Größe :
gradiant.jpg - 500x16 px
userChange.gif - 20x20 px

12.22 MySQL Tabelle ‚user'

Die MySQL-Tabelle *user* speichert alle Eingaben, die der Besucher in das Formular zur Anmeldung eingibt. Sie wird ausschließlich durch die Klasse 'User' gehändelt. Desweiteren sind noch die Felder für das Registrierungsdatum und den Status des Users anzulegen. Wie wir ja aus der Beschreibung zur Klasse *user* wissen, wird der Status beim ersten Anmelden automatisch auf *0* gesetzt und erst nach Bestätigen der Anmeldung durch die Registrierungsmail auf *1* geändert.

Alle Felder der Tabelle und ihre Formatierungen:

Tabellenname : user

id   = INT (11), Primary Key, Auto Inkrement

firstname	= VARCHAR (255)
lastname	= VARCHAR (255)
username	= VARCHAR (255)
email	= VARCHAR (255)
salt	= VARCHAR (255)
password_hash	= VARCHAR (255)
registered	= VARCHAR (255)
status	= INT (11)

Legen Sie diese Tabelle bitte im Datenbankfenster (PhpMyAdmin) genauso an. Hier benötigen wir keine eigenen Eintragungen, da diese vom Besucher vorgenommen werden.

12.23 MySQL Tabelle ‚texte'

Die MySQL-Tabelle *texte*, die uns erlaubt, alle Seitentexte zentral zu speichern, besteht aus insgesamt 4 Feldern, die wie folgt heißen und nachfolgende Feldattribute aufweisen:

Tabellenname : texte

id	= INT (11), Primary Key, Auto Inkrement
vakanz	= VARCHAR (255)
site	= VARCHAR (255)
text	= TEXT

Legen Sie diese Tabelle bitte genauso an und geben folgende erste Einträge für die Anmeldeseite dort ein.

Eintrag 1:
id = *automatisch, braucht nicht gesetzt werden*
vakanz = *title*
site = *index.register*
text = *Anmeldebereich*

Eintrag 2:
id = *automatisch, braucht nicht gesetzt werden*
vakanz = *register_text*
site = *index.register*
text = *Herzlich Willkommen bei Buchprojekt – Wicki.
Sie können sich hier für unser Projekt registrieren um aktiv daran teilnehmen zu können.
*
*Nach Absenden der Anmeldung erhalten Sie eine Registrierungsmail,
*

*In der sich ein Link zum Abschluß Ihrer Anmeldung befindet.
*
*Klicken Sie darauf um Ihren Account bei Buchprojekt – Wicki freizuschalten.
Sie erhalten danach vollen Zugriff auf alle Futures dieses Projektes.*

Selbstverständlich brauchen Sie sich nicht unbedingt an die Texte halten, die ich im ersten bzw. zweiten Eintrag vorgeschlagen habe. Hier können Sie Ihrer Kreativität freien Lauf lassen und eigene Texte einbringen. Das gilt auch für alle anderen Texte der folgenden Unterseiten. Wichtig ist nur, dass die Einträge zur Site und Vakanz in allen Bereichen (PHP-Datei und Tabelle) gleichlautend sind. Ansonsten würde die zum Abruf zuständige Methode in der Klasse Texte die Daten zwar aufnehmen, aber nicht an das Template abgeben können, weil z.B. der Platzhalter im XSL nicht den selben Namen trägt wie das Feld *vakanz* aus der DB.

13 User Login

Nachdem die Besucher sich bei unserem Projekt angemeldet haben, sollen sie natürlich auch in den Genuss der Funktionen des Projektes kommen können. Dafür benötigen wir einen Login für die Daten, die die Besucher bei der Anmeldung für sich selbst vergeben haben. Der Loginbereich ist, wie vorab bereits erwähnt, keine eigene XSL-Seite, was heißt, wir benötigen hierfür lediglich die erforderlichen PHP-Dateien. Allerdings werden wir eine Seite brauchen, die einen fehlerhaften Login anzeigt, die wir mit XSL realisieren.

13.1 Klasse class.UserLogin.php

Wie alles in unserem Projekt werden wir auch den Login in einer MySQL-Tabelle speichern und zum Prüfen daraus wieder auslesen. Alle Methoden, die wir dafür benötigen, schreiben wir in eine eigene Klasse, die neben den üblichen Getter / Setter noch einige statische Methoden inne hat, die uns erlauben z.B. eine Logzeit abzufragen, um den User nach einem von uns vergebenen Zeitraum zum erneuten Login zu zwingen. Einerseits können wir nachher das Besucherverhalten bei den angemeldeten Usern abfragen und andererseits aus Sicherheitsgründen eine Loginzeit größer 24 Std. erzwingen.

Unsere Klasse baut sich demnach wie folgt auf:

Neben den Getter / Setter-Methoden die wir überwiegend zum Speichern der Usereingaben im Loginbereich nutzen, gibt es noch statische Methoden zum Abfragen der Eingaben (ist der User überhaupt registriert), Checken des Logins und der Logzeit sowie eine Logout-Methode und Methoden zum Abfragen für z.B. Logzeit zur Anzeige im Hauptfenster (Rückwärtszähler per JavaScript-Funktion). Eine Methode, die ich hier eingebracht habe, soll permanent alle Userdaten aus der Tabelle *user* entfernen, sobald sich ein User zwar angemeldet, aber den Registrierungslink in der Rückmail beim Anmelden nicht aktiviert hat. Wir verhindern damit, unsere Datenbanktabelle *user* mit Karteileichen zuzumüllen.

Der Quelltext der Datei *class.UserLogin.php*

```php
class UserLogin extends User {
    private $logtime;
    public function __construct() {
```

```php
}
public function setLogtime($logtime) {
        $this->logtime = $logtime;
}
public function getLogtime() {
        return $this->logtime;
}
public function store() {
        $qry = "INSERT INTO
                user_login
                        (username,logtime)
                VALUES
                        ('" . $this->getUsername() . "','" . $this->getLogtime() .
"')
        ";
        DBMember::query($qry);
}
public function load() {
        $qry = "SELECT
                        username,
                        logtime
                FROM
                        user_login
                WHERE
                        username = '" . $this->getUsername() . "'
        ";
        $res = DBMember::query($qry);
        $row = DBMember::fetchArray($res);

        $this->setUsername($row["username"]);
        $this->setLogtime($row["logtime"]);
}
#####################
## STATIC FUNCTIONS ##
#####################
// Logindaten prüfen
public static function login($username,$password) {
        $qry = "SELECT
                        username,
                        password_hash,
                        salt,
                        password_time
                FROM
                        user
                WHERE
                        username = '" . $username . "'
        ";
        $res = DBMember::query($qry);
        $row = DBMember::fetchArray($res);

        if(!empty($row)) {
```

```php
                $pw = md5($row["salt"].md5($password));
                if($pw == $row["password_hash"]) {
                        $_SESSION["user"]["username"] = $username;
                        return "true";
                } else {
                        return "false";
                }
            }
        }
        // Logout
        public static function logout($username) {
                $qry = "DELETE FROM user_login WHERE username = '" . $username . "'";
                DBMember::query($qry);
                header("Location: index.php?action=start");
        }
        // Alle bisherigen Logineinträge löschen
        public static function deleteUserLogtime($username) {
                $qry = "DELETE FROM user_login WHERE username = '" . $username . "'";
                DBMember::query($qry);
        }
        // User Login checken
        public static function checkUserLogin($username,$password) {
                $qry = "SELECT username, salt, password_hash FROM user WHERE username = '" .
$username . "'";
                $res = DBMember::query($qry);
                $row = DBMember::fetchArray($res);

                if(!empty($row["username"])) {
                        $sha = md5(md5($row["salt"]).md5($password));
                        if($sha == $row["password_hash"]) {
                                return "true";
                        } else {
                                header("Location: index.php?action=login/error");
                        }
                }
        }
        // Logtime checken
        public static function checkUserLogTime() {
                $username = $_SESSION["user"]["username"];
                $dateCurrent = mktime(date("H"),date("i"),0,date("d"),date("m"),date("Y"));

                // Username vorhanden
                if(!empty($username)) {
                        $qry = "SELECT
                                                username,
                                                logtime
                                        FROM
                                                user_login
                                        WHERE
                                                username = '" . $username . "'
                                ";
```

```
                          $res = DBMember::query($qry);
                          $row = DBMember::fetchArray($res);
                          if($row["logtime"] >= $dateCurrent) {
                                  return $check = "true"; // Innerhalb der Loginzeit
                          } else {
                                  $del = "DELETE FROM

 user_login

                                                                              WHERE

 username = '" . $username . "'

                                          ";
                                  DBMember::query($del);
                                  header("LOCATION: index.php?action=login/error"); //
 Loginzeit überschritten
                          }
                  } else { // Kein Username
                          header("LOCATION: index.php?action=login/error");
                  }
          }
          // Logtime zurückgeben (für Anzeige und Übergabe an JC Function)
          public static function getUserLogtime($username) {
                  // Objekt
                  $tm = new UserLogin();
                  $tm->setUsername($username);
                  $tm->load();
                  $timeEnd = $tm->getLogtime();
                  // Aktuelle Zeit ermitteln
                  $timeCurrent =
 mktime(date("H"),date("i"),date("s"),date("d"),date("m"),date("Y"));
                  // Aktuelle Zeit minus Logzeit
                  $time = $timeEnd - $timeCurrent;
                  return $time;
          }
  }
```

13.2 Datei index.login.php

Die Datei index.login.php macht nichts anderes, als die Eingaben des Users abzufragen und bei Erfolg oder Nichterfolg auf die jeweiligen Seiten weiterzuleiten.

Bei Erfolg wird die Hauptseite per `header("Location: index.php?action=wiki");` aufgerufen, so dass der User sofort auf alle Funktionen unseres Portals zugreifen kann. Bei Nichterfolg, also wenn der User nicht angemeldet ist oder die eingegebenen Daten falsch sind, rufen wir aus der Klasse `User` mit der Methode `checkUserLogin()` eine Fehlerseite auf, die weiter unten in diesem Kapitel beschrieben ist.

Damit wir eine Möglichkeit haben, die Funktion zum Prüfen ohne Übergabe eines Parameters (hier der Username) nutzen zu können, setzen wir eine Sessionvariable und geben dieser den Usernamen für den Verlauf der Sitzung mit. Innerhalb der Methode `checkUserLogTime()` der Klasse UserLogin rufen wir diese Sessionvariable dann wieder zum Prüfen ab.

Da wir hierbei keine XSL-Datei speziell aufrufen müssen, der Aufbau des Loginfeldes wird ja innerhalb der `index.xsl` gehändelt, benötigen wir hier kein neues Objekt der Klasse `Template`.

Der Quelltext der Datei *index.login.php*

```php
require_once($_SERVER["DOCUMENT_ROOT"] . "/class/class.Init.php");
  // Prüfe ob Username & Passwort vorhanden
  $usr=UserLogin::checkUserLogin($_POST["username"],$_POST["password"]);
  if($usr == "true") {
    UserLogin::deleteUserLogtime($_POST["username"]);
    // Schreibe Logzeit in DB
    $log = new UserLogin();
    $log->setUsername($_POST["username"]);
    $log->setLogtime(mktime(date("H"),date("i")+120,0,date("d"),date("m"),date("Y")));
    $log->store();
    // Username in Session Variable schreiben
    $_SESSION["user"]["username"] = $_POST["username"];
    // Gehe zur Hauptpage
    header("Location: index.php?action=wiki");
  }
```

13.3 Datei index.login.error.php

Die bereits angesprochene Fehlerseite, die aktiviert wird, wenn der User sich mit falschen Daten einloggen möchte, oder nicht Registriert ist. Hier wird lediglich das Template aufgerufen und die Seite angezeigt. Die Fehlermeldungen selbst werden innerhalb der XSL-Datei als Paltzhalter aus der Datenbank übernommen.

Der Quelltext der Datei *index.login.error.php*

```php
require_once($_SERVER["DOCUMENT_ROOT"] . "/class/class.Init.php");
$tpl = new Template("index.login.error.xsl");
$_SESSION["site"]["texte"] = "index.login.error";
$_SESSION["wicki"]["description"] = "index.login.error";
require_once($_SERVER["DOCUMENT_ROOT"] . "/global.php");
$tpl->out();
```

13.4 Datei index.login.error.xsl

Zusätzlich zum Anzeigen der Platzhalter für die Fehlermeldung habe ich als optischen Anreiz noch eine Grafik eingebaut, die Sie von der buchbegleitenden Seite im Downloadbereich herunterladen und verwenden können.

Der Quelltext der Datei *index.login.error.xsl*

```
<xsl:stylesheet version="1.0"
    xmlns:xsl="http://www.w3.org/1999/XSL/Transform"
    xmlns="http://www.w3.org/1999/xhtml"
    xmlns:fn="http://www.w3.org/2005/xpath-functions"
    xmlns:php="http://php.net/xsl">

    <xsl:output
        method="xml"
        encoding="utf-8"
        indent="yes"
        doctype-system="http://www.w3.org/TR/xhtml1/DTD/xhtml1-transitional.dtd"
        doctype-public="-//W3C//DTD XHTML 1.0 Transitional//EN"
        omit-xml-declaration="yes"
    />
    <xsl:include href="index.xsl" />

    <xsl:template match="/root">
        <div id="main">
          <div id="main_title">
            <h1><xsl:value-of select="title" /></h1>
          </div>
        </div>
        <div id="main">
          <div id="main_inline" align="center">
            <p><xsl:value-of select="text" /></p>
            <p><br />
              <img src="img/portal/kawum.gif" border="0" />
            </p>
            <p><br />
              <xsl:value-of select="text_under" />
            </p>
          </div>
        </div>
    </xsl:template>
</xsl:stylesheet>
```

13.5 MySQL Tabelle 'user_login'

Zu guter Letzt benötigen wir natürlich noch eine Datenbanktabelle die, die Userdaten aufnimmt und einen erfolgreichen Login unserer Besucher ermöglicht.

Wir benötigen hier lediglich den Usernamen und eine Loginzeit, die wir in der Tabelle UserLogin mit der Methode checkUserLogtime() auslesen und beim Unterschreiten der tatsächlichen Zeit löschen und den User damit zum neuen Login zwingen.

Gleichzeitig brauchen wir diesen Zeitstempel auch für die Javascript Funktion logtime() aus der Datei index.wiki.js, um die permanente Logzeit, die noch vorhanden ist, auf der Wiki-Hauptseite anzuzeigen.

Folgende Feldnamen und Attribute werden benötigt:

datetime   VARCHAR(255)
user_ip   VARCHAR(255)

14 Kontakt zu den Machern

Mit dieser Unterseite geben wir den Usern die Möglichkeit an die Hand, uns als Betreiber des Portals Mitteilungen zu allen ihren Fragen oder Anregungen zukommen zu lassen.

Der Aufbau bzw. das Dateiaufkommen ist ähnlich der Anmeldung, nur das wir hier a.) keine Rückantworten verarbeiten müssen, b.) die Eingaben nur bedingt Prüfen und c.) innerhalb der Send-Methode nur HTML verarbeiten, da wir uns ja unsere eigenen Mails einzig per HTML anzeigen lassen brauchen (wir kennen ja unsere Programmierung). Die Methode send() ist daher auch um einiges schmaler als noch in der Klasse zur Anmeldung.

14.1 Klasse class.Contact.php

Auch hier finden sich wieder die üblichen Methoden zur Datenmanipulation wieder, sowie eine Methode send(), die uns den Machern dieses Portals die Mitteilungen der Besucher an unsere Mailadresse weiterleitet. Diese Sendfunktion leitet, wie bereits erwähnt, reines HTML an uns weiter, da wir ja wissen, dass dort keine schädliche Software eingebracht werden kann. Dies verhindern wir mit den Botfeldern sowie der PHP-Funktion strip_tags(), die ausnahmslos alle HTML-Tags aus den POST-Daten herausfiltert, bevor die Daten an uns abgesendet werden.

Der Quelltext der Datei class.Contact.php

```php
class Contact {
    private $id;
    private $email;
    private $name;
    private $regard;
    private $text;
    public function __construct($id = NULL) {
        if($id === NULL) {
          return;
        }
        $this->setId($id);
    }
    public function setId($id) {
        $this->id = $id;
    }
    public function getId() {
```

```php
        return $this->id;
    }
    public function setEmail($email) {
        $this->email = $email;
    }
    public function getEmail() {
        return $this->email;
    }
    public function setName($name) {
        $this->name = $name;
    }
    public function getName() {
        return $this->name;
    }
    public function setRegard($regard) {
        $this->regard = $regard;
    }
    public function getRegard() {
        return $this->regard;
    }
    public function setText($text) {
        $this->text = $text;
    }
    public function getText() {
        return $this->text;
    }
    public function touch() {
        $qry = "INSERT INTO contact (id) VALUES ('new')";
        DBMember::query($qry);
        $this->setId(DBMember::insertId());
    }
    public function store() {
        if($this->getId() == NULL) {
          $this->touch();
        }
        $qry = "UPDATE
               contact
             SET
               email  = '" . $this->getEmail() . "',
               name   = '" . $this->getName() . "',
               regard  = '" . $this->getRegard() . "',
               text = '" . $this->getText() . "'
             WHERE
               id     = '" . $this->getId() . "'
        ";
        DBMember::query($qry);
    }
    public function load() {
        $qry = "SELECT
                    email,
                    name,
```

```
                regard,
                text
            FROM
                contact
            WHERE
                id = '" . $this->getId() . "'
        ";
        $res = DBMember::query($qry);
        $row = DBMember::fetchArray($res);
        $this->setName($row["name"]);
        $this->setEmail($row["email"]);
        $this->setRegard($row["regard"]);
        $this->setText(nl2br($row["text"]));
    }
    public function remove() {
        $qry = "DELETE FROM contact WHERE id = '" . $this->getId() . "'";
        DBMember::query($qry);
    }
    public function toArray() {
        return array(
            "email"     => $this->getEmail(),
            "name"          => $this->getName(),
            "regard"        => $this->getRegard(),
            "text"      => $this->getText()
        );
    }
    public function send() {
        $tpl = new Template("../../mail/xsl/mail.contact.xsl");
        $_SESSION["site"]["texte"] = "mail.contact";
        require_once($_SERVER["DOCUMENT_ROOT"] . "/global.php");
        $tpl->name = $this->getName();
        $tpl->email = $this->getEmail();
        $tpl->regard = $this->getRegard();
        $tpl->text = nl2br($this->getText());
        require_once($_SERVER["DOCUMENT_ROOT"] . "/Rmail/Rmail.php");
        $mail = new Rmail();
        $mail->setFrom($this->getEmail());
        $mail->setSubject('Eine Anfrage vom Wiki ist eingegangen');
        $mail->setPriority('high');
        $mail->setTextCharset('utf-8');
        $mail->setHTML($tpl->out("str"));
        $mail->send(array("info@mmdf.de"));
    }
}
```

14.2 Datei index.contact.php

Der übliche Aufruf und die übliche Übergabe der Parameter für Text und Descriptions an das Template.

Der Quelltext der Datei *index.contact.php*

```
require_once($_SERVER["DOCUMENT_ROOT"] . "/class/class.Init.php");
$tpl = new Template("index.contact.xsl");
$_SESSION["site"]["texte"] = "index.contact";
$_SESSION["wicki"]["description"] = "index.contact";
require_once($_SERVER["DOCUMENT_ROOT"] . "/global.php");
$tpl->out();
```

14.3 Datei index.contact.xsl

Das Parent der Datei *index.contact.php*.

Hier befindet sich das Formular für die Kontaktaufnahme durch die Besucher. Das
Formular ist von den Prüffunktionen genauso aufgebaut wie es bereits im Anmeldeformular programmiert wurde. Wir haben hier wieder die Botfelder sowie eine Prüfung der von uns als Pflichtfeld vorgegebenen Formularfelder. Auch die Div-
Container zur Anzeige der Fehlermeldungen finden sich hier wieder.

Der Quelltext der Datei *index.contact.xsl*

```
<xsl:stylesheet version="1.0"
    xmlns:xsl="http://www.w3.org/1999/XSL/Transform"
    xmlns="http://www.w3.org/1999/xhtml"
    xmlns:fn="http://www.w3.org/2005/xpath-functions"
    xmlns:php="http://php.net/xsl">
    <xsl:output
        method="xml"
        encoding="utf-8"
        indent="yes"
        doctype-system="http://www.w3.org/TR/xhtml1/DTD/xhtml1-
        transitional.dtd"
      doctype-public="-//W3C//DTD XHTML 1.0 Transitional//EN"
       omit-xml-declaration="yes"
    />
    <xsl:include href="index.xsl" />
    <xsl:template match="/root">
        <div id="main">
          <div id="main_title">
            <h1><xsl:value-of select="title" /></h1>
          </div>
        </div>
        <div id="main">
          <div id="main_inline">
            <div align="center">
            <p><xsl:value-of select="text" /></p>
            <form method="post" action="index.php">
            <input name="bot" type="hidden" />
            <input name="ja" type="text" style="display:none" />
```

```
        <input
            name="action"
            type="hidden"
            value="contact/submit"
        />
        <table>
          <tr>
            <td>
              <xsl:value-of select="email_title" />
            </td>
            <td>
              <input name="email" type="text" />
            </td>
          </tr>
          <tr>
            <td>
              <xsl:value-of select="name_title" />
            </td>
            <td>
              <input name="name" type="text" />
            </td>
          </tr>
          <tr>
            <td>
              <xsl:value-of select="regard_title" />
            </td>
            <td>
              <input name="regard" type="text" />
            </td>
          </tr>
          <tr>
            <td colspan="2">
              <br /><xsl:value-of select="text_title" />
              <p><textarea name="textfield" /></p>
            </td>
          </tr>
          <tr>
            <td colspan="2" align="right">
              <input
                name="send"
                type="submit"
                class="button"
                value="Abschicken"
                onclick="checkContact(); return false;"
              />
            </td>
          </tr>
        </table>
      </form>
    </div>
  </div>
```

```
        </div>
    </xsl:template>
</xsl:stylesheet>
```

14.4 Datei index.contact.submit.php

Die Submitdatei, die für den Weitertransport der übergebenen POST-Daten aus dem Kontaktformular an die Klasse *Contact* zuständig ist. Nach der Bot-Prüfung wird auch hier erst ein Objekt der Klasse instantiiert und alle POST-Daten an die jeweiligen Methoden übergeben. Die Methode store() speichert die Daten in der MySQL-Tabelle, während die Methode send() für den Emailversand benötigt wird. Nach erfolgreichem Abarbeiten dieser Methoden leiten wir per header() an die OK-Datei weiter, die anzeigt, dass alles bestens verlaufen ist.

Auf die Fehler reagieren wir auch hier, wie bereits bei der Anmeldung, mit der Weiterleitung an die entsprechenden Error-Dateien.

Der Quelltext der Datei *index.contact.submit.php*

```php
require_once($_SERVER["DOCUMENT_ROOT"] . "/class/class.Init.php");
if($_POST["bot"] == "" && $_POST["ja"] == "") {
    $con = new Contact();
    $con->setName(strip_tags($_POST["name"]));
    $con->setEmail(strip_tags($_POST["email"]));
    $con->setRegards(strip_tags($_POST["regard"]));
    $con->setText(strip_tags($_POST["textfield"]));
    $con->store();
    $con->send();
    header("Location: index.php?action=contact/submit/ok");
} else {
    header("Location: index.php?action=contact/error");
}
```

14.5 Datei index.contact.submit.ok.php

Die Datenverarbeitung war erfolgreich, die Email ist an uns unterwegs. Also zeigen wir dem User dies auch an.

Der Quelltext der Datei *index.contact.submit.ok.php*

```php
require_once($_SERVER["DOCUMENT_ROOT"] . "/class/class.Init.php");
$tpl = new Template("index.contact.submit.ok.xsl");
$_SESSION["site"]["texte"] = "index.contact.submit.ok";
$_SESSION["wicki"]["description"] = "index.contact.submit.ok";
require_once($_SERVER["DOCUMENT_ROOT"] . "/global.php");
$tpl->out();
```

14.6 Datei index.contact.submit.ok.xsl

Das Template für die Anzeige, dass alles in Ordnung ist und die Mail mit den Fragen oder Anregungen der Besucher an uns gesendet wurde.

Der Quelltext der Datei *index.contact.submit.ok.xsl*

```
<xsl:stylesheet version="1.0"
    xmlns:xsl="http://www.w3.org/1999/XSL/Transform"
    xmlns="http://www.w3.org/1999/xhtml"
    xmlns:fn="http://www.w3.org/2005/xpath-functions"
    xmlns:php="http://php.net/xsl">
    <xsl:output
        method="xml"
        encoding="utf-8"
        indent="yes"
        doctype-system="http://www.w3.org/TR/xhtml11/DTD/xhtml11-transitional.dtd"
       doctype-public="-//W3C//DTD XHTML 1.0 Transitional//EN"
        omit-xml-declaration="yes"
    />
    <xsl:include href="index.xsl" />
    <xsl:template match="/root">
            <div id="main">
              <div id="main_title">
                 <h1><xsl:value-of select="title" /></h1>
              </div>
            </div>
            <div id="main">
              <div id="main_inline">
                 <xsl:value-of select="text" />
              </div>
            </div>
    </xsl:template>
</xsl:stylesheet>
```

14.7 Datei index.contact.error.php

Hier das Gegenstück zur Anzeige, dass alles bestens verlaufen ist die Fehlermeldung. Diese Datei und das Template sind bis auf die Parameter zur Text-Description-Anzeige genau gleich aufgebaut, weshalb sich hier eine Erklärung des Aufbaus erübrigt.

Der Quelltext der Datei *index.contact.error.php*

```
$param = "index.contact.error";
require_once($_SERVER["DOCUMENT_ROOT"] . "/class/class.Init.php");
$tpl = new Template("index.contact.error.xsl");
$_SESSION["site"]["texte"] = $param;
$_SESSION["wicki"]["description"] = $param;
```

```
require_once($_SERVER["DOCUMENT_ROOT"] . "/global.php");
$tpl->out();
```

14.8 Datei index.contact.error.xsl

Das Template zur Anzeige der Fehlermeldungen.

Der Quelltext der Datei *index.contact.error.xsl*

```
<xsl:stylesheet version="1.0"
    xmlns:xsl="http://www.w3.org/1999/XSL/Transform"
    xmlns="http://www.w3.org/1999/xhtml"
    xmlns:fn="http://www.w3.org/2005/xpath-functions"
    xmlns:php="http://php.net/xsl">
    <xsl:output
        method="xml"
        encoding="utf-8"
        indent="yes"
        doctype-system="http://www.w3.org/TR/xhtml1/DTD/xhtml1-
        transitional.dtd"
      doctype-public="-//W3C//DTD XHTML 1.0 Transitional//DE"
        omit-xml-declaration="yes"
    />
    <xsl:include href="index.xsl" />
    <xsl:template match="/root">
            <div id="main">
              <div id="main_title">
                <h1><xsl:value-of select="title" /></h1>
              </div>
            </div>
            <div id="main">
              <div id="main_inline">
                <xsl:value-of select="text" />
              </div>
            </div>
    </xsl:template>
</xsl:stylesheet>
```

14.9 Datei index.contact.js

Die JavaScript-Datei, die alle Formulareingaben prüft und die jeweiligen Hinweiscontainer zur Anzeige bringt.

Der Quelltext der Datei *index.contact.js*

```
function checkContact() {
    var name = window.document.contact.name.value;
    var email = window.document.contact.email.value;
    var regard = window.document.contact.regard.value;
    var textfield = window.document.contact.textfield.value;
```

```
        var text = null;
        if(email == "") {
            text = "Die Email bitte eintragen!";
            alertBox(text);
            return false;
        } else {
            var mailtext = email.match(/\w*@\w.*\.\w\w*/);
            if(mailtext == null) {
                text = "Kein gültiges Email Format";
                alertBox(text);
                return false;
            }
        }
        if(name == "")  {
            text = "Den Namen bitte eintragen!";
            alertBox(text);
            return false;
        }
        if(regard == "") {
            text = "Der Betreff fehlt!";
            alertBox(text);
            return false;
        }
        if(textfield == "") {
            text = "Der Betreff fehlt!";
            alertBox(text);
            return false;
        }
}
function alertBox(text) {
    document.getElementById("testtext").value = text;
    document.getElementById("form").style.display = "Block";
}
function closeError() {
    document.getElementById("form").style.display = "none";
}
```

14.10 Datei mail.contact.xsl

Hier haben wir nun die Datei, die als Email versendet wird, genauso wie bereits bei der Anmeldung. Allerdings gibt es hier keinen getrennten HTML und Text-Bereich, da wir ja, wie bereits angesprochen, den Empfang als reines HTML wünschen. Es fallen also die If-Abfragen weg, die auf diesen Umstand entsprechend reagieren. Auch diese Datei wird über die Funktion send() der Klasse *Contact* aufgerufen, weshalb eine eigene PHP-Datei entfällt.

Der Quelltext der Datei *mail.contact.xsl*

```
<xsl:stylesheet version="1.0"
```

```
xmlns:xsl="http://www.w3.org/1999/XSL/Transform"
xmlns="http://www.w3.org/1999/xhtml"
xmlns:fn="http://www.w3.org/2005/xpath-functions"
xmlns:php="http://php.net/xsl">
<xsl:output
    method="xml"
    encoding="utf-8"
    indent="yes"
    doctype-system="http://www.w3.org/TR/xhtml1/DTD/xhtml1-transitional.dtd"
   doctype-public="-//W3C//DTD XHTML 1.0 Transitional//DE"
    omit-xml-declaration="yes"
/>
<xsl:template match="/root">
<html>
    <head>
    <title>Buchprojekt - Wiki</title>
    <style type="text/css" media="all">
    #main {
        margin-top:5px;
        margin-left:20px;
        width:500px;
        border:2px solid #e0e0e0;
        padding:5px;
    }
    #main_title {
        width:480px;
        background-color:#e0e0e0;
        padding:10px;
    }
    #main_inline {
        width:460px;
        height:100px;
        background-color:#e0e0e0;
        padding-left:20px;
        padding-right:20px;
        padding-top:10px;
        padding-bottom:10px;
        font-family:Verdana, Arial, Helvetica, sans-serif;
        font-size:12px;
        color:#666;
        overflow:auto;
    }
    </style>
    </head>
    <body>
        <xsl:if test="mailtype = 'html'">
        <div id="main">
          <div id="main_title">
            <h1><xsl:value-of select="title" /></h1>
          </div>
        </div>
```

```
            <div id="main">
              <div id="main_inline">
                Name: <xsl:value-of select="name" />
                <br />
                Email: <xsl:value-of select="email" />
                <br />
                Betreff: <xsl:value-of select="regard" />
                <br /><br />
                Mitteilung<br />
                <xsl:value-of select="text" />
              </div>
            </div>
        </body>
    </html>
    </xsl:template>
</xsl:stylesheet>
```

14.11 MySQL-Tabelle 'contact'

Die MySQL-Tabelle *contact*, die alle Anfragen an uns noch zusätzlich speichert, tut eigentlich nicht not, da wir ja alle Eingaben bereits als Emailtexte erhalten haben. Andererseits haben wir mit den gespeicherten Daten im Nachhinein immer noch die Möglichkeit auf die Daten zurückzugreifen, zumal dann, wenn durch widrige Umstände unsere gespeicherten Emails irgenwann einmal verschwunden sind. Ein weiterer Aspekt ist, dass wir nachher im CMS die Daten bequem zur Anzeige bringen können, ohne jedesmal unseren Email-Client zu öffnen.

Tabellenname : texte

id	= INT (11), Primary Key, Auto Inkrement
email	= VARCHAR (255)
name	= VARCHAR (255)
regard	= VARCHAR (255)
text	= TEXT

15 Mitglieder

Dieser Abschnitt unseres Projektes stellt den kleinsten zu programmierenden Teil dar, da er lediglich aus zwei Dateien besteht. Da der Abruf aller Mitglieder mit der Methode `gather()` aus der Klasse *User* erfolgt, wir also keine neue eigene Klasse hierfür benötigen, bedarf es für den Bereich Mitglieder nur einer Template und der dazugehörigen PHP-Datei.

15.1 Datei index.members.php

Die PHP-Datei zum Aufruf des Tempaltes ist genauso aufgebaut wie alle anderen reinen Anzeige-Dateien vorher. Lediglich der Abruf aller Mitglieder muss hier noch eingebracht und an das Template übergeben werden. Dies geschieht mit der Zeile `$tpl->member = new Block(User::gather());` die einerseits mittels einem Objekt der Klasse *Block* die statische Methode `gather()` aufruft und diese andererseits an das Template als Variable `member` übergibt.

Der Quelltext der Datei *index.members.php*

```
require_once($_SERVER["DOCUMENT_ROOT"] . "/class/class.Init.php");
$tpl = new Template("index.members.xsl");
$_SESSION["site"]["texte"] = "index.members";
$_SESSION["wicki"]["description"] = "index.members";
require_once($_SERVER["DOCUMENT_ROOT"] . "/global.php");
$tpl->member = new Block(User::gather());
$tpl->out();
```

15.2 Datei index.members.xsl

Das Template zur Anzeige der Mitglieder zerlegt im Abschnitt `<xsl:for-each select="member">` das Blockelement members und zeigt alle in diesem Array vorhandenen Parameter auf. Mit `<a href="mailto:{email}">` sorgen wir dafür, dass mit einem Klick auf den Parameter email der Mailclient des Besuchers aufgerufen wird, so dass dieser sich mit dem Mitglied per Mail in Verbindung setzen kann.

Der Quelltext der Datei *index.members,xsl*

```
<xsl:stylesheet version="1.0"
    xmlns:xsl="http://www.w3.org/1999/XSL/Transform"
    xmlns="http://www.w3.org/1999/xhtml"
```

```
xmlns:fn="http://www.w3.org/2005/xpath-functions"
xmlns:php="http://php.net/xsl">
<xsl:output
    method="xml"
    encoding="utf-8"
    indent="yes"
    doctype-system="http://www.w3.org/TR/xhtml11/DTD/xhtml11-
      transitional.dtd"
   doctype-public="-//W3C//DTD XHTML 1.0 Transitional//DE"
    omit-xml-declaration="yes"
/>
<xsl:include href="index.xsl" />
<xsl:template match="/root">
        <div id="main">
          <div id="main_title">
            <h1><xsl:value-of select="title" /></h1>
          </div>
        </div>
        <div id="main">
          <div id="main_inline" align="center">
            <p><xsl:value-of select="text" /></p>
            <xsl:for-each select="member">
              Username:
              <strong><xsl:value-of select="username" /></strong>
              <xsl:text> </xsl:text>
              Registriert seit:
              <strong><xsl:value-of select="registered" /></strong>
              <xsl:text> </xsl:text>
              Email:
              <strong>
                <a href="mailto:{email}">
                  <xsl:value-of select="email" />
                </a>
              </strong>
              <br />
            </xsl:for-each>
          </div>
        </div>
  </xsl:template>
</xsl:stylesheet>
```

16 Hauptseite

Nachdem wir nun alle Vorarbeiten geleistet haben, also alles, was unsere Planung an Vorgaben bereithielt, kommen wir zum Herzstück unseres Projektes, dem Bereich für die Fragen und Antworten der Besucher, sowie der Bearbeitung durch die Besucher und die Autoren selbst. Dieser Abschnitt wird der längste und umfangreichste des ganzen Buches werden, da hier viele Dateien zum Tragen kommen, die alle miteinander in Verbindung stehen. Nach diesem Kapitel ist unser Portal bereit für den harten Einsatz im Internet.

Dieser Bereich wird es in Zukunft auch sein, das Portal auszubauen, wo Sie sich am meisten aufhalten und Neuerungen einpflegen werden. Auch ich werde nach Erscheinen dieses Buches weiter daran herumfeilen und die eine oder andere Idee versuchen, in schaubare Dateien zu bekommen.

16.1 Funktionen

Einen Beitrag schreiben

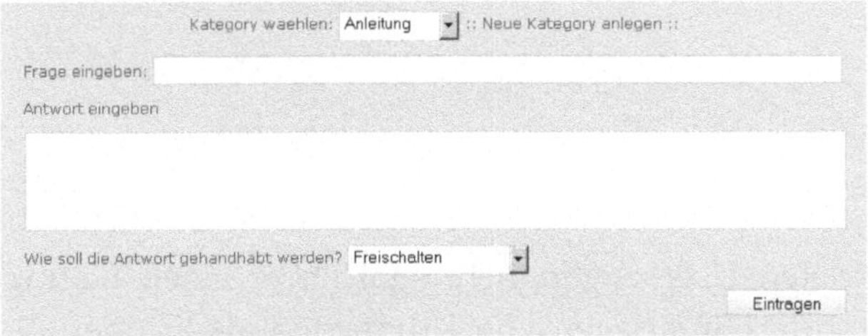

Kategory waehlen: Anleitung :: Neue Kategory anlegen ::

Frage eingeben:

Antwort eingeben

Wie soll die Antwort gehandhabt werden? Freischalten

Eintragen

Abb 40: Beitrag schreiben

Dieser Abschnitt regelt, wie der Name schon sagt, die Eingabe neuer Beiträge bzw. Fragen und Antworten. Hier wird neben der Eingabe der Fragen und Antworten ebenfalls auch der Status vergeben, der anzeigt, ob eine Antwort von außerhalb, also nicht vom Autor selbst, bearbeitet werden kann oder nicht.

Einen Beitrag editieren

Hier können freigegebene Beiträge, also die Antworten auf Fragen, bearbeitet oder erweitert werden.

Einen Beitrag löschen

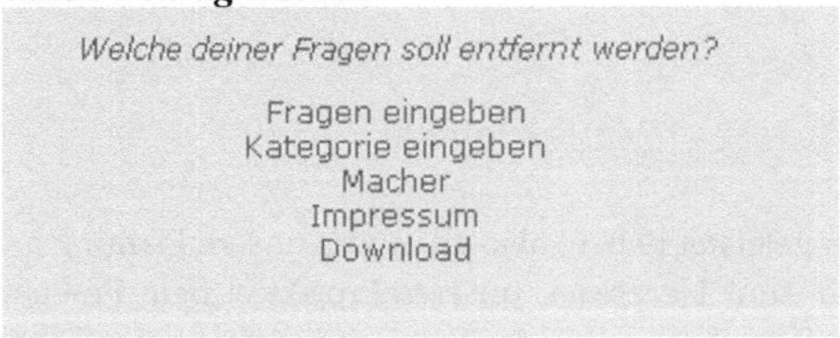

Abb 41:   Beitrag löschen

Hier kann ein Beitrag komplett aus der Datenbank entfernt werden, allerdings immer nur durch den Autor selbst. Alle Fragen, die zum Löschen im Hauptbereich auftauchen, sind demnach außließlich die Fragen die ein User eingegeben hat und seine eindeutige UserId als Kennung in der Datenbank enthalten.

Eigene Notizen

Abb 42:   Eigene Notizen schreiben

Dieser Bereich ist jedem angemeldeten User zugänglich, egal ob er einen Beitrag verfasst hat oder nicht, und dient zum Hinterlegen von Kurztexten als Erinnerung für spätere Sitzungen.

Volltextsuche

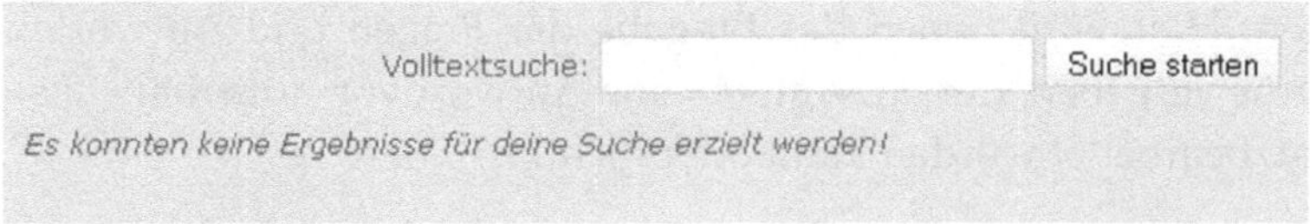

Abb 43:   Volltextsuche

Mit diesem Tool möchte ich es den Besuchern erleichtern, nach bestimmten Beiträgen zu suchen. Hier können für die Suche einzelne Wörter, Wortteile oder ganze Sätze als Suchkriterium eingegeben werden. Nach erfolgreichem Auffinden der eingegebenen Passagen werden alle Fragen, die die gesuchten Textteile enthalten, als Link aufgeführt. Mit Klick auf ein Suchergebnis wird dieser sowie die komplette Menüleiste zum eigentlichen Ergebnis geöffnet.

Logout

Diese Funktion löscht die Einträge der Felder *username* und *logtime* in der Tabelle *user_login*. Der User ist somit ausgeloggt und wird bei dem Versuch, eine geschützte Funktion aufzurufen auf die Login-Fehlerseite umgeleitet. Erst ein neuer Login schreibt den Usernamen und die Logzeit neu in die Datenbank, so dass der User wieder vollen Zugriff auf alle Funktionen unseres Portales bekommt.

16.2 Navigation

Abb 44: Menuebereich

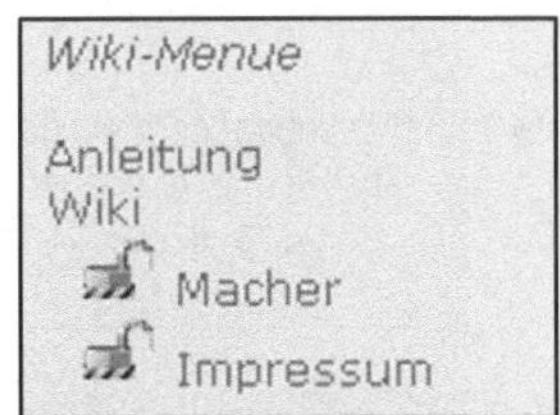

Abb 45: Menuebereich 2

Die Navigation oder der Menübereich für alle Kategorien und die darunter befindlichen Fragen befindet sich am rechten Rand unseres Hauptbereiches.

16.3 Hauptbereich

Im Anschluß führe ich alle für den Hauptbereich relevanten Dateien nebst kurzer Erklärung auf. Um einer besseren Übersicht gerecht zu werden, habe ich alle Aufgabenbereiche in eigene Kapitel gepackt, so dass eine leichte Zuordnung gewährleistet ist.

Der Hauptbereich und seine Dateien ist der, der alle Aktionen auffängt und im Arbeitsfenster wiedergibt. Das heißt, dass eine Aktion immer über die zum Template gehörende PHP-Datei 'index.wiki.' geleitet und verarbeitet wird. Jede Aktion ruft hier allerdings eine Unterdatei auf, die speziell für die Aktion angelegt wurde und diese wiederrum verarbeitet.

Hört sich kompliziert an, ist es aber nicht, wenn wir die einzelnen Dateien betrachten.

16.3.1 Die Datei index.wiki.php

Schauen wir uns als erstes die Hauptdatei an, die die Verarbeitung und Anzeige im Template für den Hauptbereich vornimmt.

Der Quelltext der Datei *index.wiki.php*

```php
require_once($_SERVER["DOCUMENT_ROOT"] . "/class/class.Init.php");
$tpl = new Template("index.wiki.xsl");
$_SESSION["site"]["texte"] = "index.wiki";
$_SESSION["wicki"]["description"] = "index.wiki";
require_once($_SERVER["DOCUMENT_ROOT"] . "/global.php");
UserLogin::checkUserLogTime();

$tpl->times = UserLogin::getUserLogtime($_SESSION["user"]["username"]);

// Kategory einlesen
$tpl->cat = new Arrays(Category::gather());

// Fragen einlesen
$tpl->subcat = new Arrays(Subcategory::gather($_REQUEST["id"]));
// $_REQUEST[""] kommt aus Frage eingeben (handlt neuanzeige des menues)
$tpl->ids = $_REQUEST["id"] ? $_REQUEST["id"] : $_REQUEST["category_id"];

// Image Links einlesen
$tpl->image = new Arrays(ImageLink::gather());

// Rufe Unterdateien für weitere Verarbeitung auf
if(!empty($_GET["work"])) {
        $questId = $_GET["questId"];
        require_once("index.".$_GET["work"].".php");
}

// Variable work für If-Abfrage der Anzeigen setzen
$tpl->works = $_REQUEST["work"] ? $_REQUEST["work"] : "start";

$tpl->out();
```

Für den Aufbau des Haupbereiches benötigen wir hier zum einen die Navigation auf der linken Seite, das ist da, wo die Kategorien und Fragen auftauchen, sowie die erste Anzeige im mittleren Fenster.

```php
// Kategory einlesen
$tpl->cat = new Arrays(Category::gather());

// Fragen einlesen
$tpl->subcat = new Arrays(Subcategory::gather($_REQUEST["id"]));
// $_REQUEST[""] kommt aus Frage eingeben (handlt Neuanzeige des Menues)
$tpl->ids = $_REQUEST["id"] ? $_REQUEST["id"] : $_REQUEST["category_id"];
```

Auch die Icon, die die einzelnen Arbeitsbereiche aufrufen, werden hier eingelesen und zur Anzeige gebracht.

```
// Variable work für If-Abfrage der Anzeigen setzen
        $tpl->works = $_REQUEST["work"] ? $_REQUEST["work"] : "start";
```

Durch das Setzen der Variable *'work'* werden die Parameter übergeben, die im Codeteil *'// Rufe Unterdateien für weitere Verarbeitung auf'* die Unterdateien aufrufen. Als Startwert, also für die erste Anzeige, wird hier der Parameter *'start'* übergeben.

```
        if(!empty($_GET["work"])) {
                $questId = $_GET["questId"];
                require_once("index.".$_GET["work"].".php");
        }
```

Der eigentliche Aufruf erfolgt dann mit

```
require_once("index.".$_GET["work"].".php");.
```

Bezeichnend und zum ersten Mal vorkommend, ist das Loginhändling im oberen Teil des Scriptes.

```
UserLogin::checkUserLogTime();
$tpl->times = UserLogin::getUserLogtime($_SESSION["user"]["username"]);
```

Wir nutzen hier zwei statische Methoden unseres Objektes *'UserLogin'*, um zum einen abzufragen, ob der User sich mit seinen Logindaten richtig eingelogt hat, und wenn dies der Fall ist, ob seine Loginzeit noch mit unserer in der Klasse *'UserLogin'* festgelegten Zeitvorgabe übereinstimmt. Zum besseren Verständnis zeige ich im Anschluß noch einmal die Codeteile für diese Aktionen.

Methoden der Klasse UserLogin:

```
    // Setzen und speichern der Logzeit
    public function store() {
      $qry = "INSERT INTO
              user_login
              (username,logtime)
            VALUES
              ('" . $this->getUsername() . "','" . $this->getLogtime() . "')
      ";
      DBMember::query($qry);
    }

    // User Login checken
    public static function checkUserLogin($username,$password) {
      $qry = "SELECT username, salt, password_hash FROM user WHERE username = '" .
$username . "'";
      $res = DBMember::query($qry);
      $row = DBMember::fetchArray($res);
```

```php
    if(!empty($row["username"])) {
      $sha = md5(md5($row["salt"]).md5($password));
      if($sha == $row["password_hash"]) {
        return "true";
      } else {
        header("Location: index.php?action=login/error");
      }
    }
  }


  // Logtime checken
  public static function checkUserLogTime() {
    $username = $_SESSION["user"]["username"];
    $dateCurrent = mktime(date("H"),date("i"),0,date("d"),date("m"),date("Y"));

    // Username vorhanden
    if(!empty($username)) {
      $qry = "SELECT
                 username,
                 logtime
              FROM
                 user_login
              WHERE
                 username = '" . $username . "'
            ";
      $res = DBMember::query($qry);
      $row = DBMember::fetchArray($res);
      if($row["logtime"] >= $dateCurrent) {
        return $check = "true"; // Innerhalb der Loginzeit
      } else {
        $del = "DELETE FROM
                            user_login
                 WHERE
                            username = '" . $username . "'
               ";
        DBMember::query($del);
        header("LOCATION: index.php?action=login/error"); // Loginzeit überschritten
      }
    } else { // Kein Username
      header("LOCATION: index.php?action=login/error");
    }
  }
```

Die Zeitvorgabe selbst wird in der Datei `index.login.php` geregelt. Hier haben wir als Vorgabe zwei Stunden eingetragen, wobei die Zeit relativ ist und ohne weiteres nach oben oder unten geändert werden kann. Wie im Kapitel Login bereits erwähnt, wollen wir mit dieser Aktion einen permanenten Datenstream vom Client des Users zu unerem Server verhindern, wenn der User seine Arbeiten beendet und sich nicht auslogt hat.

Zeit setzen in der Datei index.login.php

```
// Schreibe Logzeit in DB
$log = new UserLogin();
$log->setUsername($_POST["username"]);
$log->setLogtime(mktime(date("H"),date("i")+120,0,date("d"),date("m"),date("Y")));
$log->store();
```

Da sich die Navigation durch Übergabe bestimmter Parameter aufbaut, benötigen wir hierfür die Variable 'id', die im ersten Aufruf durch die Methode `gather()` alle Kategorien, die angezeigt werden, die dafür aus der MySQL-Tabelle vorgegebene Werte mtgeliefert bekommt. Durch das Setzen dieser Variable und der Übergabe ans Template mit

```
$tpl->ids=$_REQUEST["id"]?$_REQUEST["id"]:$_REQUEST["category_id"];
```

gewährleisten wir, dass die benötigten Werte im gesamten Verlauf der Sitzung erhalten bleiben. Die Superglobalen (`$_REQUEST`) Variablen werden hier innerhalb der Sitzung bei Klick auf eine Kategorie oder Frage permanent neu belegt.

Somit wird die Navigation bei Wählen einer Kategorie so aufgebaut, dass genau dort darunter die einzelnen Fragen auftauchen, die mit der Kategorie per ID verbunden sind und erst wieder verschwinden, wenn eine andere Kategorie gewählt wird. Damit verhindern wir eine unübersichtliche, nicht Userbility freundliche, extrem lange Darstellung des Kategoriebaumes.

16.3.2 Die Datei index.wiki.xsl

Der XSL-Container zum Parsen der XML-Daten, die bei den einzelnen Verarbeitungsschritten permanent neu erstellt werden.

Der Quelltext der Datei *index.wiki.xsl*

```
<xsl:stylesheet version="1.0"
    xmlns:xsl="http://www.w3.org/1999/XSL/Transform"
    xmlns="http://www.w3.org/1999/xhtml"
    xmlns:fn="http://www.w3.org/2005/xpath-functions"
    xmlns:php="http://php.net/xsl">

    <xsl:output
      method="xml"
      encoding="utf-8"
      indent="yes"
      doctype-system="http://www.w3.org/TR/xhtml1/DTD/xhtml1-transitional.dtd"
        doctype-public="-//W3C//DTD XHTML 1.0 Transitional//EN"
      omit-xml-declaration="yes"
    />
    <xsl:include href="index.xsl" />
```

```
<xsl:template match="/root">
  <xsl:variable name="catId" select="userCat/id" />
  <xsl:variable name="ids" select="ids" />

  <div id="main">
    <div id="main_title">
      <h1><xsl:value-of select="title" /></h1>
      <xsl:value-of select="logzeit" />
      <span id="logtime">
        <script>
          logtime('logtime','<xsl:value-of select="times" />');
        </script>
      </span>
    </div>
  </div>

  <div id="main_left"> <!-- CSS Klasse -->
    <div id="main_left_width"> <!-- CSS Klasse -->
      <!-- Menue links (Hauptkategorie) -->
      <em>Wiki-Menue</em><br /><br />
      <xsl:for-each select="cat">
        <a href="index.php?action=wiki&#38;work=&#38;id={id}&#38;questId=">
          <div class="kat">
            <xsl:value-of select="substring(category, 0, 20)"/>
            <xsl:if test="string-length(category) > 19">
              <xsl:text>...</xsl:text>
            </xsl:if>
          </div>
        </a>
        <xsl:if test="$ids = id">
          <!-- Fragen als Unterkategorie -->
          <xsl:for-each select="../subcat">
            <div class="under_cat">
              <a
href="index.php?action=wiki&#38;work=quest&#38;id={$ids}&#38;questId={id}">
                <div class="kat">
                          <xsl:if test="releases = 'yes'">
                              <span style="padding-right:5px">
                              <img
                                      src="img/portal/open1.gif"
                                      height="20"
                                      border="0"
                                      title="Fuer Eingaben freigegeben"
                                      alt="Buchprojekt - Wiki, Fragen und
Antworten fuer {category}"
                              />
                              </span>
                          </xsl:if>
                          <xsl:if test="releases = 'no'">
                              <span style="padding-right:5px">
                              <img
```

```
                                        src="img/portal/close1.gif"
                                        height="20"
                                        border="0"
                                        title="Fuer Eingaben gesperrt"
                                        alt="Buchprojekt - Wiki, Fragen und
Antworten fuer {category}"
                                      />
                                    </span>
                                </xsl:if>
                                <xsl:value-of select="subCategory" />
                                <br />
                      </div>
                  </a>
                </div>
              </xsl:for-each>
            </xsl:if>
          </xsl:for-each>
        </div>
      </div>
      <!-- Images (Bilderlinks) -->
      <div id="main_right_top">
        <div id="main_right_top_width">
          <xsl:for-each select="image">
            <a href="{fileName}">
              <img src="img/portal/{imageName}" border="0" height="22" alt="{alt}"
title="{title}" />
            </a>
            <span class="padding_image" />
          </xsl:for-each>
        </div>
      </div>
      <div id="main_right">
        <div id="main_right_width" align="center">
          <xsl:if test="works = 'start'">
            <p><xsl:value-of select="text" /></p>
          </xsl:if>
          <!-- Logoutbereich -->
          <xsl:if test="works = 'exit'" />
          <!-- Lesen -->
          <xsl:if test="works = 'quest'">
            <xsl:for-each select="quest">
              <p><xsl:value-of select="texte" /></p>
            </xsl:for-each>
          </xsl:if>

          <!-- Volltextsuche -->
          <xsl:if test="works = 'search'">
            <p>
              <form method="post" action="index.php?action=wiki&#38;work=search">
                Volltextsuche: <input name="search_text" type="text" />
                <xsl:text> </xsl:text>
```

```
            <input type="submit" class="button" value="Suche starten" />
          </form>
        </p>
        <div align="left">
        <!-- Ergebniss true -->
        <xsl:if test="erg != ''">
          <p><em><xsl:value-of select="search_erg" /></em></p>
        </xsl:if>
        <xsl:for-each select="erg">
          <a
href="index.php?action=wiki&#38;work=quest&#38;id={id}&#38;questId={questId}">
            <xsl:value-of select="texte" />
          </a>
          <br />
        </xsl:for-each>
        <!-- Ergebniss false -->
        <xsl:if test="erg = ''">
          <em><xsl:value-of select="search_erg_false" /></em>
        </xsl:if>
        </div>
      </xsl:if>

      <!-- Eigene Notizen -->
      <xsl:if test="works = 'notice'">
        <xsl:value-of select="work_at" />
          <xsl:for-each select="notice">
            <p><xsl:value-of select="dateTime" /></p>
          </xsl:for-each>
        <form method="post" action="index.php">
          <input name="bot" type="hidden" />
          <input name="ja" type="text" style="display:none" />
          <input name="action" type="hidden" value="wiki/notice/submit" />
          <textarea name="notice" class="textarea_notice">
            <xsl:for-each select="notice">
              <xsl:value-of select="text" />
            </xsl:for-each>
          </textarea>
          <br />
          <div align="right">
            <input name="send" type="submit" class="button" value="Merken" />
          </div>
        </form>
      </xsl:if>

      <!-- Beitrag erfolgreich gespeichert -->
      <xsl:if test="works = 'ok'">
        <p><xsl:value-of select="write_ok" /></p>
      </xsl:if>

      <!-- Beitrag schreiben / Kategorie neu anlegen -->
      <xsl:if test="works = 'write'">
```

```
<form method="post" action="index.php?action=wiki&#38;work=write">
  <input name="bot" type="hidden" />
  <input name="ja" type="text" style="display:none" />
  Kategory waehlen:
  <xsl:text> </xsl:text>
  <select name="category_id">
    <xsl:for-each select="cat">
      <option value="{id}">
            <xsl:value-of select="category" />
      </option>
    </xsl:for-each>
  </select>
  <a href="#" onclick="setCategoryNewDiv('newCategory'); return false;">
  :: Neue Kategory anlegen ::
  </a>

  <!-- Div Container für neue Kategorie -->
  <div id="newCategory" style="display:none">
    <div class="new_category">
      Neue Kategorie anlegen
      <p>
      <input name="category" id="category" type="text" />
      </p>
      <input
            onclick="setCategoryNew('category','newCategory'); return false;"
            class="button"
            value="Eintragen"
      />
      <p>
      <input
            onclick="closeDiv('newCategory'); return false;"
            class="button"
            value="Nein"
      />
      </p>
    </div>
  </div>
  <!-- Ende Div Container -->
  <p align="left">
    Frage eingeben: <input name="sub_category" type="text" class="input_width"
/><br />

    <p align="left">Antwort eingeben</p>
    <textarea name="text" class="textarea_width" />
  </p>
  <p align="left">
    Wie soll die Antwort gehandhabt werden?
      <select name="releases" class="select_width">
            <option value="yes">Freischalten</option>
            <option value="no">Sperren</option>
      </select>
  </p>
```

```
        <p align="right">
          <input type="submit" class="button" value="Eintragen" />
        </p>
      </form>
  </xsl:if>

  <!-- Beitrag löschen -->
  <xsl:if test="works = 'delete'">
    <xsl:if test="available = 'yes'">
      <p><em><xsl:value-of select="answer_yes" /></em></p>
      <xsl:for-each select="userCat">
        <a
          href="index.php?action=wiki&#38;work=delete&#38;catId={id}"
          onclick="checkDelete('checkDel'); return false;"
        >
          <xsl:value-of select="subCategory" />
        </a>
        <br />
      </xsl:for-each>
    </xsl:if>
    <xsl:if test="available = 'no'">
      <p><em><xsl:value-of select="answer_no" /></em></p>
    </xsl:if>
  </xsl:if>

  <!-- Sicherheitsabfrage -->
  <div id="checkDel" style="display:none">
    <div class="check_del">

      <xsl:value-of select="check_delete" />
      <p>
        <form method="post" action="index.php?action=wiki&#38;work=delete">
          <input name="catId" type="hidden" value="{$catId}" />
          <input type="submit" class="button" value="Ja man" />
        </form>
      </p>
      <p>
        <input
          type="submit"
          class="button"
          onclick="closeDiv('checkDel'); return false;"
          value="Lieber nich"
        />
      </p>
    </div>
  </div>
  <!-- Ende Sicherheitsabfrage -->

  <!-- Beitrag editieren -->
  <xsl:if test="edit">
```

```
      </xsl:if>
    </div>
  </div>
  </xsl:template>
</xsl:stylesheet>
```

Eigentlich ist dieser Quelltext selbsterklärend.

Bezeichnend ist hier nur, dass einige JavaScript-Funktionen zum Einsatz kommen, die entweder vor der Ausführung bestimmter Aktionen als Sicherheitsabfrage oder aber zum Übermitteln betimmter Anfragen (Kategorievorschlag) dienen.

Der Code für die Sicherheitsabfrage ist wie folgt:

```
<a href="index.php?action=wiki&#38;work=delete&#38;catId={id}"
onclick="checkDelete('checkDel'); return false;">
<xsl:value-of select="subCategory" /></a>
```

Hier wird beim Anfragen für das Löschen eines Beitrages eine JavaScript-Funktion aufgerufen, die nichts anderes macht, als einen Div-Container der mit `style="display:none"` beim ersten Aufruf der Hauptseite versteckt ist, anzuzeigen. Der Aufruf dieses Containers stoppt die weitere Aufführung der Anfrage und erwartet entweder ein Nein oder Ja zur weiteren Verarbeitung. Bei Auswahl von 'Nein' wird eine weitere JavaScript-Funktion closeDiv() aufgerufen, die wiederrum nicht anderes macht als den Cointainer wieder auf display:none zu setzen, ihn also schließt ohne die Aktion auszuführen. Bei Auswahl von 'Ja' wird die Anfrage im Umkehrschluß ausgeführt und der Beitrag gelöscht. Die JavaScript-Funktionen sind im Kapitel 16.3.4. aufgeführt.

```
<!-- Sicherheitsabfrage -->
    <div id="checkDel" style="display:none">
        <div class="check_del"
        <xsl:va>lue-of select="check_delete" />
        <p>
          <form method="post" action="index.php?action=wiki&#38;work=delete">
            <input name="catId" type="hidden" value="{$catId}" />
            <input type="submit" class="button" value="Ja man" />
          </form>
        </p>
        <p>
        <input type="submit" class="button" onclick="closeDiv('checkDel'); return false;"
value="Lieber nich" />
        </p>
    </div>
  </div>
<!-- Ende Sicherheitsabfrage -->
```

Schauen Sie sich den Quelltext genau an und versuchen nachzuvollziehen, welche Verarbeitungsschritte auf die Datei wirken und wie die einzelnen Anzeigen gehandlet werden. Achten Sie auch auf die einmalige Festlegung von Variablen nach dem Aufruf des Templatebereiches. XSL stellt diese Funktion genauso zur Verfügung wie die Möglichkeit, mit Foreach-Schleifen zu arbeiten. Eine XSL-Variable ist während der Aufführung des Templates permanent gültig und die Parameter verlieren sich erst, wenn das Template beendet wird. Anders als bei PHP kann die Variable also nicht zur Laufzeit geändert werden.

Nutzen kann man Variablen in XSL zum Beispiel innerhalb von Foreach-Schleifen, da dort einfache, ans Template übergebene Werte `$tpl->id = $id;` keine Gültigkeit besitzen. Da man aber manchmal solche Werte benötigt, z.B. um per If-Abfrage bestimmte Werte aus einer Blockvariable, die per Foreach ausgelesen werden, abzufangen. Das Setzen als Variable umgeht also diesen Umstand und lässt auch solche einfachen Arbeitsschritte zu.

16.3.3 Die Datei index.wiki.css

In dieser Datei wird, wie der Name schon sagt, das gesamte CSS-Style des Hauptbereiches geregelt. Alle CSS-Klassen sind performant und bauen den Hauptbereich in seiner aktuellen Darstellung auf.

Um dem Umstand gerecht zu werden, dass bestimmte Browser (hauptsächlich die von Microsoft) mit einigen gängigen CSS Standards nicht klarkommen oder sie schlicht anders interpretieren, haben wir hier für bestimmte Anzeigenbereiche sogenannte Browserhacks eingebaut. Damit gewährleisten wir, dass die Seite in allen Browsern gleich dargestellt wird.

Der Quelltext der Datei *index.wiki.css*

```
.watch {
        border:1px solid #ff0000;
        padding-left:5px;
        height:20px;
}
#main_left {
        margin-top:5px;
        margin-left:20px;
        width:200px;
        border:2px solid #e0e0e0;
        padding:5px;
}
#main_left_width {
        width:160px;
        height:350px;
```

```
        background-color:#e0e0e0;
        padding-left:20px;
        padding-right:20px;
        padding-top:10px;
        padding-bottom:10px;
        font-family:Verdana, Arial, Helvetica, sans-serif;
        font-size:12px;
        color:#666;
        overflow:auto;
}
#main_right {
        width:723px;
        height:310px;
        top:320px;
        left:250px;
        border:2px solid #e0e0e0;
        padding:5px;
        position:absolute;
}
#main_right_width {
        width:683px;
        height:290px;
        background-color:#e0e0e0;
        padding-left:20px;
        padding-right:20px;
        padding-top:10px;
        padding-bottom:10px;
        font-family:Verdana, Arial, Helvetica, sans-serif;
        font-size:12px;
        color:#666;
        overflow:auto;
}
#main_right_top {
        width:723px;
        height:40px;
        top:260px;
        left:250px;
        border:2px solid #e0e0e0;
        padding:5px;
        position:absolute;
}
#main_right_top_width {
        width:683px;
        height:30px;
        background-color:#e0e0e0;
        padding-left:20px;
        padding-right:20px;
        padding-top:10px;
        font-family:Verdana, Arial, Helvetica, sans-serif;
        font-size:12px;
        color:#666;
```

```css
}
.kat {
        font-size:12px;
        font-weight:normal;
}
.under_cat {
        padding-left:10px;
}
.padding_image {
        padding-left:10px;
        padding-right:10px;
}
.new_category {
        width:200px;
        border:1px solid #ff0000;
        padding:20px;
        left:360px;
        top:50px;
        text-align:center;
        color:#0000FF;
        background-color:#fff;
        position:absolute;
        z-index:100;
}
.check_del {
        width:150px;
        border:1px solid #ff0000;
        padding:20px;
        left:270px;
        top:30px;
        text-align:center;
        color:#0000FF;
        background-color:#fff;
        position:absolute;
        z-index:110;
}
.textarea_width {
        width:680px;
        height:80px;
}
.input_width {
        width:570px;
}
.select_width {
        width:150px;
}
/* Browserhacks für IE */
*+html #main_right {
        margin-top:28px;
        position:absolute;
}
```

```
*+html #main_right_top {
        margin-top:28px;
        position:absolute;
}
```

16.3.4 Die Datei index.wiki.js

Kommen wir nun zur JavaScript-Datei, in der wie eingangs erwähnt die Funktionen beschrieben sind, die Divcontainer öffnen und schließen, oder per DOM (DOCUMENT OBJECT MODEL) mit AJAX bestimmte Daten abgerufen und an die verarbeiteten Scripte übergeben werden.

Gleichzeitig wird hier die Funktion ausgeführt, die dem User anzeigt, wie lange er noch eingelogt ist `function logtime(name,time)`.

Diese Funktion berechnet permanent die aktuelle Zeit und vergleicht diese mit dem Timestamp, der beim Login in die Tabelle *user_login* geschrieben wird. Die berechnete Zeit, die sich im Sekundentakt minimiert, wird dann an das Template abgegeben, so dass der Eindruck entsteht, die Zeit wird heruntergezählt. Bei Ausführen einer Aktion im Hauptfenster wird dann auch immer wieder der Timestamp neu übergeben, so dass bei Berechnen der ablaufenden Zeit kein Verlust entsteht. Eine If-Abfrage prüft im weiteren Verlauf, ob der Parameter der aktuellen Zeit kleiner oder gleich dem Timestamp der Tabelle ist. Solange dies der Fall ist wird die Anzeige als herabzählende Zeit aufgebaut, wenn nicht gibt ein else hier einen simplen Text heraus, der besagt, dass die Loginzeit abgelaufen ist. Die Funktion setCategoryNewDiv(field) öffnet und schließt den Divcontainer für die Anfrage einer neuen, nicht vorhandenen Kategorie.

Die hier wichtigste Funktion `setCategoryNew(field, div)` liest das Eingabefeld für die neue Kategorie aus und übergibt per AJAX diese Textpassage an die Datei index.wiki.write.php . Diese Datei schreibt nun ihrerseits den Stream in die Datenbanktabelle, die alle Kategorien beinhaltet und diese beim Neuladen der Seite anzeigt. Die Gefahr die hier besteht, ist, dass wir im ersten Moment keine Möglichkeit haben, direkt darauf zu reagieren, sprich illegale o.ä. Einträge zeitnah zu entfernen. Dies geschieht erst dann, wenn wir im CMS nachvollziehen, was genau zu welchem Zeitpunkt dort eingetragen wurde. Denkbar wäre um diesem Umstand aus dem Wege zu gehen, dass die Kategorie erst erscheint, nachdem wir selbst dieser eine Freigabe erteilt haben. Das wäre im Nachhinein eine schöne Aufgabe für Sie, versuchen Sie es ruhig einmal, dies selbst so umzusetzen.

Der Quelltext der Datei *index.wiki.js*

```javascript
var t1;
var id="";
var name;
function logtime(name,time){
  org_time=time;
  if(org_time!=0){
    var day=Math.floor(time/60/60/24);
    var time=time-day*60*60*24;
    var hour=Math.floor(time/60/60);
    var time=time-hour*60*60;
    var minute=Math.floor(time/60);
    var second=time-minute*60;
    if(minute<10) min0="0"
    else min0="";
    if(second<10 ) sec0="0"
    else sec0="";
    if(day>0) {
      var output=day+"d "+hour+":"+min0+minute+":"+sec0+second;
    }
    if(day==0) {
      var output=hour+":"+min0+minute+":"+sec0+second;
      id=window.setTimeout("logtime('"+name+"',"+(org_time-1)+")", 1000);
    }
  } else {
    var output='<span style="color:#FF0000">Ende der Logzeit erreicht</span>';
  }
  document.getElementById(name).innerHTML = output;
}
function setCategoryNewDiv(field) {
  var div = document.getElementById(field);
  if(div.style.display == "none") div.style.display = "Block";
  else div.style.display = "none";
}

function setCategoryNew(field, div) {
  var cat = document.getElementById(field).value;
  var myAjax = new Ajax.Request("/ajax/portal/index.wiki.write.php", {
method: 'post',
    parameters: 'category=' + cat,
    onComplete:
      function f(response) {
        if(response.responseText == "true") {
          location.reload();
        } else {
          alert("Fehler");
        }
      }
  });
  document.getElementById(div).style.display = "none";
}
function closeDiv(id) {
```

```
    document.getElementById(id).style.display = "none";
  }
  function checkDelete(id) {
    var div = document.getElementById(id);
    if(div.style.display == "none") div.style.display = "Block";
    else div.style.display = "none";
  }
```

16.4 Beitrag schreiben

Der erste Bearbeitungspunkt in unserem Hauptfenster, dass Schreiben von Beiträgen wird gewählt durch Klick auf den Stift-Icon . Kennzeichnend sind hier die vier Formular-Elemente, die alle Parameter für das EVA-Prinzip (Eingabe, Verarbeitung, Ausgabe) bereitstellen.

Der User kann die Kategorie wählen unter der er seine Frage einstellen möchte, einen Titel (der nachher im Menue erscheint) eingeben, die eigentliche Frage sowie eine Auswahl treffen, wie mit derselben verfahren werden soll (für weitere Bearbeitung Sperren oder Freigeben).

Da wir die ganze Anzeige, also auch diese, über das Template *index.wiki.xsl* händeln, benötigen wir hier lediglich die passenden Datenverarbeitungsdateien (*.php). Das kommt auch bei den folgenden Bearbeitungspunkten (Ändern, Löschen usw.) zum Tragen.

16.4.1 Die Datei index.write.php

Die Datei index.write.php händelt, wie der Name schon sagt, die Speicherung der Usereingaben in die Datenbanktabelle.

Gleichzeitig haben wir hier auch die anfangs erwähnte Sicherheitsabfrage mit eingebaut, um unnötigen SPAM zu verhindern und uns den Einbau umständlichen Captcha-Dateien und Abfragen zu ersparen.

Eine weitere Abfrage beinhaltet das Erkennen ob eine Frage (Titel) bereits gespeichert ist. Hiermit wollen wir Verhindern, das Doppelposts in die Datenbank eingetragen werden, was z.B. passiert, wenn der Refreshbutton des Browsers gedrückt wird.

Zum Speichern der Eingabe erstellen wir uns ein Objekt der Klasse Subcategory und übergeben den Settermethoden des Objektes die einzelnen Eingaben. Mit der Objektmethode store() speichern wir diese Eingaben unter einer neuen ID, weil für diesen neuen Datensatz noch keine ID vorhanden ist. Würden wir an dieser Stelle eine vorhandene ID übergeben würde die Store-Methode den darunter gespeicherten Datensatz lediglich Updaten.

Das PHP-Methode `exit()` tritt ein, wenn unsere Sicherheitfelder beschrieben sind, hier also offensichtlich ein Bot am Werke war. Sie beendet das laufende Programm, so das weitere Botanfragen unwirksam bzw. nicht mehr ausgeführt werden.

Der Quelltext der Datei *index.write.php*

```php
// User Logtime abfragen
UserLogin::checkUserLogTime();
// Nur aufrufen wenn POST true
if(!empty($_POST["sub_category"]) && !empty($_POST["text"])) {
  // Bot Sicherheitsabfrage
  if($_POST["bot"] == "" && $_POST["ja"] == "") {
    // Abfrage ob Frage bereits vorhanden (verhindert Doppelpost in DB)
    if($_POST["sub_category"]!= Subcategory::giveSubCategory($_POST["sub_category"])) {
      // Frage speichern
      $userId = User::giveUserId();
      $subCat = new Subcategory();
      $subCat->setCategoryId($_POST["category_id"]);
      $subCat->setSubCategory($_POST["sub_category"]);
      $subCat->setReleases($_POST["releases"]);
      $subCat->setUserId($userId);
      $subCat->setSubSession(md5($_POST["sub_category"]));
      $subCat->store();
      // Antwort speichern
      $quest = new Question();
      $quest->setCategoryId($subCat->getId());
      $quest->setTexte($_POST["text"]);
      $quest->store();
      // Superglobale Variable umschreiben um Doppelanzeige
      // 'write' & 'ok' zu vermeiden, da $_REQUEST["work"]
      // über index.wiki.php gesetzt und works zweimal
      // aufgerufen wird
      $_REQUEST["work"] = "ok";
      // Menue neu einlesen und anzeigen (auf neue Frage reagieren)
      $tpl->subcat=new Arrays(Subcategory::gather($_POST["category_id"]));
    }
  } else {
    // Wenn Bot dann Ende
    exit();
  }
}
```

16.4.2 Die Datei index.wiki.write.php

Die Verarbeitung der Eingabe einer neuen Kategorie habe ich ja bereits ausfürlich erklärt, hier nun der Code der AJAX-Datei.

Der Quelltext der Datei *index.wiki.write.php*

```php
require_once($_SERVER["DOCUMENT_ROOT"] . "/class/class.Init.php");
$cat = new Category();
$cat->setCategory(strip_tags($_POST["category"]));
$cat->store();
if(!empty($_POST["category"])) {
  echo "true";
} else {
  echo "false";
}
```

16.5 Beitrag löschen

Hiermit werden Fragen dauerhaft aus der Datenbank gelöscht. Wir nutzen dafür die Remove-Methode unserer Klasse. An diese Methode wird lediglich die ID des Beitrages übergeben, die dann den Beitrag entfernt.

Im nächsten Schritt werden nun alle Subkategorien die noch vorhanden sind, zur Anzeige eingelesen und an das Template übergeben.

16.5.1 Die Datei index.delete.php

Der Quelltext der Datei *index.delete.php*

```php
$tpl->works = "delete";
// Frage auf '0' setzen wenn id vorhanden
if(!empty($_POST["catId"])) {
        Subcategory::removeSubcat($_POST["catId"]);
}
$userCat = Subcategory::giveAllUserSubategory();
if($userCat != false) {
        $tpl->userCat = new Arrays($userCat);
        $tpl->available = "yes";
} else {
        $tpl->available = "no";
}
```

16.6 Eigene Notizen

Mit diesem Future wollen wir dem angemeldeten User ermöglichen, bestimmte Notizen abzulegen, die nur vom ihm selbst eingesehen werden können. Dies ist in sofern vorteilhaft, dass, wenn man auf bestimmte Fragen zu einem späteren Zeitpunkt reagieren möchte, erstmal also abwarten will was an weiteren Antworten hinzukommen, sich zu jeder Phase bestimmte Anmerkungen notieren kann. Die Notizen sollen hier also helfen auf lange Sicht nicht den Faden zu verlieren.

Wir legen uns auch hierfür eine eigene Klasse an, um die Datenverarbeitung in einem Objekt zu kapseln. Alle Getter/Setter-Methoden sowie das gesamte Datenbankhändling findet sich hier wieder, wie bei allen anderen Klassen auch.

16.6.1 Klasse class.Notice.php

Die Klasse Notice mit ihren Membervariablen, allen Getter/Setter und Datenbankmethoden.

Der Quelltext der Datei class.Notice.php

```php
class Notice {
  private $userId;
  private $dateTime;
  private $text;
  private $status;

  public function __construct($id = NULL) {
    if($id === NULL) {
      return;
    }
    $this->setId($id);
    $this->load();
  }
  public function setUserId($userId) {
    $this->userId = $userId;
  }
  public function getUserId() {
    return $this->userId;
  }
  public function setDateTime($dateTime) {
    $this->dateTime = $dateTime;
  }
  public function getDateTime() {
    return $this->dateTime;
  }
  public function setText($text) {
    $this->text = $text;
  }
  public function getText() {
    return $this->text;
  }
  public function setStatus($status) {
    $this->status = $status;
  }
  public function getStatus() {
    return $this->status;
  }
  public function store() {
    $this->remove();
```

```php
    $qry = "INSERT INTO notice
        (
          user_id,
          date_time,
          text,
          status
        )
        VALUES
        (
          '" . $this->getUserId() . "',
          '" . $this->getDateTime() . "',
          '" . $this->getText() . "',
          '1'
        )
    ";
    DBMember::query($qry);
  }
  public function remove() {
    $qry = "DELETE FROM notice WHERE user_id = '" . $this->getUserId() . "'";
    DBMember::query($qry);
  }
  public function load() {
    $qry = "SELECT
          date_time,
          text,
          status
        FROM
          notice
        WHERE
          user_id = '" . $this->getUserId() . "'
        AND
          status = '1'
        ";
    $res = DBMember::query($qry);
    $row = DBMember::fetchArray($res);
    $this->setUserId($row["user_id"]);
    $this->setDateTime($row["date_time"]);
    $this->setText($row["text"]);
    $this->setStatus($row["status"]);
  }
  public function toArray() {
    return array(
        "userId"   => $this->getUserId(),
        "dateTime" => $this->getDateTime(),
        "text"     => $this->getText(),
        "status"   => $this->getStatus()
    );
  }
}
```

16.6.2 Die Datei index.notice.php

Mit dem Script index.notice.php werden die Einträge der User aus der Datenbank gelesen und im Hauptfenster unseres Projektes angezeigt. Auch dieses Script ist relativ kurz gehalten, da wir hier lediglich das Auslesen und die Übergabe des Eintrages durchführen müssen. Wichtig hierbei ist, dass wir im Constrcuctor der Klasse `Notice` **die ID** (`$this->setId($id)`) setzen und im Anschluß die Methode load() aufrufen. Somit benötigen wir im Script zum Abrufen des Eintrages lediglich eine Zeile (`$not = new Notice(User::giveUserId());`). Wir Übergeben damit dem Objekt 'Notice' die ID direkt, ohne die Methode `setId()` explizit aufrufen zu müssen. Der Vorteil ist ein um eine Zeile gekürzter Code bei allen Anfragen an das Objekt. Die Variable `$not` enthält nun den Eintrag, den wir mit Hilfe der Klasse 'Arrays' an das Template abgeben. Die Variable `work` wird benötigt, um dem Hauptfenster mitzuteilen, das wir uns im Notizbereich befinden und nur dieser Bereich angezeigt werden soll.

Der Quelltext der Datei *index.notice.php*

```
$tpl->works = "notice";
$not = new Notice(User::giveUserId());
$tpl->notice = new Arrays($not);
```

16.6.3 Die Datei index.notice.submit.php

Mit dieser Datei werden die Usereinträge letztlich in die Datenbank geschrieben. Wir haben hier zum einen wieder die SPAM-Überwachung zu Einsatz gebracht Zum anderen entfernen wir mit der PHP-Methode `strip_tags()` alle HTML-Tags aus dem Stream, bevor wir diesen an die Methode `store()` zum Speichern übergeben.

Sollte der Eintrag erfolgreich verlaufen sein, laden wir die Seite Notiz durch die Header Methode (`header("Location: index.php?action=wiki&work=notice");`) neu, so, dass dieser Eintrag aufgerufen durch die Datei *index.notice.php*, sofort angezeigt wird. Bei einem fehlerhaften Versuch (SPAM Verdacht) leiten wir ebenfalls mit der Header-Methode auf eine Fehlerseite um. Damit verhindern wir gleichzeitig das die BOT's mit ihrem programminternen Automatismus unser Script mehrfach hintereinander ausführen können, um SPAM o.ä. in unserer Datenbank zu platzieren.

Der Quelltext der Datei *index.notice.submit.php*

```
require_once($_SERVER["DOCUMENT_ROOT"] . "/class/class.Init.php");
if($_POST["bot"] == "" && $_POST["ja"] == "") {
    $not = new Notice(User::giveUserId());
    $not->setText(strip_tags($_POST["notice"]));
    $not->setDateTime(date("d.m.Y - H:i:s"));
    $not->store();
    header("Location: index.php?action=wiki&work=notice");
```

```
} else {
  header("Location: index.php?action=register/error");
}
```

16.7 Suche

Die Suche die wir hier programmieren, wird eine reine SQL-Volltextsuche und sucht innerhalb aller in der Datenbank gespeicherten Frage nach Übereinstimmungen mit den gesuchten Wörtern oder Sätzen.

17.7.1 Klasse class.Search.php

Diese Klasse beinhaltet anders als bisher keine eigenen gekapselten Objektmethoden weshalb der Constructor leer bleiben kann. Wir benötigen hier lediglich eine statische Methode, die, die Suchanfrage erledigt und per Return das Ergebnis als Array zurückgibt. Wir machen uns hier den Umstand zu nutze, dass wir innerhalb von Objektmethoden ohne weiteres Methoden anderer Objekte aufrufen können. So nutzen wir hier die Methode load() der Klasse Subcategory um alle Fragen in einer While-Schleife nacheinander aus der Datenbank zum Suchen abzurufen und bei Übereinstimmung an ein Array zu übergeben.

Die Suche selbst führen wir mit der MySQL-Methode MATCH() durch. Diese Methode wird auch boolsche Volltextsuche genannt und unterstützt einen Index als FULLTEXT.

Lesen Sie hierzu auch http://dev.mysql.com/doc/refman/5.1/de/fulltext-search.html.

Als Abfrageerweiterung nutzen wir den Zusatz WITH QUERY EXPANSION. Wir verhindern damit eine blinde Suchanfrage, die entsteht wenn die Suchphrase zu kurz ist oder Teile der Suchparameter im ersten Durchlauf nicht gefunden werden, so, dass eigentlich kein Ergebnis zurückgegeben werden kann. Eine genaue Abhandlung zur boolschen Volltextsuche finden Sie unter dem genannten Link.

Funktionieren wird diese Suchmethode allerdings nur dann, wenn die Datenbanktabelle entsprechend dafür vorbereitet wurde. Tippen Sie hierfür in Ihrer Datenbankadministration (z.B. PhpMyAdmin) folgenden MySQL-Befehl ein:

```
ALTER TABLE questions ADD FULLTEXT (texte)
```

Damit haben wir die Tabelle *„questions'* für die Suche mit MATCH() vorbereitet.

Der Quelltext der Datei *class.Search.php*

```
class Search {
  private $text;
```

```php
public function __construct() { /* LEER */ }
public static function load($text) {
  $result = array();
  $cat = new Subcategory();
  // Dieses Abfragemodel funktioniert nur wenn vorher die DB mit
  // ALTER TABLE questions ADD FULLTEXT (texte) zur Volltextsuche vorbereitet wird
  $qry = "SELECT
        category_id,
        texte
      FROM
        questions
      WHERE MATCH
        (texte)
      AGAINST
        ('" . $text . "' WITH QUERY EXPANSION)
      ";
  $res = DBMember::query($qry);
  while($row = DBMember::fetchArray($res)) {
    $cat->setId($row["category_id"]);
    $cat->load();
    $categoryText = $cat->getSubCategory();
    $categoryId = $cat->getCategoryId();
    $result[] = array(
      "id"    => $categoryId,
      "questId"     => $row["category_id"],
      "texte"       => $categoryText
    );
  }
  return $result;
}
}
```

16.7.2 Die Datei index.search.php

In dieser Datei übergeben wir zum einen den Stream aus dem Suchformular an die
Klasse Search und zum anderen das zurückgegebene Ergebnis per Array an das
Template. Im Template selbst (zu sehen unter *index.wiki.xsl*) zeigt eine XSL Foreach-
Schleife die einzelnen Einträge untereinander an und verlinkt diese gleich mit den
nötigen Parametern zum direkten Aufruf der einzelnen Fragen.

Eintrag aus *index.wiki.xsl*:

```xml
<xsl:for-each select="erg">
<a href="index.php?
        action=wiki&#38;
        work=quest&#38;
        id={id}&#38;
        questId={questId}"
>
<xsl:value-of select="texte" />
```

```
</a><br />
</xsl:for-each>
```

Der Quelltext der Datei index.search.php

```
$tpl->works = "search";
$searchText = $_POST["search_text"] ? $_POST["search_text"] : NULL;
$erg = Search::load($searchText);
// If-Abfrage im Template handlen
if(!empty($erg)) $tpl->erg = new Arrays($erg);
else $tpl->erg = "";
```

16.8 Auslogen

Zu guter letzt benötigen wir noch eine Möglichkeit, das sich der User wieder auslogen kann, sofern er das dann möchte. Zwingend notwendig ist diese Maßnahme, bedingt durch die Zeitvorgabe beim Login nicht, da der User nach zwei Stunden ausgelogt und sein Logtime-Eintrag beim nächsten öffnen der Seite im Browser automatisch aus der Datenbanktabelle gelöscht wird. Der Vollständigkeithalber und des besseren Verständnisses wegen, habe ich diese Methode aber hier mit eingebaut.

16.8.1 Die Datei index.exit.php

Hier wird lediglich eine statische Methode zum löschen des Logtime-Eintrages aufgerufen. Der fehlende Eintrag bewirkt, das bei erneutem Aufruf der Seite das Loginscript ausgeführt und ein erneuter Login erzwungen wird.

Der Quelltext der Datei *index.exit.php*

```
// Fängt die Linkübergabe ab
$tpl->works = "exit";
// Weitere Verarbeitung
UserLogin::logout($_SESSION["user"]["username"]);
```

Das war's dann auch schon. Unser Hauptbereich ist also fertig und kann nun nach Herzenslust genutzt werden.

Wie Ihnen sicherlich aufgefallen ist, fehlt die Möglichkeit eigene oder andere Beiträge zu Editieren. Ich habe ganz bewusst darauf verzichtet diese Futures einzubauen. Der Grund ist, dass ich die Fragen der User so Authentisch wie möglich halten, also eine Manipulation von anderen keine Tür öffnen möchte. Einen Einwand, dass der User ja auch die Möglichkeit haben muss seine eigenen Beiträge bei Umstellung editieren zu können, umgehe ich damit, dass ich sage „er hat ja die Möglichkeit seine Frage zu löschen und neu einzutragen". Per Copy & Paste ist der Arbeitsaufwand hier ähnlich lang, als wenn erst eine Methode zum Editieren angewählt und die Frage dann noch gesucht werden muss. Zumal hierfür auch diverse Sicherheitsmechanismen eingebaut werden müssten, die auch tatsächlich nur die Frage des Users herausgeben und nicht irgendwelche anderen. Es steht Ihnen aber frei ein solches Future selbst einzubauen.

Der nächste Abschnitt dieses Buches widmet sich ganz dem Administratorenbereich (CMS), wo wir die Überwachung der Eingaben und der User die sich angemeldet haben vornehmen werden.

17 Der Adminbereich (CMS)

Nachdem wir das Projekt nun vollständig fertig und Online haben, kommt jetzt der Bereich, der eigentlich an den Anfang gehört.

Huch, werden Sie nun sagen "Was soll den das nun ?"

Ich habe die Hirarchie der Kapitel bewußt so gewählt und den für uns Entwickler wichtigsten Teil an das Ende gepackt, weil ich damit vermeiden wollte, dass Sie beim erstellen der Portalseiten nicht ins Detail gehen, also alle notwendigen Arbeit (die lästig, da immer wiederkehrend) sonst durch das CMS vorgenommen hätten und die notigen Schritte für die Programmierung so gut wie gar nicht verinnerlicht, sprich erlernt hätten. Der Lerneffekt wäre aus meiner Sicht dahin gewesen.

Da Sie aber (das hoffe ich doch stark) dies Buch nicht von hinten angefangen zu lesen, sondern alle Kapitel der Reihe nach durchgearbeitet haben, sind Sie Fit für das CMS. Das CMS wird Sie beim erstellen neuer eigener Projekte oder aber der Erweiterung unseres Projektes unterstützt und ab jetzt zu Beginn eines jeden neuen Projektes realisiert. Sie wissen ja jetzt worauf es ankommt.

Das CMS welches in einem geschützten Bereich abgelegt ist und nur durch wenige Member zu erreichen, bzw. zu bearbeiten ist, wird Ihnen eine Menge Arbeit abnehmen, die bisher immer wieder aufs neue von Hand programmiert werden musste.

Sie wissen ja noch, dass die Grunddateien *.php und *.xsl immer die selbe Grundstruktur haben, also die ersten Programmzeilen jeder Datei den selben Code aufweisen.

Dafür haben wir uns am Anfang dazu entschieden, Vorlagen der XSL,-PHP Dateien anzulegen und die Codezeilen per Copy & Paste in neue Unterseiten einzufügen.

Lediglich die Variablen für die Text,-Title-und Description Abrufe wurden von uns per Hand gesetzt.

Nun das wir uns zu Beginn dazu entschieden haben Vorlagen für diese doch recht lässtigen Arbeiten zu nutzen, werden wir nun noch einen Schritt weiter gehen und eben diese Vorlagen nutzen Dateien auf dem Server zu speichern, wobei gleichzeitig die genannten Variablen direkt gesetzt werden.

Ebenso werden wir die Eingabe der Texte für die Platzhalter über das CMS regeln.

Aber das ist noch nicht alles was unser CMS am Ende können wird.

Was soll das CMS uns nun insgesamt für Arbeiten abnehmen?

- Userverwaltung
- Textverwaltung
- Erstellen und Speichern neuer Unterseiten
- Counteranalyse

Ich habe versucht alle relevanten Arbeiten aufzulisten, wobei dies mit Sicherheit nicht der Weisheit letzter Schluß ist. Es können natürlich noch die eine oder andere Arbeit automatisiert werden, so, dass wir am Ende beim Programmieren der eigentlichen Datenverarbeitung für die einzelnen Templates relativ wenig Code noch selber schreiben müssen. Das würde uns aber meines Erachtens nach ein wenig den Spaß am Programmieren nehmen und ist bei einem kleinen Projekt wie dem unseren auch nicht zwingend nötig, da alles noch relativ überschaubar ist. Allerdings in sehr großen Projekten kann es ganz hilfreich sein die Arbeitsschritte bis ins kleinste zu automatisieren. Das sollten Sie aber dann von Fall zu Fall entscheiden. Ich jedenfalls denke dass wir dies hier nicht brauchen. Beachten Sie auch, das alle im Anschluss aufgeführten Dateien in die dafür vorgesehenen Ordner angelegt und mit Programmcode versehen werden müssen. Die jeweiligen Ordner ergeben sich aus den Dateiendungen (.php, .xsl, .css) bzw. Deklarationen (class.). Lediglich bei den AJAX-Dateien werde ich speziell auf den passenden Ordner hinweisen, weil hier nichts von beidem zutrifft.

Was benötigen wir noch ?

Eine .htacces sowie .htpasswd um den Adminbereich speziell zu schützen.

Erstellen Sie sich dafür zwei Dateien mit den genannten Namen auf Ihrem Server im Ordner admin.

Folgende Codezeilen fügen Sie bitte in die angegebenen Dateien ein:

.htaccess:

```
AuthUserFile /absoluter Pfad ihrer Domain/wiki/admin/.htpasswd
AuthGroupFile /dev/null
AuthName "Freymann"
AuthType Basic
<Limit GET>
require valid-user
</Limit>
```

.htpasswd:

```
{username}:Passwort als gehashter MD5 String
```

Beispiel: admin:6454tgrhb455238899

Nun ist der Ordner `admin` für andere User die versehendlich im Browser darauf verweisen, gesperrt. Nur mit den von Ihnen angegebenen Zugangsdaten in der `.htpasswd` werden die Dateien dieses Ordners während der gesamten Sitzung geladen und angezeigt.

Als Startdatei, das ist die Datei, die beim Aufruf der URL im Browser das Linkhandling vornimmt, benötigen wir nun noch im Wurzelverzeichnis (admin) eine `index.php` mit folgendem Codeblock:

Quelltext der Datei *index.php* aus dem Ordner `admin`

```
session_start();
$action = $_REQUEST["action"] ? $_REQUEST["action"] : "start";
header("Location: http://wiki.mmdf.de/admin/php/admin.".$action.".php");
```

Im Hauptordner admin erstellen Sie nun noch die Unterordner für Klassen, CSS; JavaScript, AJAX und Images, so dass der Verzeichnisbaum am Ende wie folgt ausschaut:

```
- admin
    - ajax
    - class
    - css
    - image
    - js
    - php
    - xsl
```

In den Ordner `class` kopieren Sie folgende Klassen aus dem Portalverzeichnis der Klassen und ändern die danach angegebenen Codezeilen:

```
class.Template.php
class.Connect.php
class.Dbmember.php
class.Init.php
class.Arrays.php
class.ArraysMember.php
```

In der Klasse Init ändern Sie bitte die Zeile

```
require_once($_SERVER['DOCUMENT_ROOT'] . "/class/class." . $class . ".php"); in
require_once($_SERVER['DOCUMENT_ROOT'] . "/admin/class/class." . $class . ".php");
```

In der Klasse Template ändern Sie alle Verweise von

```
$_SERVER["DOCUMENT_ROOT"] . "/portal/xsl/" . $xsl in
$_SERVER["DOCUMENT_ROOT"] . "/admin/xsl/" . $xsl
```

Nun haben wir unseren Administratorenbereich soweit vorbereitet das wir die einzelnen Seiten anlegen und mit Leben füllen können.

Sie werden nun sicherlich denken, warum greifen wir nicht auf die bereits vorhandenen Klassen zu, in dem wir z.B. nur die URL zum Einbinden der XSL-Dateien in der Klasse Template ändern und die Angabe zu den einzelnen XSL-Dateien bei der Objekterstellung entsprechend anpassen. Das kann man natürlich machen und ist auch in der Praxis von mir schon so umgesetzt worden. Doch habe ich die Erfahrung gemacht, dass wenn an den bereits vorhandenen Klassen Änderungen vorgenommen werden diese zum Tel direkte Auswirkungen auf ein Portal haben welches bereits Online ist. Die Auswirkungen können, speziell wenn man damit Geld verdient, fatal sein.

17.1 Das Haupttemplate

Das Hauptemplate ist wie beim eigentlichen Portal auch die immer wieder aufgerufene Basis der Anzeige. Hier händeln wir das Aussehen, die weitere Verlinkung sowie das Einbinden div. CSS und JS Dateien. Alle anderen Arbeitsschritte werden wie im Portal auch, als zusätzliche Templates angelegt und in das Roottemplate geladen.

Da wir allerdings relativ wenig Seiten anlegen und auf grafischen Schnickschnack verzichten werden, genügt hier als Vorgabe bereits jeweils eine CSS sowie JS Dateien die den nachher benötigten Code aufnehmen müssen. Wir ersparen uns damit die Head-Klasse einzubinden und zu bearbeiten. Außerdem können auch die XSL-Foreach-Schleifen im Headbereich des Root-Templates wegbleiben. Ebenso benötigen wir keine Metatags, da unser CMS ja nicht direkt von irgendwelchen Suchmaschinen indexiert werden soll. Auch dadurch sparen wir uns die Headklasse.

Legen wir uns also als erstes die Startdateien für den ersten Aufruf an.Wir werden als erstes Erscheinungsbild die Klickstatistik (Counter) in den Startbereich einfügen und mit einem Link 'home' darauf verweisen.

Die Datei *admin.php*

```
require_once($_SERVER["DOCUMENT_ROOT"] . "/admin/class/class.Init.php");
$tpl = new Template("admin.xsl");
header("Location: index.php?action=start");
```

Da wir zur Weiterleitung zu den Unterseiten, anders als im Portal, keine Linkmaskierung oder Breadcrumbs aus der Datenbank benötigen, reichen uns für die Startdatei, drei Zeilen Code.

Die Datei *admin.xsl*

```
<xsl:stylesheet version="1.0"
  xmlns:xsl="http://www.w3.org/1999/XSL/Transform"
  xmlns="http://www.w3.org/1999/xhtml"
  xmlns:fn="http://www.w3.org/2005/xpath-functions"
  xmlns:php="http://php.net/xsl">
  <xsl:output
    method="xml"
    encoding="utf-8"
    indent="yes"
    doctype-system="http://www.w3.org/TR/xhtml11/DTD/xhtml1-transitional.dtd"
        doctype-public="-//W3C//DTD XHTML 1.0 Transitional//DE"
    omit-xml-declaration="yes"
  />
  <xsl:template match="/">
    <xsl:variable name="host" select="host" />
    <html>
      <head>
        <title>
          P.Freymann :: Wiki - Administration
        </title>
        <styletype="text/css"media="all">@import
url("http://wiki.mmdf.de/admin/css/main.css");</style>
          <script  type="text/javascript" src="http://wiki.mmdf.de/admin/js/main.js" />
          <script  type="text/javascript" src="http://wiki.mmdf.de/js/prototype.js" />
          <script  type="text/javascript" src="http://wiki.mmdf.de/js/jquery.js" />
      </head>
      <body>
        <h2>Wiki - Administration</h2>
        <a href="{$host}/admin/index.php?action=start">home</a> |
        <a href="{$host}/admin/index.php?action=user">user</a> |
        <a href="{$host}/admin/index.php?action=description">description</a> |
        <a href="{$host}/admin/index.php?action=pages">pages</a>
      <p><div class="head">
          <xsl:apply-templates />
        </div></p>
      </body>
    </html>
  </xsl:template>
</xsl:stylesheet>
```

Das Root-Template beinhaltet die weitere Verlinkung zu den Unterseiten. Die Variable `$host` die wir hier zum Einsatz bringen (`<a href="{$host}">`), wird in der Datei `admin.start.php` als Konstante gesetzt und an die Startdatei durch den Include-Befehl innerhalb der Datei `admin.start.xsl` übergeben (`<xsl:include href="admin.xsl" />`). Dadurch ersparen wir uns das immer wiederkehrende eintippen der kompletten URL wenn wir sie benötigen. Wir werden die Konstante daher auch für alle Unterseiten in den jeweiligen PHP-Dateien setzen. Jetzt nur noch die JavaScript Framework-

Klassen Prototype und JQuery aufrufen, da wir im weiteren Verlauf mit AJAX bestimmte Daten ändern bzw. Abrufen wollen.

Die Datei *main.css*

```css
body {
   font-family:Verdana, Arial, Helvetica, sans-serif;
   font-size:12px;
   color:#315090;
}
h2 {
   font-family:Verdana, Arial, Helvetica, sans-serif;
   font-weight:bold;
   font-size:16px;
   color:#315090;
}
.head {
   width:1000px;
   height:500px;
   border:1px solid #315090;
   background-color:#ededed;
   overflow:auto;
}
a {
   font-family:Verdana, Arial, Helvetica, sans-serif;
   font-size:12px;
   text-decoration:none;
   color:#315090;
   font-weight:bold;
}
a:hover {
   color:#00cc00;
}
.textarea {
   width:400px;
   height:100px;
   border:1px solid #315090;
   text-align:left;
}
```

Die Stylesheets des CMS befinden sich hier. Wir benötigen nur diese eine CSS-Datei da die benötigten Styles nicht überhand nehmen werden.

Für die Anzeige der Counterstatistik erstellen wir noch die folgenden drei Dateien:

Die Klasse *class.Statistics.php*

```php
class Statistics {
   // Konstruktor
   public function __construct() { /* JEER */ }
   public static function gather () {
```

```php
$qry = "SELECT * FROM counter";
$res = DBMember::query($qry);
$result = array();
while($row = DBMember::fetchArray($res)) {
  $result[] = array(
          "userIp"          => $row["user_ip"],
          "userHost"        => $row["user_host"],
          "referer"         => $row["referer"],
          "host"            => $row["host"],
          "site"            => $row["site"]
  );
}
return $result;
}
public static function gatherToDate($month,$year) {
  // Setze Jahr auf aktuell
  if(empty($year)) {
    $year = "2010";
  }
  // Hole Tage der einzelnen Monate
  $day[1] = '31';
  $day[2] = '28';
  $day[3] = '31';
  $day[4] = '30';
  $day[5] = '31';
  $day[6] = '30';
  $day[7] = '31';
  $day[8] = '31';
  $day[9] = '30';
  $day[10] = '31';
  $day[11] = '30';
  $day[12] = '31';
  // Hole Timestamp zwischen dem 1 und letzten eines Monats
  $timestampFrom = strtotime($year."-".$month."-1");
  $timestampTo = strtotime($year."-".$month."-".$day[$month]);
  $result = array();
  // Lese alle IP für gesuchten Zeitraum aus
  $qry = "SELECT * FROM counter WHERE datetime >= '" . $timestampFrom . "' AND datetime
<= '" . $timestampTo . "'";
  $res = DBMember::query($qry);
  while($row = DBmember::fetchArray($res)) {
    $result[] = array(
            "ip" => $row["user_ip"],
            "host" => $row["user_host"]
    );
  }
  return $result;
}
}
```

Die Klasse Statistics, beinhaltet lediglich zwei statische Methoden, weshalb der Konstruktor leer bleiben kann. Die erste Methode ist gather(), die uns alle Einträge ohne Where-Klausel aus der Datenbank liefert. Die zweite Methode ruft alle Einträge nach angeforderten Datum (Monat, Jahr) ab, wobei nur die UserIp und der UserHost zurückgegeben werden. Da wir in der Datenbank nur einen UNIX-Timestamp zur Datumsverarbeitung gespeichert haben, müssen wir dementsprechend reagieren um ein adäquates Ergebnis zu erhalten. Ich habe daher hier je zwei Timestamps erstellt, die jeweils den Anfang und das Ende eines Monats markieren. Diese beiden Werte geben wir einer SELECT-Anweisung per WHERE-Klausel mit, womit alle Datensätze innerhalb dieser Zeiträume ausgelesen werden. Um für jeden Monat die richtigen Tage zu erhalten, gibt es in der Methode ein Array welches durch den 'Key' (1-12) die jeweiligen Monate eines Jahres signalisieren und durch den Parameter 'Var' die Anzahl Tage der Monate. Was hier noch fehlt, ist die Auswertung von Schaltjahren. Was ich Ihnen als kleine Hausaufgabe wärmstens ans Herz legen möchte. Für den Anfang reicht uns das so erst einmal.

Die Datei *admin.start.php*

```
require_once($_SERVER["DOCUMENT_ROOT"] . "/admin/class/class.Init.php");
$tpl = new Template("admin.start.xsl");
define("HOST","http://wiki.mmdf.de/admin");
$tpl->host = HOST;
// Rufe alle Countereinträge ab
$count = Statistics::gatherAll();
$tpl->counterAll = new Arrays($count);
// Rufe Statistik nach Datum ab
if($_POST["work"] == "datetime") {
   $erg = Statistics::gatherToDate($_POST["month"],$_POST["year"]);
   $tpl->erg = new Arrays($erg);
   $year = $_POST["year"] ? $_POST["year"] : date("Y");
   $tpl->dates = $_POST["month"].".".$year;
}
$tpl->out();
```

Hiermit fangen wir als erstes die gather-Methode auf und geben das Ergebnis als Blockelement an das Template ab. Wir können nun unsere Anzeige innerhalb der XSL-Datei nach belieben anpassen, wobei ich hier nur den Count des Ergebnisses ausgebe (`<xsl:value-of select="count(counterAll)" />`). Das reicht für die erste Ausgabe beim Aufruf der Datei.

Als nächstes wird über ein Formular ein Monat und Jahreswert angefordert der per Submit an die PHP-Datei weitergeleitet und ausgewertet wird. Den Jahreswert belegen wir mit dem aktuellen Jahr immer dann, wenn kein Wert in das Inputfeld eingegeben wurde. Eine Hidden-Variable (`work`) verweist innerhalb des Scriptes auf eine

If-Abfrage die in ihrem Abfragekörper die Auswertung vornimmt (`if($_POST["work"]
== "datetime")`). Das Ergebnis wird wiederrum als Block-Element an das Template
abgegeben.

Die Datei *admin.start.xsl*

```
<xsl:stylesheet version="1.0"
  xmlns:xsl="http://www.w3.org/1999/XSL/Transform"
  xmlns="http://www.w3.org/1999/xhtml"
  xmlns:fn="http://www.w3.org/2005/xpath-functions"
  xmlns:php="http://php.net/xsl">
<xsl:output
   method="xml"
   encoding="utf-8"
   indent="yes"
   doctype-system="http://www.w3.org/TR/xhtml11/DTD/xhtml11-transitional.dtd"
      doctype-public="-//W3C//DTD XHTML 1.0 Transitional//DE"
   omit-xml-declaration="yes"
/>
<xsl:include href="admin.xsl" />
<xsl:template match="/root">
   <xsl:variable name="host" select="host" />
   <div style="padding:10px;">
   <fieldset>
     <legend>Besucheranalyse</legend>
     Insgesamt <xsl:value-of select="count(counterAll)" /> Besucher<br />
   </fieldset><br />
   <fieldset>
     <legend>Monatsanalyse</legend>
     <form method="post" action="#">
       <input name="work" type="hidden" value="datetime" />
       Monat:
       <select name="month">
         <option value="1">Januar</option>
         <option value="2">Februar</option>
         <option value="3">Maerz</option>
         <option value="4">April</option>
         <option value="5">Mai</option>
         <option value="6">Juni</option>
         <option value="7">Juli</option>
         <option value="8">August</option>
         <option value="9">September</option>
         <option value="10">Oktober</option>
         <option value="11">November</option>
         <option value="12">Dezember</option>
       </select>
       <xsl:text> </xsl:text>
       Jahr: <input name="year" type="text" style="width:50px;" />
       <xsl:text> </xsl:text>
       <input type="submit" value="Holen" />
```

```
      </form>
    </fieldset><br />
    <fieldset>
      <legend>Ergebnis</legend>
      <table>
        <tr>
          <td colspan="2">
            <p>
            Insgesamt
            <xsl:value-of select="count(erg)" />
            Besucher in
            <xsl:value-of select="dates" />
            </p>
          </td>
        </tr>
        <xsl:for-each select="erg">
        <tr>
          <td width="150">
            IP: <xsl:value-of select="ip" />
          </td>
          <td>
            Host: <xsl:value-of select="host" />
          </td>
        </tr>
        </xsl:for-each>
      </table>
    </fieldset>
    </div>
  </xsl:template>
</xsl:stylesheet>
```

Der XSL-Code sollte eigentlich, wenn Sie das Buch durchgearbeitet haben,
selbsterklärend sein. Ich habe hier der Übersichthalber lediglich einige Fieldsets mit
eingebaut die im HTML als Label für Elemente notiert sind.

17.2 Die Userverwaltung

Der nächste Punkt in unserem CMS ist die Userverwaltung. Hier werden wir alle
angemeldeten User mit allen Daten die in der Datenbank stehen auflisten und gegebenenfalls bearbeiten, wobei die wichtigste Aufgabe sein wird einen User zu sperren
oder ihn falls nötig wieder freizuschalten. Änderungen an den vom User eingegebenen Daten zu seiner Person könnte man natürlich hier auch einbauen, wobei ich dies
für sehr gefährlich halte, da diese Daten dem allgemeinen Datenschutz unterliegen
und jegliche Änderung genehmigungspflichtig sind. Wir beschränken uns daher auf
das Freischalten bzw. Sperren.

Die Datei *admin.user.php*

```php
require_once($_SERVER["DOCUMENT_ROOT"] . "/admin/class/class.Init.php");
$tpl = new Template("admin.user.xsl");
define("HOST","http://wiki.mmdf.de/admin");
$tpl->host = HOST;
if($_GET["work"] == "status") {
  switch ($_GET["stat"]) {
    case "open":
      User::setStatus($_GET["id"],1);
      break;
    case "close":
      User::setStatus($_GET["id"],0);
      break;
  }
}
$userData = User::gather();
$tpl->userData = new Arrays($userData);
$tpl->out();
```

Wie Sie sehen haben wir zum einen den allgemeinen Datenabruf mit `gather()` und
zum anderen, per Switch/Case, anhand der UserId und dem richtigen Wert für
Freischalten oder Sperren, den Status neu. Die statische Funktion hierfür befindet
sich in der Klasse User.

Die Datei *admin.user.xsl*

```xml
<xsl:stylesheet version="1.0"
  xmlns:xsl="http://www.w3.org/1999/XSL/Transform"
  xmlns="http://www.w3.org/1999/xhtml"
  xmlns:fn="http://www.w3.org/2005/xpath-functions"
  xmlns:php="http://php.net/xsl">
<xsl:output
    method="xml"
    encoding="utf-8"
    indent="yes"
    doctype-system="http://www.w3.org/TR/xhtml1/DTD/xhtml1-transitional.dtd"
      doctype-public="-//W3C//DTD XHTML 1.0 Transitional//DE"
    omit-xml-declaration="yes"
/>
<xsl:include href="admin.xsl" />
<xsl:template match="/root">
  <xsl:variable name="host" select="host" />
  <div style="padding:10px;">
    <fieldset>
      <legend>Userdaten</legend>
      <table>
        <tr>
          <td><strong><em>Name</em></strong></td>
          <td><strong><em>Username</em></strong></td>
          <td><strong><em>Email</em></strong></td>
```

```
            <td><strong><em>Registriert am</em></strong></td>
            <td><strong><em>Status</em></strong></td>
          </tr>
          <xsl:for-each select="userData">
          <tr>
            <td width="200">
                <xsl:value-of select="firstname" />
                <xsl:text> </xsl:text>
                <xsl:value-of select="lastname" />
            </td>
            <td width="100">
                <xsl:value-of select="username" />
            </td>
            <td width="200">
                <xsl:value-of select="email" />
            </td>
            <td width="200">
                <xsl:value-of select="registered" />
            </td>
            <td>
                <xsl:if test="status = '1'">
                <a href="?action=user&#38;id={id}&#38;work=status&#38;stat=close">
                Freigeschaltet
                </a>
                </xsl:if>
                <xsl:if test="status != '1'">
                <a href="?action=user&#38;id={id}&#38;work=status&#38;stat=open">
                Gesperrt
                </a>
                </xsl:if>
            </td>
          </tr>
          </xsl:for-each>
        </table>
      </fieldset>
    </div>
  </xsl:template>
</xsl:stylesheet>
```

Die Aktion für das Setzen des Userstatus regeln wir hier per href-Link, indem wir
die nötigen Daten für das Ändern an den GET-Stream anhängen. Damit wir immer
die richtige Anzeige, also welchen tatsächlichen Status der User gerade besitzt, im
Fenster haben, fragen wir per XSL-If den Wert für den Status aus dem Blockelement
ab und platzieren einen passenden Text dafür. Auf der PHP Seite kommt dann die
oben bereits erwähnte Switch/Case Methode zu Einsatz. Beachten Sie bitte noch, dass
wir in den Href-Tags die einzelnen GET-Parameter statt mit dem kaufmännischen
UND mit der UTF8-Codierung ‚&' versehen. Das kommt daher, weil der XSL-
Parser ein einzelnes '&' nicht interpretiert, da dieses Zeichen als Anfang für alle Zei-

chencodierungen steht (HTML, XSL), also als ‚Schlüssel' gesetzt ist. Lesen Sie dazu auch die Dokumentationen, der Internetseiten, die am Ende des Buches aufgezeigt sind.

Zu guter letzt noch die Klasse die wir für die Aktion benötigen.

Die Datei *class.User.php*

```php
class User {
  public function __construct($id = NULL) { /* LEER */ }
  public static function gather() {
    $result = array();
    $qry = "SELECT
            id,
            firstname,
            lastname,
            username,
            email,
            registered,
            status
          FROM
            user
    ";
    $res = DBMember::query($qry);
    while($row = DBMember::fetchArray($res)) {
      $result[] = array(
              "id" => $row["id"],
              "firstname"        => $row["firstname"],
              "lastname"            => $row["lastname"],
              "username"            => $row["username"],
              "email"        => $row["email"],
              "registered"     => $row["registered"],
              "status"         => $row["status"]
      );
    }
    return $result;
  }
  public static function setStatus($id,$status) {
    $qry = "UPDATE user SET status = '" . $status . "' WHERE id = '" . $id . "'";
    DBMember::query($qry);
  }
}
```

Auch hier benötigen wir nur zwei statische Methoden, die uns zum einen alle Userdaten ausgibt und zum anderen den Status neu setzt.

Das war's dann auch schon mit der Userverwaltung. Es bleibt Ihnen natürlich freigestellt sich in die Verwaltung noch zusätzliche Features einzubauen, nur sollten Sie es hierbei nicht übertreiben, da wie bereits erwähnt, auch in diesem kleinen Rahmen der Datenschutz greift.

17.3 Die Beiträge verwalten

Kommen wir jetzt zu dem Teil, der es uns erlaubt auf die Usereingaben direkt Einfluss zu nehmen. Wir werden hier Beiträge komplett sperren können, was wichtig ist wenn diese Textpassagen enthalten die nicht Jugendfrei oder illegal sind und auch die Möglichkeit haben den Text direkt zu ändern. Das steht zwar nicht unbedingt im Sinne dessen was ich bei den Userdaten über den Datenschutz gesagt habe (auch hier greift dieser) aber wenn wir von der Sicht ausgehen, dass wir auch Fragen eingeben dann macht es schon Sinn, dass zu mindestens wir diese über das CMS ändern können. Dieser Part wird auch einige Dateien mehr enthalten, weil hier unter anderem AJAX zum ändern des Status zum Einsatz kommt.

Die Datei admin.description.xsl

```
<xsl:stylesheet version="1.0"
  xmlns:xsl="http://www.w3.org/1999/XSL/Transform"
  xmlns="http://www.w3.org/1999/xhtml"
  xmlns:fn="http://www.w3.org/2005/xpath-functions"
  xmlns:php="http://php.net/xsl">

  <xsl:output
    method="xml"
    encoding="utf-8"
    indent="yes"
    doctype-system="http://www.w3.org/TR/xhtml1/DTD/xhtml1-transitional.dtd"
        doctype-public="-//W3C//DTD XHTML 1.0 Transitional//DE"
    omit-xml-declaration="yes"
  />

  <xsl:include href="admin.xsl" />

  <xsl:template match="/root">
    <xsl:variable name="host" select="host" />
    <xsl:variable name="catId" select="catId" />
    <div style="padding:10px;">
    <fieldset>
      <legend>Kategorien</legend>
        <form method="post" action="?action=description&#38;work=searchCat">
          <select name="category" style="width:200px;">
            <xsl:for-each select="cat">
              <option value="{id}">
                <xsl:value-of select="category" />
              </option>
            </xsl:for-each>
```

```
        </select>
        <xsl:text> </xsl:text>
        <input type="submit" value="Anzeigen" />
      </form>
    </fieldset><br />
  <fieldset>
    <legend>Fragen</legend>
      <table>
      <xsl:for-each select="subCat">
        <tr>
          <td width="200">
            <a
href="?action=description&#38;work=getQuestion&#38;id={id}&#38;category={$catId}">
              <xsl:value-of select="subCategory" />
            </a><br />
          </td>
          <td>
            <xsl:if test="status = '1'">
            <a onclick="setStatus('{id}','0');return false;">
              Freigeschaltet
            </a><br />
            </xsl:if>
            <xsl:if test="status = '0'">
            <a onclick="setStatus('{id}','1');return false;">
              Gesperrt
            </a><br />
            </xsl:if>
          </td>
        </tr>
      </xsl:for-each>
      </table>
  </fieldset><br />
  <fieldset>
    <legend>Inhalt der Frage <xsl:value-of select="title" /></legend>
      <xsl:for-each select="quest">
        <p>
        <form method="post" action="?action=description&#38;work=update">
          <input name="id" value="{id}" type="hidden" />
          <textarea name="question" class="textarea">
            <xsl:value-of select="texte" />
          </textarea><br />
          <input type="submit" value="Speichern" />
        </form>
        </p>
      </xsl:for-each>
  </fieldset>
  </div>
 </xsl:template>
</xsl:stylesheet>
```

In dieser Template-Datei gibt es genau drei Elementgruppen, die durch ein Fieldset voneinander getrennt sind und unterschiedliche Aufgaben beinhalten. Da wir beim Aufruf der Fragen natürlich nicht gleich alle angezeigt bekommen möchten (im Laufe der Zeit würde das wahrscheinlich ins unermessliche gehen) haben wir im ersten Element eine Auswahl für die Kategorie eingefügt. Im zweiten Element tauchen als Auswahl zur weiteren Anzeige des Inhaltes, die unter der Kategorie abgelegten Fragen auf, wobei diese hier auch mit einem anderen Status versehen werden können (per AJAX). Das dritte Element beinhaltet ein Formular welches die Inhalte in ein Textareafeld zur änderung des Textes ausgibt. Die jeweiligen Weiterleitungen innerhalb der Formulare oder der Href-Tags werden in der anschließend aufgeführten PHP-Datei deutlich. Hier findet neben der Anzeige die weitere Verarbeitung aller Eingaben aus der XSL-Datei statt.

Die Datei *admin.description.php*

```
require_once($_SERVER["DOCUMENT_ROOT"] . "/admin/class/class.Init.php");
$tpl = new Template("admin.description.xsl");
define("HOST","http://wiki.mmdf.de/admin");
$tpl->host = HOST;
// Geänderte Inhalte speichern
if($_GET["work"] == "update") {

}
// Kategogien abrufen
$cat = Description::gatherCategory();
$tpl->cat = new Arrays($cat);
// Fragen abrufen
if($_GET["work"] == "searchCat") {
  $subCat = Description::gatherSubcategory($_POST["category"]);
  $tpl->subCat = new Arrays($subCat);
  $tpl->catId = $_POST["category"];
}
// Inhalte abrufen
if($_GET["work"] == "getQuestion") {
  // Setze ID für Variable
  $tpl->catId = $_GET["category"];
  // Rufe alle Kategorien für Anzeige ab
  $subCat = Description::gatherSubcategory($_GET["category"]);
  $tpl->subCat = new Arrays($subCat);
  // Fragen Titel holen
  $tpl->title = Description::gatherSubcategoryAlone($_GET["id"]);
  // Inhalt der Frage holen
  $quest = Description::gatherQuestions($_GET["id"]);
  $tpl->quest = new Arrays($quest);
}
// Inhalt ändern
if($_GET["work"] == "update") {
  Description::setTextNew($_POST["id"], $_POST["question"]);
```

```
}
$tpl->out();
```

Was jetzt noch fehlt, ist die Klasse, die uns die Methoden zur Verarbeitung und Anzeige liefert.

Die Datei *class.Description.php*

```
class Description {
  // Konstruktor
  public function __construct($id = NULL) { /* LEER */ }
  // STATIC FUNCTIONS
  public static function gatherCategory() {
    $result = array();
    $qry = "SELECT
              id,
              category
            FROM
              categorys
          ";
    $res = DBMember::query($qry);
    while($row = DBMember::fetchArray($res)) {
      $result[] = array(
              "id"            => $row["id"],
              "category"      => $row["category"]
      );
    }
    return $result;
  }
  public static function gatherSubcategoryAlone($catId) {
    $qry = "SELECT sub_category FROM subcategory WHERE id = '" . $catId . "'";
    $res = DBMember::query($qry);
    $row = DBMember::fetchArray($res);
    return $row["sub_category"];
  }
  public static function gatherSubcategory($catId) {
    $result = array();
    $qry = "SELECT
              id,
              sub_category,
              releases,
              status
            FROM
              subcategory
            WHERE
              category_id = '" . $catId . "'
          ";
    $res = DBmember::query($qry);
    while($row = DBMember::fetchArray($res)) {
      $result[] = array(
              "id"                       => $row["id"],
```

```php
                    "subCategory"      => $row["sub_category"],
                    "releases"                 => $row["releases"],
                    "status"                   => $row["status"]
            );
        }
        return $result;
    }
    public static function gatherQuestions($catId) {
        $result = array();
        $qry = "SELECT
                id,
                texte
            FROM
                questions
            WHERE
                category_id = '" . $catId . "'
        ";
        $res = DBmember::query($qry);
        while($row = DBMember::fetchArray($res)) {
            $result[] = array(
                    "id"    => $row["id"],
                    "texte" => $row["texte"]
            );
        }
        return $result;
    }
    public static function setStatus($id,$status) {
        $qry = "UPDATE subcategory SET status = '" . $status . "' WHERE id = '" . $id ."'";
        DBMember::query($qry);
    }
    public static function setTextNew($id,$text) {
        $qry = "UPDATE questions SET text = '" . $text . "' WHERE id = '" . $id ."'";
        DBMember::query($qry);
    }
}
```

Auch hier haben wir mehrere statische Methoden, die unsere Anforderungen erfüllen. Lediglich die SELECT-Anfragen gehen auf unterschiedliche Datenbanktabellen hinaus, da wir um eine Frage zu ändern, die Kategorie sowie den Fragentitel (subcategory) benötigen. Als noch fehlende Dateien in diesem Reigen, verbleiben daher die zum Ändern des Status benötigten AJAX-Dateien.

Die Datei *main.js*

```javascript
function setStatus(id,status) {
    var myAjax = newAjax.Request("http://wiki.mmdf.de/admin/ajax/admin.status.php", {
        method: 'post',
        parameters: {
            id: id,
            status: status
```

```
        }
    });
}
```

Hier übergeben wir per POST die ID einer Frage sowie Ihren zu ändernden Status an
die AJAX-Datei, die mit einer statischen Methode in der Klasse Description den jeweiligen Status ändert. Beim nächsten Neuladen der Seite wird die Änderung wirk-
sam und angezeigt. Die AJAX-Datei hat demzufolge auch nur zwei Zeilen Code und
braucht an dieser Stelle nicht weiter erläutert zu werden.

Die Datei *admin.status.php*

```
require_once($_SERVER["DOCUMENT_ROOT"] . "/admin/class/class.Init.php");
Description::setStatus($_POST["id"],$_POST["status"]);
```

17.4 Erstellen neuer Seiten für das Portal

Kommen wir zum Abschluss zu dem in meinen Augen spannendsten Teil des CMS,
dem Anlegen von Unterseiten für unser Portal. Dieses Feature ist deswegen so span-
nend, weil wir hier alles, was wir für den Einbau und die Anzeige einer Unterseite
innerhalb des Portals bisher selbst anlegen und programmieren mussten, voll automatisieren. Wir werden mit Hilfe der Klasse 'Pages' die Datei auf dem Server ablegen, den richtigen Grundcode implementieren und die erforderlichen Datenbankeinträge vornehmen. Am Ende sind wir soweit, die Dateien lediglich für das Eintragen bestimmter Funkionen öffnen zu müssen.

Als erstes benötigen wir für die weiteren Arbeiten zwei Vorlagedateien, die uns den
Code für die zu erstellenden Seiten liefert. Diese Dateien erstellen wir in den Ordnern 'vorlage' unter /portal/php/ bzw. /portal/xsl/ und benennen diese
index.vorlage.xsl und index.vorlage.php.

Folgende Quelltexte geben Sie in die Dateien ein:

index.vorlage.xsl

```
<xsl:stylesheet version="1.0"
  xmlns:xsl="http://www.w3.org/1999/XSL/Transform"
  xmlns="http://www.w3.org/1999/xhtml"
  xmlns:fn="http://www.w3.org/2005/xpath-functions"
  xmlns:php="http://php.net/xsl">
  <xsl:output
    method="xml"
    encoding="utf-8"
    indent="yes"
    doctype-system="http://www.w3.org/TR/xhtml1/DTD/xhtml1-transitional.dtd"
      doctype-public="-//W3C//DTD XHTML 1.0 Transitional//DE"
```

```
    omit-xml-declaration="yes"
  />
  <xsl:include href="index.xsl" />
  <xsl:template match="/root">
  </xsl:template>
</xsl:stylesheet>
```

index.vorlage.php

```php
require_once($_SERVER["DOCUMENT_ROOT"] . "/class/class.Init.php");
$tpl = new Template("pl1");
$_SESSION["site"]["texte"] = "pl2";
require_once($_SERVER["DOCUMENT_ROOT"] . "/global.php");
$tpl->out();
```

Als Platzhalter für Dateikennzeichnungen nutzen wir die Bezeichnungen pl1 – pl3. Diese werden nachher beim Schreiben der Dateien neu gesetzt.

Generieren wir als nächstes die Klasse, die das Anlegen und Schreiben der angeforderten Dateien erledigt.

Die Datei *class.Pages.php*

```php
class Pages {
  private $var;
  private $vakanz;
  private $breadcrumb;
  public function __construct($var,$vakanz,$breadcrumb) {
      $this->filePhpRead($var);
      $this->fileXslRead($var);
      $this->dbRead($var,$vakanz,$breadcrumb);
  }
  public function filePhpRead($var) {
    // Vorlage einlesen
$d=fopen($_SERVER['DOCUMENT_ROOT'].'/portal/php/vorlage/index.vorlage.php','r')
      or die ("Kann Datei nicht lesen.");
    while (!feof($d)) {
      // Datei in Array schreiben
      $zeile[]= fgets($d,1024);
    }
    // count des Arrays ermitteln
    $zeile_count=count($zeile);
    fclose($d);
    // PHP Datei schreiben
    $file=fopen($_SERVER['DOCUMENT_ROOT'] . '/portal/php/index.'.$var.'.php','w+');
    fputs($file, "<?php\n\n");
    for($i=0;$i<$zeile_count;$i++) {
      $zeile[1] = ereg_replace("pl1","index.".$var.".xsl",$zeile[1]);
      $zeile[2] = ereg_replace("pl2","index.".$var,$zeile[2]);
      $zeile[3] = ereg_replace("pl3","index.".$var,$zeile[3]);
      fputs($file, $zeile[$i]."");
    }
```

```php
      fputs($file, "\n?>");
      fclose($file);
  }
  public function fileXslRead ($var) {
      // XSL Vorlage einlesen
      $dx = fopen($_SERVER['DOCUMENT_ROOT'] .
          '/portal/xsl/vorlage/index.vorlage.xsl','r')
        or die ("Kann Datei nicht lesen.");
      while (!feof($dx)) {
          // Datei in Array schreiben
          $zeilen[]= fgets($dx,1024);
      }
      // count des Arrays ermitteln
      $zeile_count=count($zeilen);
      fclose($dx);
      // XSL Datei schreiben
      $files=fopen($_SERVER['DOCUMENT_ROOT'] . '/portal/xsl/index.'.$var.'.xsl','w+');
      for($i=0;$i<$zeile_count;$i++) {
          fputs($files, $zeilen[$i]);
      }
      fclose($files);
  }
  public function dbRead($var,$vakanz,$breadcrumb) {
      $file = "portal/php/index.".$var.".php";
      $qry = "INSERT INTO links
                              (
                                      vakanz,
                                      file,
                                      breadcrumb
                              ) VALUES (
                                      '" . $vakanz . "',
                                      '" . $file . "',
                                      '" . $breadcrumb . "'
                              )
              ";
      echo $qry;
      DBMember::query($qry);
  }
  // STATIC FUNCTIONS
  public static function gather() {
      $result = array();
      $qry = "SELECT file FROM links";
      $res = DBMember::query($qry);
      while($row = DBMember::fetchArray($res)) {
          $xsl = explode(".php",$row["file"]);
          $xslFile = explode("portal/php/",$xsl[0]);
          $result[] = array(
                          "phpFile" => "/".$row["file"],
                          "xslFile" => "/portal/xsl/".$xslFile[1].".xsl"
          );
      }
```

```
    return $result;
  }
}
```

In dieser Klasse sehen Sie bis auf `gather()` ausschließlich Objektmethoden, die nicht statisch sind. Das hat den Grund, dass ich mir die Übergabe der Parameter an die Klasse im PHP-Teil des Templates vereinfachen wollte und alles im Konstruktor an die Methoden für die Dateianlegung und den Datenbankpart übergebe. Die Methoden zum Anlegen der Dateien lesen im ersten Schritt die jeweilige Vorlagedatei ein und schreiben jede einzelne Zeile in ein Array. Die Zeilenanzahl im Array wird per `count()` gezählt und in einer For-Schleife einzeln in die neu angelegte Datei geschrieben. Einige Änderungen bewirken zusätzlich, dass die Platzhalter in den PHP-Dateien anders beschrieben werden, nämlich mit den Übergaben aus dem nachfolgend aufgeführten XSL-Formular. Somit sind alle Codes innerhalb der Dateien so geschrieben, dass die Dateien ohne Umschweife genutzt werden können, also beim Aufruf im Browser auch tatsächlich erscheinen und es keine 404 Fehlermeldungen gibt. Die letzte nichtstatische Methode schreibt noch die Einträge für die Linkmaskierung in die Datenbank.

Als nächstes benötigen wir natürlich noch die Template –Dateien, damit wir auch die Seitenbezeichnungen die wir zum Erstellen der Portal-Seiten brauchen, eingeben und an die Methoden übergeben können.

Die Datei *admin.pages.php*

```
require_once($_SERVER["DOCUMENT_ROOT"] . "/admin/class/class.Init.php");
$tpl = new Template("admin.pages.xsl");
define("HOST","http://wiki.mmdf.de/admin");
$tpl->host = HOST;
if($_GET["work"] == "create") {
  $input = new Pages($_POST["page"],$_POST["vakanz"],$_POST["breadcrumb"]);
}
$file = Pages::gather();
$tpl->file = new Arrays($file);
$tpl->out();
```

Die Datei *admin.pages.xsl*

```
<xsl:stylesheet version="1.0"
  xmlns:xsl="http://www.w3.org/1999/XSL/Transform"
  xmlns="http://www.w3.org/1999/xhtml"
  xmlns:fn="http://www.w3.org/2005/xpath-functions"
  xmlns:php="http://php.net/xsl">
  <xsl:output
    method="xml"
    encoding="utf-8"
```

```
    indent="yes"
    doctype-system="http://www.w3.org/TR/xhtml1/DTD/xhtml1-transitional.dtd"
        doctype-public="-//W3C//DTD XHTML 1.0 Transitional//DE"
    omit-xml-declaration="yes"
  />
  <xsl:include href="admin.xsl" />
  <xsl:template match="/root">
    <xsl:variable name="host" select="host" />
    <div style="padding:10px;">
      <fieldset>
        <legend>Seiten anlegen</legend>
        <form method="post" action="?action=pages&#38;work=create">
          <input name="page" type="text" />
          <xsl:text> </xsl:text>
          <input type="submit" value="Los" />
        </form>
      </fieldset><br />
      <fieldset>
        <legend>Seiten</legend>
        <table>
        <xsl:for-each select="file">
          <tr>
                <td width="350">
                        <xsl:value-of select="phpFile" />
                </td>
                <td>
                        <xsl:value-of select="xslFile" />
                </td>
          </tr>
        </xsl:for-each>
        </table>
      </fieldset>
    </div>
  </xsl:template>
</xsl:stylesheet>
```

Das war die letzte Datei, die wir für das gesamte Projekt programmieren mussten.
Ich hoffe es hat Ihnen genauso viel Spaß gemacht die Quelltexte einzutippen, wie es
mir Spaß gemacht hat, dieses Buch zu schreiben und natürlich das Begleitprojekt
mitzuentwickeln. Auch hoffe ich Ihnen hiermit ein Werk an die Hand zu geben, welches Ihre tägliche Arbeit erleichtern wird und Ihnen erlaubt, ohne Umschweife
nachher selbst große Projekte zu entwickeln.

Schlusswort

Da wir nun am Ende angelangt sind, möchte ich noch einige Bemerkungen zum Abschluß loswerden, um Sie zu sensibilisieren, weiterhin auf das in diesem Buch vorgestellte Prinzip der Projekterstellung zu setzen.

Sie haben sicherlich im Laufe der Arbeiten an unserem Projekt festgestellt, dass einige Dateien relativ wenig Quelltext enthalten und ohne weiteres in andere Dateien eingebunden werden könnten. Man würde dadurch zwar die Dateimasse verringern, aber auch eine gewisse Übersichtlichkeit einbüßen. Bedenken Sie, das das gesamte Prinzip der hier vorgestellten Arbeitsweise einerseits auf strikte Trennung von Layout und Datenverarbeitung basiert, andererseits durch das Kapseln aller Verarbeitungsschritte als Methoden in für jede Seite explizit angelegte Klassen, aufgebaut ist. Diese Hierarchie sorgt für eine messbare Erhöhung der Aufführungsgeschwindigkeit, da die einzelnen Klassen und Dateien nur bei Bedarf eingelesen werden.

Ein weiterer Vorteil ist, dass ohne weiteres verschiedene Arbeiten an einem Projekt vorgenommen werden können, ohne sich gegenseitig zu stören. Man hat hier sogar die Möglichkeit, die Arbeiten die zeitgleich vorgenommen werden sollen, so einzuteilen, dass nie zwei Leute gleichzeitig an einer Datei arbeiten, da für jede Funktion einer solch aufgebauten Website eigene Dateien vorliegen.

Früher, als noch keine objektorientierte Progammierung mit PHP möglich war, also in grauer Vorzeit, gab es Quelltexte, die meist weit mehr als 10.000 Zeilen aufwiesen und zur Laufzeit komplett eingelesen werden mussten. Die Ladezeiten waren daher, auch infolge der damals doch recht langsamen Internetverbindungen, so zeitaufwendig, das einige Seiten erst nach 30 Min. komplett aufgebaut waren.

Ein anderer Umstand war, dass viele Webmaster bei ihren eigenen Projekte schnell den Überblick verloren, zumal dann, wenn sie an mehreren Projekten gearbeitet haben und erst nach geraumer Zeit mal wieder an einen solch langen Code ran mussten, um etwaige Änderungen zu implementieren. Auch wenn z.B. andere Programmierer an solchen ihnen unbekannten Codes arbeiten sollten, waren Probleme vorprogrammiert, da eine Einarbeitung in solche Dateien länger dauerte als die eigentliche Implementierung oder Fehlersuche. Ich selbst habe diese Erfahrung machen müssen.

All diesen Umständen wollte ich mit der hier vorgestellten Technik Rechnung tragen.

Bedenken Sie auch, dass wenn Sie die zu Beginn erarbeiteten Basisdateien als Vorlage nutzen, Sie abgesehen von einigen Modifikationen, ein Grundgerüst vorliegen haben, das es Ihnen erlaubt, schnellstmöglich mit der eigentlichen Projektdarstellung zu beginnen, da diese Basisarbeiten ja bereits erledigt sind.

Glauben Sie mir, Sie werden eine erhöhte Effizienz bei Ihrer täglichen Arbeit feststellen und gleichzeitig immer genau über all Ihre Projektarbeiten Bescheid wissen, da die Struktur ja immer dieselbe ist.

Selbstverständlich können Sie die Basisdateien auch modifizieren und Ihren eigenen Bedürfnissen anpassen. So ist es z.B. möglich mit Constanten innerhalb der Klassen die Fehlerabhandlung zu regeln und bestimmte Variablen permanent zu belegen. Auch das Anlegen von abstrakten Klassen als Interfaces ist machbar und bei größeren Projekten sogar anzuraten. Auch können Sie eigene Exceptions erstellen, die in Try/Catch-Blöcke zur Fehlerbehandlung eingebunden werden.

Sie sehen, also auch hier ist das Ende noch lange nicht erreicht und die Möglichkeiten nur durch Ihre eigenen Grenzen eingeschränkt. Seien Sie also neugierig, lernfähig, Neuem gegenüber aufgeschlossen und Sie werden mit diesem Buch als Grundlage irgendwann einer der Besten Ihres Faches werden.

Literatur

IEEE und Lastenheft

Colin Hood, Andreas Kress, Robert Stevenson, Rupert Wiebel,Gerhard Verstee-
gen *Requirements Engineering Methoden und Techniken, Einführungsszenarien und Werk-
zeuge im Vergleich, iX Studie Anforderungsmanagement.*
Heise, ISBN 9783936931198

IEEE Guide to Software Requirements Specification, ANSI/IEEE Std 830-1984, IEEE
Press, Piscataway, New Jersey, 1984.

jQuery:

jQuery: Das neue JavaScript-Framework für interaktives Design,
ISBN 978-3-8273-2887-8
Learning jQuery, ISBN 1-84719-250-5
jQuery in Action, ISBN 1-933988-35-5
Beginning JavaScript with DOM Scripting and Ajax, ISBN 1-59059-680-3

Internet:

http://www.php.net
http://www.selfphp.de
http://entwickler-forum.de/
http://dev.mysql.com/
http://www.gemeinde-michendorf.de/homepage/8sonstiges/entity.php
http://www.usegroup.de/software/xmltutorial/

IT-Management und -Anwendungen

Mario Crameri / Uwe Heck (Hrsg.)
Erfolgreiches IT-Management in der Praxis
Ein CIO-Leitfaden
2010. VIII, 274 S. mit 81 Abb. und 11 Tab. Br. EUR 49,95

ISBN 978-3-8348-0845-5

Jürgen Hofmann / Werner Schmidt (Hrsg.)
Masterkurs IT-Management
Grundlagen, Umsetzung und erfolgreiche Praxis für Studenten und Praktiker
2., akt. und erw. Aufl. 2010. XIV, 408 S. mit 105 Abb. und Online-Service.
Br. EUR 34,95   ISBN 978-3-8348-0842-4

Kay P. Hradilak
Führen von IT-Service-Unternehmen
Zukunft erfolgreich gestalten
2., akt. und erw. Aufl. 2011. XVIII, 174 S. mit 22 Abb. (Edition CIO)
Geb. EUR 49,95   ISBN 978-3-8348-1518-7

Frank Lampe (Hrsg.)
Green-IT, Virtualisierung und Thin Clients
Mit neuen IT-Technologien Energieeffizienz erreichen, die Umwelt schonen
und Kosten sparen
2010. XIV, 196 S. mit 33 Abb. und 32 Tab. Geb. EUR 39,90

ISBN 978-3-8348-0687-1

Robert Vogel / Tarkan Kocoglu / Thomas Berger
Desktopvirtualisierung
Definitionen – Architekturen – Business-Nutzen
2010. X, 142 S. mit 35 Abb. und 16 Tab. Br. EUR 39,95

ISBN 978-3-8348-1267-4

VIEWEG+ TEUBNER

Abraham-Lincoln-Straße 46
65189 Wiesbaden
Fax 0611.7878-400
www.viewegteubner.de

Stand Januar 2011.
Änderungen vorbehalten.
Erhältlich im Buchhandel oder im Verlag.